खंड–4
विश्लेषण की सांख्यिकीय तकनीकें

इकाई–12	सारणीयन एवं आँकड़ों का आलेखीय निरूपण
इकाई–13	केंद्रीय प्रवृत्ति के माप
इकाई–14	प्रकीर्णन के माप
इकाई–15	प्रसामान्य बंटन एवं इसकी व्याख्या
इकाई–16	सहसंबंध – इसकी व्याख्या व महत्त्व

विषय-सूची

प्रश्न पत्र

शैक्षिक मूल्यांकन

Educational Evaluation

(ई.एस.-333)

शिक्षा स्नातक (बी.एड.) हेतु

For Bachelor of Education [B.Ed.]

विशेष विश्वविद्यालयों के लिए महत्वपूर्ण अध्ययन सामग्री

इंदिरा गाँधी राष्ट्रीय मुक्त विश्वविद्यालय (इग्नू), सस्त्र विश्वविद्यालय (तंजावुर), भारतीय पुनर्वास परिषद् (आर.सी.आई.), सेवा सदन कॉलेज ऑफ एजुकेशन (महाराष्ट्र), वर्धमान महावीर मुक्त विश्वविद्यालय (कोटा), उत्तराखंड मुक्त विश्वविद्यालय, नालंदा विश्वविद्यालय, कुरुक्षेत्र विश्वविद्यालय, मिथिला विश्वविद्यालय, आंध्रा विश्वविद्यालय, अन्नामलाई विश्वविद्यालय, बैंगलोर विश्वविद्यालय, भारतीयर विश्वविद्यालय, भारतीदशन विश्वविद्यालय, हिमाचल प्रदेश विश्वविद्यालय, सेंटर फॉर डिस्टेंस एंड ओपन लर्निंग जामिया मिलिया इस्लामिया, काकाटिया विश्वविद्यालय (आंध्र प्रदेश), के.एस.ओ.यू. (कर्नाटका), के.ओ.यू. (राजस्थान), एम.पी.बी.ओ.यू. (एम.पी.), एम.डी.यू. (हरियाणा), पंजाब विश्वविद्यालय, तमिलनाडु मुक्त विश्वविद्यालय, श्री पद्मावती महिला विश्वविद्यालयम् (आंध्र प्रदेश), जम्मू विश्वविद्यालय, वाई.सी.एम.ओ.यू., राजस्थान विश्वविद्यालय, उत्तर प्रदेश राजर्षि टण्डन मुक्त विश्वविद्यालय, कल्याणी विश्वविद्यालय, बनारस हिंदू विश्वविद्यालय (बी.एच.यू.), और अन्य भारतीय विश्वविद्यालय।

इस पुस्तक का अंग्रेजी संस्करण भी उपलब्ध है।

English Edition of this Book is also available.

गुल्लीबाबा पब्लिशिंग हाउस प्रा. लि.

आई.एस.ओ. 9001 एवं आई.एस.ओ. 14001 प्रमाणित कं.

Published by:

GullyBaba Publishing House Pvt. Ltd.

Regd. Office:
2525/193, 1st Floor, Onkar Nagar-A,
Tri Nagar, Delhi-110035
(From Kanhaiya Nagar Metro Station Towards Old Bus Stand)
011-27387998, 27384836, 27385249
+919350849407

Branch Office:
1A/2A, 20, Hari Sadan,
Ansari Road, Daryaganj,
New Delhi-110002
Ph. 011-45794768

E-mail: hello@gullybaba.com, **Website**:GullyBaba.com, GPHbook.com

New Edition

ISBN: 978-81-89086-93-0
Author: GullyBaba.com Panel

Disclaimer: Although the author and publisher have made every effort to ensure that the information in this book is correct, the author and publisher do not assume and hereby disclaim any liability to any party for any loss, damage, or disruption caused by errors or omissions, whether such errors or omissions result from negligence, accident, or any other cause.
If you find any kind of error, please let us know and get reward and or the new book free of cost.
The book is based on IGNOU syllabus. This is only a sample. The book/author/publisher does not impose any guarantee or claim for full marks or to be passed in exam. You are advised only to understand the contents with the help of this book and answer in your words.
All disputes with respect to this publication shall be subject to the jurisdiction of the Courts, Tribunals and Forums of New Delhi, India only.

Home Delivery of GPH Books

You can get GPH books by VPP/COD/Speed Post/Courier.
You can order books by Email/SMS/WhatsApp/Call.
For more details, visit gullybaba.com/faq-books.html
Our packaging department usually dispatches the books within 2 days after receiving your order and it takes nearly 5-6 days in postal/courier services to reach your destination.

Note: Selling this book on any online platform like Amazon, Flipkart, Shopclues, Rediff, etc. without prior written permission of the publisher is prohibited and hence any sales by the SELLER will be termed as ILLEGAL SALE of GPH Books which will attract strict legal action against the offender.

प्रथम संस्करण की भूमिका

प्रिय छात्रो! हमें आपके मध्य पुस्तक **शैक्षिक मूल्यांकन** (ES-333 **हिन्दी माध्यम**) प्रस्तुत कर अपार हर्ष हो रहा है। पुस्तक में बहुत–सी विशेषताएँ हैं जैसे इग्नू द्वारा प्रस्तावित सम्पूर्ण कोर्स, गत वर्षों के दस प्रश्नपत्र हलसहित तथा अत्यन्त सरल भाषा–शैली।

यह पुस्तक आपकी परीक्षा को अत्यन्त सरल बनाने में सक्षम है। विद्वान लेखकों ने इसे अपने ज्ञान व अनुभवों से सजाया है। सम्पूर्ण पुस्तक प्रश्न पत्रानुसार संयोजित करने की कोशिश की गई है। हमें विश्वास है कि आप इससे अवश्य लाभान्वित होंगे। विभिन्न विश्वविद्यालयों में बी. एड. के अध्यापन में लगे विद्वान् सहयोगी साथियों से विनम्र निवेदन है कि वे सदैव की भाँति हमारे इस प्रथम संस्करण का भी निष्पक्ष मूल्यांकन करें और अपने सुझावों से हमें अनुगृहीत करें। पाठ्यपुस्तकें तो विकासशील ज्ञान बिरवे हैं जो संरक्षण एवं प्रोत्साहन से ही पल्लवित होते हैं। आगामी संस्करण में उनके सुझावों को यथास्थान साभार सम्मिलित किया जाएगा। विद्यार्थियों को हमारी यह कृति यदि ज्ञानवर्धक और परीक्षा में अच्छे अंकों से सफलता प्राप्त करने में सहायक सिद्ध हुई तो हम अपने श्रम को सार्थक समझेंगे।

आप हमारी पुस्तकों को भारत के किसी भी राज्य/शहर में हमसे सम्बद्ध दुकानों से या सीधे प्रकाशन के पते से या वेब साइट www.gullybaba.com, www.ignouonline.com से e-mail करके भी ऑर्डर कर सकते हैं।

प्रकाशन (GPH) अपने कार्यरत बन्धुओं व लेखकों का हृदय से आभार प्रकट करता है, जिनके अथक प्रयास व लगन से पुस्तक का प्रकाशन सम्भव हो सका।

नई दिल्ली

–प्रकाशक

TOPICS COVERED

खंड–1
अध्यापन–अधिगम प्रक्रिया में मूल्यांकन

खंड–2
मूल्यांकन की तकनीकें और उपकरण

खंड–3
अध्येता मूल्यांकन

1
अध्यापन–अधिगम प्रक्रिया में मूल्यांकन

प्रश्न 1. मूल्यांकन का विस्तार से वर्णन करो। [June06, Q1]

उत्तर – मूल्यांकन किसी भी साधारण अथवा कठिन परिस्थिति में चाहे वह पाठशला में हो अथवा इससे संबधित किसी अन्य क्रिया में किसी भी प्रकार के निर्णय लेने हो तो मूल्यांकन अनिर्वाय है। शिक्षक जब उद्देश्यों के लिए अधिगम परिस्थितियों का सावधानी से निर्धारण कर लेता है तब मूल्यांकन के लिये परीक्षा का निर्माण किया जाता है। इस परीक्षा से यह निश्चय किया जाता है कि इन उद्देश्यों की प्राप्ति कहाँ तक हो सकी है। **मेगर** का कथन है कि इस सोपान में शिक्षक नियोजन, शिक्षण–विधियों, प्रविधियों, अनुदेशन तथा अन्य शिक्षण सहायक सामग्री की उपयोगिता का मूल्यांकन करता है, जिससे उनमें सुधार तथा विकास के लिए शिक्षक को प्रोत्साहन मिलता है। उसके आधार पर शिक्षक उत्तम साधनों तथा स्रोतों का प्रयोग अधिगम के लिए करता है जिससे उसके शिक्षण कौशल का विकास होता है। इसके लिए शिक्षक मानदण्ड–परीक्षा की रचना करता है।

निष्पत्ति – परीक्षा तथा मानदंण्ड–परीक्षा में अक्सर भ्रम हो जाता है। इन दोनों में अन्तर होता है। मानदण्ड परीक्षा उद्देश्यों के मूल्यांकन पर बल देती है जबकि निष्पत्ति परीक्षा पाठ्यवस्तु के मापन को महत्व देती है।

मूल्यांकन का अर्थ – मूल्यांकन एक प्रक्रिया है जिसके द्वारा अधिगम–परिस्थितियों तथा सीखने के अनुभवों के लिए प्रयुक्त की जाने वाली सभी विधियों एवं प्रविधियों की उपादेयता की जांच की जाती है। मूल्यांकन शब्द शिक्षा मनोविज्ञान में विभिन्न अर्थों में प्रयुक्त किया गया है तथा इसको कई प्रकार से परिभाषित भी किया गया है। **क्वालेन तथा हन्ना** की परिभाषा अधिक सार्थक प्रतीत होती है। उनके अनुसार विद्यालय में हुए छात्रों के व्यवहार परिवर्तन के सम्बन्ध में प्रदत्तों के संकलन तथा उनकी व्याख्या करने की प्रक्रिया को मूल्यांकन कहते हैं।

मूल्यांकन का महत्व –

मूल्यांकन की अधोलिखित विशेषताये हैं :–

1) शिक्षण–आव्यूह में सुधार तथा विकास किया जाता है तथा अनावश्यक अधिगम– स्रोतों को हटाया भी जा सकता है।

2) कक्षा में छात्रों के उद्देश्यों की प्राप्ति के अनुसार स्तरीकरण किया जा सकता है।

3) मूल्यांकन प्रक्रिया से यह भी निश्चित किया जाता है कि किन विशिष्ट उद्देश्यों की प्राप्ति नहीं हो सकी है ताकि समुचित उपचारात्मक अनुदेशन दिया जा सके।

4) शिक्षण की विधियां तथा प्रविधियों की उपादेयता और उनकी कमजोरियों को भी ज्ञात किया जाता है।

5) मूल्यांकन द्वारा यह मालूम किया जाता है कि उद्देश्यों की प्राप्ति कहां तक हो सकी है।

6) मूल्यांकन–प्रक्रिया शिक्षक तथा छात्र दोनों के लिए पुनर्बलन का कार्य करती है।

इस प्रक्रिया में मानदण्ड–परीक्षा का महत्वपूर्ण कार्य होता है जिससे छात्रों में व्यवहार–परिवर्तन की जांच होती है, जिसके आधार पर शिक्षक को अपनी क्रियाओं के सुधार तथा विकास के लिये दिशा मिलती है।

मूल्यांकन की प्रविधियाँ – मूल्यांकन की प्रक्रिया ज्ञानात्मक, भावात्मक तथा क्रियात्मक उद्देश्यों की प्राप्ति के सम्बन्ध में प्रदत्तों का संकलन करती है। परम्परागत परीक्षाओं से ज्ञानात्मक उद्देश्यों का ही मापन किया जाता है। मूल्यांकन की प्रक्रिया का क्षेत्र अधिक व्यापक होता है। इसमें अनेक प्रकार की प्रविधियाँ प्रयुक्त की जाती है।

1) ज्ञानात्मक उद्देश्यों के लिए मौखिक, लिखित, निबन्धात्मक परीक्षायें तथा वस्तुनिष्ठ परीक्षायें उपयोग में लाई जाती हैं। निरीक्षण प्रविधि का भी प्रयोग करते हैं।

2) भावात्मक उद्देश्यों के लिए अभिरूचि सूची, रेटिंग सकेल तथा मूल्यों की परीक्षा आदि प्रयुक्त किये जाते हैं। निबन्धात्मक परीक्षायें भी आंशिक रूप से प्रयुक्त की जा सकती हैं। निरीक्षण–प्रविधि को भी प्रयोग में लाया जाता है।

3) क्रियात्मक उद्देश्यों के लिए प्रयोगात्मक परीक्षा अधिक उपयोगी मानी जाती है। इसमें छात्रों को कुछ क्रियाएं करनी पड़ती हैं और उनके कौशल का मूल्यांकन किया जाता है।

मूल्यांकन में मानदण्ड परीक्षा को विशेष महत्व दिया जाता है। इसकी तीन प्रमुख विशेषतायें

होती हैं :

1) समुचितता – मानदण्ड परीक्षा समुचित मानी जाती है क्योंकि इसमें उद्देश्यों को विशेष महत्व दिया जाता है। परीक्षा के प्रश्न विशिष्ट उद्देश्यों की प्राप्ति का साधन है।

2) प्रभावशीलता – मानदण्ड परीक्षा के मापन का कार्य भली प्रकार करना चाहिए। परीक्षा विश्वसनीय तथा वैध होनी चाहिए।

3) व्यावहारिकता – मानदण्ड परीक्षा का प्रशासन सरल होना चाहिये। अंकन भी सरल हो तथा प्रदत्तों का अर्थापन सार्थक होना चाहिए। परीक्षा छात्रों तथा शिक्षकों को मान्य होनी चाहिए।

शिक्षण अनुदेशन के मूल्यांकन में प्रमुख रूप से मानदण्ड परीक्षा को प्रयुक्त किया जाता है। यदि मानदण्ड परीक्षा में छात्रों को अच्छे अंक (90/90 मानदण्ड) नहीं प्राप्त हुये तो यह इस बात का सूचक है कि अधिगम प्रक्रिया प्रभावशाली नहीं है। इसमें परिवर्तन तथा सुधार लाना चाहिये। इस प्रकार अनुदेशन अभिक्रमित की प्रभावशीलता के सम्बन्ध में निर्णय लिया जा सकता है। छात्रों की प्रतिक्रियाओं को एवं उनकी कमजोरियों को जानने के लिये भी मानदण्ड परीक्षा प्रयुक्त कर सकते हैं और उनमें सुधार ला सकते हैं।

मूल्यांकन प्रविधियों का वर्गीकरण :– विद्यालयों में प्रयुक्त की जाने वाली सभी मूल्यांकन प्रविधियों को प्रमुख रूप से दो वर्गों में विभाजित किया जाता है।

(अ) परिमाणात्मक प्रविधि तथा
(ब) गुणात्मक प्रविधि

(अ) परिमाणात्मक परीक्षाएँ – मूल्यांकन में इस प्रकार की प्रविधियाँ अधिक उपयोगी, विश्वसनीय तथा वैध होती हैं। यह तीन प्रकार की होती है –

1) मौखिक परीक्षा
2) लिखित परीक्षा
3) प्रयोगात्मक परीक्षा।

1) मौखिक परीक्षा – इसमें मौखिक प्रश्न, वाद–विवाद प्रतियोगिता तथा नाटक आदि को प्रयुक्त किया जाता है।

2) लिखित परीक्षा – इसमें प्रश्न लिखित रूप में पूछे जाते हैं, छात्रों को उनका उत्तर लिखना होता है। लिखित परीक्षायें दो प्रकार की होती हैं –

(क) निबन्धात्मक परीक्षायें तथा
(ख) वस्तुनिष्ठ परीक्षायें।

3) प्रयोगात्मक परीक्षा – इसमें छात्रों को कोई निर्धारित कार्य पूरा करना होता है। विज्ञान, भूगोल, कला, क्राफ्ट आदि विषयों में इन्हें प्रयुक्त किया जाता है।

(ब) गुणात्मक परीक्षाएं – विद्यालय में गुणात्मक परीक्षाओं का उपयोग आन्तरिक मूल्यांकन के लिए किया जाता है। यह साधारणः पांच प्रकार की होती हैं –

1) संचयी आलेख (Cumulative Records)
2) एनेकडोटल आलेख (Anecdotal Records)
3) निरीक्षण (Check list)
4) जांच सूची (Rating Scale)
5) अनुस्थिति मापनी

(1) संचयी आलेख – विद्यालयों में प्रत्येक छात्र के सम्बन्ध में सूचनाओं को क्रमबद्ध रूप में व्यवस्थित किया जाता है। इसमें शैक्षिक प्रगति, मासिक परीक्षा–फल, उपस्थिति, योग्यता तथा अन्य विद्यालयों की क्रियाओं में भाग लेने आदि का आलेख प्रस्तुत किया जाता है। छात्र की प्रगति तथा जानकारी को जानने के लिए अभिभावकों, शिक्षकों तथा प्रधानाचार्य के लिए यह अधिक उपयोगी आलेख होता है।

(2) एनेकडोटल आलेख – इनमें बालकों के व्यवहार के सम्बन्धित महत्वपूर्ण घटनाओं तथा कार्यों का वर्णन किया जाता है। इन कार्यों तथा घटनाओं का आलेख सही रूप में किया जाता है। निरीक्षण करने वाले छात्र की रूचियों तथा झुकावों को उत्पन्न करने वाले घटकों का भी उल्लेख करता है, इनके आधार पर छात्र के सम्बन्ध में सामान्यीकरण किया जा सकता है और निर्देशन में इसे प्रयुक्त करते हैं।

(3) निरीक्षण – इसका प्रयोग विशेष रूप से छोटे बालकों के मूल्यांकन के लिये किया जाता है क्योंकि उनको अन्य कोई परीक्षा नहीं दी जा सकती है और उनके व्यवहार में वास्तविकता होती है। इसका प्रयोग उनकी योग्यता तथा व्यवहारों के सम्बन्ध में किया जाता है। उच्च कक्षाओं में छात्र स्वयं आत्मनिरीक्षण के लिए भी इसे प्रयोग करता है।

(4) जाँच सूची – लिखित तथा मौखिक परीक्षायें छात्रों के ज्ञानात्मक पक्ष की परीक्षा करती है और प्रयोगात्मक कौशल तथा क्रियात्मक पक्ष की जांच करती है। जांच सूची का प्रयोग अभिरूचियों, अभिवृत्तियों तथा भावात्मक पक्ष के लिये किया जाता है। इसमें कुछ कथन दिये जाते हैं। उन कथनों के सम्बन्ध में छात्रों को हाँ अथवा नहीं में उत्तर अंकित करना होता है।

इस प्रकार के कथनों की सूची की रचना करते समय उद्देश्य स्पष्ट होने चाहिए। प्रत्येक कथन को किसी विशिष्ट उद्देश्य का मापन करना चाहिए। जैसे –
(i) आपको शिक्षण–सोपानों का स्मरण करने में रूचि है। हाँ/नहीं

(ii) आप पाठ–योजना की रचना करने में रूचि लेते हैं। हाँ/नहीं
(iii) आपको कक्षा–शिक्षण के प्रस्तुतीकरण में आनन्द मिलता है। हाँ/नहीं
(iv) आपको छात्रों के कार्यों की प्रशंसा करना अच्छा लगता है। हाँ/नहीं
इस जाँच सूची से छात्राध्यापकों की शिक्षण में रूचि का मूल्यांकन किया जा सकता है।

(5) अनुस्थिति मापनी – इसमें कुछ कथन दिये जाते हैं, उनका तीन, पांच, सात बिन्दुओं तक सापेक्ष निर्णय करना होता है। इसका उपयोग उच्च कक्षाओं के छात्रों के लिये ही किया जा सकता है क्योंकि निर्णय लेने की शक्ति छोटी आयु में छात्रों में नहीं होती है। शिक्षक भी प्रत्येक छात्र के मापने के लिए इसका प्रयोग करता है, परन्तु शिक्षक को प्रत्येक छात्र से भली प्रकार परिचित होना चाहिये। अनुस्थिति मापनी के कथन स्पष्ट तथा विशिष्ट व्यवहारों से सम्बन्धित होना चाहिये।

प्रश्न 2. शिक्षण अधिगम में मूल्यांकन का अर्थ स्पष्ट कीजिए।

उत्तर – मूल्यांकन शिक्षण अधिगम का महत्वपूर्ण अंग है। शिक्षक जब भी प्रतिदिन विद्यार्थियों के बारे में निर्णय लेना चाहे तो मूल्यांकन की आवश्यकता पडती है। प्रभावशाली ढंग से निर्णय में उनकी मूल्यांकन की आवश्यकता पड़ती हैं। शिक्षण अधिगम के प्रबन्ध में चार सोपानों को प्रयुक्त किया जाता है– नियोजन, व्यवस्था, अग्रसरण तथा नियन्त्रण। इन्हें एक क्रमबद्ध रूप में प्रयुक्त किया जाता है। अन्तिम सोपान नियंत्रण के अन्तर्गत मापन एवं मूल्यांकन की प्रक्रिया को प्रयुक्त किया जाता है। मापन तथा मूल्यांकन की प्रक्रिया शिक्षण अधिगम का नियन्त्रण करती है। शिक्षण अधिगम के प्रबन्धन के चारों सोपानों को प्रभावित करती है। शिक्षण अधिगम के मूल्यांकन तथा मापन की प्रक्रिया चार कार्य करती है।

1) साफल्य या निष्पत्ति (Prognosis or Achievement)
2) पृष्ठ–पोषण (Feedback)
3) निदान (Diganosis)
4) उपचार या सुधार (Remedy or Modification)

इन कार्यों का विवरण नियन्त्रण के सन्दर्भ में यहां दिया गया है–

1) साफल्य या निष्पत्ति : शिक्षण अधिगम के प्रबन्धन के अन्ति सोपान में छात्रों का मापन तथा मूल्यांकन की प्रविधियों तथा परीक्षणों से छात्रों की उपलब्धियों का आंकलन किया जाता है। छात्रों की उपलब्धियाँ वास्तव में शिक्षण अधिगम के प्रबन्ध की सफलता एवं प्रभावशीलता का आकलन है। छात्रों की उपलब्धियों से प्रबन्धन के सोपानों की क्रियाशीलता का बोध होता है। छात्रों की निष्पत्तियों से निम्नांकित बातों का बोध होता है :
1) शिक्षण अधिगम के प्रबन्धन की प्रभावशीलता
2) शिक्षण अधिगम उद्देश्यों की प्राप्ति तथा
3) प्रबन्धन के सोपानों की क्रियाशीलता

छात्रों की अच्छी उपलब्धियों से प्रबन्धन की प्रभावशीलता का आंकलन होता है और प्रबंधन प्रणाली का पृष्ठपोषण मिलता है। यदि उपलब्धियाँ समुचित नहीं है व निदानात्मक परीक्षण दिया जाता है जिससे छात्रों की कमजोरियों को ज्ञात किया जाता है। इन कठिनाइयों हेतु उपचारी शिक्षण की व्यवस्था की जाती है।

1) क्रिया को आरम्भ करना
2) गति उत्पन्न करना
3) नियन्त्रित करना

2) पृष्ठ–पोषण : मापन एवं मूल्यांकन की प्रक्रिया नियन्त्रण का कार्य करती है और प्रबन्धन के सोपानों को पृष्ठपोषण प्रदान करती है। इन सोपानों में छात्रों की निष्पत्तियों के आधार पर सुधार किया जाता है और उन्हें पुनः क्रियान्वित किया जाता है। पृष्ठपोषण उनमें गति उत्पन्न करती है। शिक्षक को प्रेरणा मिलती है और अधिक उत्साह से शिक्षण कार्य करता है। छात्रों को सफलता से प्रेरणा मिलती है और वे अध्ययन में अधिक रूचि लेने लगते हैं। शिक्षक एक प्रबन्धक की भूमिका का निर्वाह करता है शिक्षक में प्रबन्धन में सूझ का विकास होता है।

3) निदान : छात्रों की उपलब्धियाँ समुचित न होने पर निदानात्मक परीक्षण दिया जाता है। जिससे छात्रों की कमजोरियों के कारणों का बोध होता है। इस प्रकार शिक्षक को निष्पत्ति और निदानात्मक परीक्षणों का बोध होना चाहिए तथा निर्माण का कौशल भी होना चाहिए। निष्पत्ति और निदानात्मक परीक्षण का प्रारूप बिल्कुल भिन्न होता है जबकि पाठ्यवस्तु एक ही होती है। निष्पत्ति परीक्षण से सही उत्तरों को महत्व दिया जाता है और प्रश्नों को कठिनाई स्तर के चढाव क्रम में व्यस्थित किया जाता है। जबकि निदानात्मक परीक्षण में गलत उत्तरों को अंकन में महत्व दिया जाता है और प्रश्नों का अधिगम में व्यस्थित किया जाता है। जिसके आधार पर छात्रों की कठिनाइयों को ज्ञात किया जाता है।

4) उपचारी शिक्षण – निदानात्मक परीक्षण से पाठ्य के कठिन बिन्दुओं को ज्ञात कर लिया जाता है। इन बिन्दुओं को शिक्षण हेतु उपचारी शिक्षण अथवा उपचारी अनुदेशन की व्यवस्था की जाती है। साधारण उपचारी शिक्षण के लिए अनुवर्ग शिक्षण का आयोजन किया है। छात्रों की व्यक्तिक कठिनाइयों को विशेष महत्व दिया जाता है। शाखीय अनुदेशन को भी उपचारी अनुदेशन हेतु प्रयुक्त किया जाता है। त्रुटि पृष्ठ पर छात्रों को उपचार दिया जाता है। आधुनिक युग में कम्प्यूटर का भी उपयोग उपचारी अनुदेशन में किया जाता है। साथ ही पाठ्यवस्तु को अनेक अनुदेशन प्रारूप में विकसित किया जाता है छात्रों के व्यवहार के आधार पर समुचित अनुदेशन को कम्प्यूटर प्रस्तुत करता है जिससे छात्रों की कठिनाइयों को व्यक्तिगत रूप से सरल की जाती है।

प्रश्न 3. अच्छे मूल्यांकन की प्रमुख विशेषताओं का वर्णन कीजिए।[June06, Q3(i)]

उत्तर – आदर्श मूल्यांकन वही हैं जो वैध हो, विश्वसनीय हो, व्यावहारिक हो, न्यायसंगत हो और उपयोगी हो।

एक अच्छे मूल्यांकन की निम्नलिखित विशेषतायें होती हैं –

1) वैधता
2) विश्वसनीयता
3) व्यावहारिकता
4) पक्षपात रहित
5) उपयोगिता

1) वैधता – वैधता का अर्थ मूल्यांकन की वह मात्रा है जहाँ तक शुद्धता के वह उसी योग्यता, विशेषता या तथ्य का मापन करता है जिसके लिए उसकी रचना की गयी है। **क्रोनबैक** के अनुसार ''किसी परीक्षण की वैधता उसकी वह सीमा है जिस सीमा तक वह वही मापता है जिसके लिए उसका निर्माण किया गया है।''

मूल्यांकन की वैधता के निर्धारण करने के लिए किसी कसौटी का चुनाव करना पड़ता है। इसीलिए **गुलिकसन** ने वैधता का अर्थ बताते हुए लिखा है – ''किसी कसौटी के साथ परीक्षण का सह–सम्बन्ध उसकी वैधता है।'' परीक्षण की वैधता विभिन्न प्रकार की हो सकती है – विषय–वस्तु वैधता, तर्क संगत वैधता, पूर्वकथन वैधता, समवर्ती वैधता आदि। कोई भी मूल्यांकन तथ्य वैध माना जाता है जब वह विश्वसनीय भी होगा। यदि उसकी विश्वसनीयता शून्य है तो उसे किसी अन्य परीक्षण से सह–सम्बन्धित नहीं किया जा सकता।

2) विश्वसनीयता – विश्वसनीयता परीक्षण का वह गुण है जिसके कारण हम परीक्षण पर विश्वास करते है और विश्वास इसीलिए करते हैं क्योंकि वह उसी तथ्य का समान से मापन करती है जिसके माप हेतु वह परीक्षण निर्मित हुआ था। इस प्रकार परीक्षण की विश्वसनीयता के कारण परीक्षण उसी गुण या तथ्य या अमान्य का माप संगति के साथ करता है जिसके माप हेतु परीक्षण का निर्माण किया गया है। **अनास्तासी** ने विश्वसनीयता के सम्बन्ध में लिखा है – ''कि बारबार एक ही या एक जैसा परीक्षण लेने पर फलांकों से संगति का होना ही विश्वसनीयता कहलाता है।

3) व्यावहारिकता – प्रयोग की स्थिति, लिये गये समय, लागत की दृष्टि से मूल्यांकन को वास्तविक, व्यावहारिक और ठीक होना चाहिए। कोई मूल्यांकन आदर्शात्मक हो सकता है परन्तु यह आवश्यक नहीं है कि वह व्यावहारिक हो। इससे छात्रों को प्रोत्साहन नहीं मिलता। उदाहरण के लिए प्रयोगात्मक परीक्षण में सभी छात्रों को विभिन्न प्रयोग देना एक प्रयोग देने की अपेक्षा अच्छा होता है। अनेक प्रयोग देने में उपकरणों के सेट लगाने में असुविधा हो सकती है परन्तु एक प्रयोग देना व्यावहारिक नहीं होगा।

4) पक्षपात रहित – सभी छात्रों के लिए मूल्यांकन पक्षपात रहित होना चाहिए। पाठ्यक्रम के उद्देश्यों के आधार पर इसे सम्भव बनाया जा सकता है। मूल्यांकन की स्पष्टता बनाये रखने के लिए छात्रों को यह ज्ञात होना आवश्यक है कि मूल्यांकन किस प्रकार किया जा रहा है।

इसलिए छात्रों को मूल्यांकन के विषय में आवश्यक सूचना दे देनी चाहिए। उदाहरण के लिए मूल्यांकन में प्रयोग होने सामग्री, परीक्षा का रूप एवं रचना, परीक्षा की अवधि और कोर्स के प्रत्येक अवयव आदि की उन्हें जानकारी होनी चाहिए।

5) उपयोगिता – मूल्यांकन छात्रों के लिए उपयोगी होना भी आवश्यक है। इससे छात्रों को प्रतिपोषण मिलना चाहिए और उनकी वर्तमान क्षमता और कमजोरियों में भी सुधार होना चाहिए। कमजोरियों और क्षमता की जानकारी से छात्र अपने सुधार के विषय में अधिक सोच सकते हैं। मूल्यांकन को छात्रों के सुधार के सभी आवश्यकताओं को पूरा करना चाहिए। यह सुधार उसके पढाये जाने वाले विषय–वस्तु, शिक्षण विधियों और अधिगम की शैली आदि में हो सकता है। इस प्रकार मूल्यांकन छात्रों की कमजोरियों के निदान और उपचार में सहायक हो सकता है।

प्रश्न 4. मूल्यांकन मूल्य निर्धारण और मापन में क्या संबंध है? **[June07, Q3(v)]**

उत्तर – मूल्यांकन :– मूल्यांकन से अभिप्राय उन सब क्रमिक क्रियाओं से है जो समग्र रूप में यह बताती है कि अध्यापन–अधिगम प्रक्रिया कितनी प्रभावी रही। हम इस तथ्य से परिचित हैं कि अध्यापन–अधिगम प्रक्रिया को तीन तत्व प्रभावित करते हैं – उद्देश्य, अधिगम–अनुभव और अध्येता मूल्य–निर्धारण मूल्यांकन इन तीनों मुख्य तत्वों के अन्तःक्रियात्मक पक्षों को ध्यान में रखता है। **मेरी थोर्प ने 1980** में इसी बात को आसान ढंग से इस प्रकार बताया है:

''मूल्यांकन, किसी भी शैक्षिक कार्यक्रम के किसी भी एक पक्ष के विषय में सूचना एकत्र करना, उसका विश्लेषण और व्याख्या है जो इस की प्रभाविता, कुशलता अन्य परिणामों को परखने की मान्य प्रक्रिया का एक भाग है।

मूल्य–निर्धारण :–मूल्य–निर्धारण का अर्थ है वे प्रक्रियाएं और सामग्री जो विद्यार्थियों की संप्राप्ति को मापने के लिए बनाई जाती हैं जबकि वे किसी न किसी प्रकार के शैक्षिक कार्यक्रम में लगे हुए हों। इसका मुख्य कार्य यह मालूम करना है कि कार्यक्रम के उद्देश्य किस सीमा तक पूरे हुए हैं। बहुधा, मूल्य–निर्धारण को मूल्यांकन या मापन के समानार्थक रूप में प्रयोग करते हैं। परन्तु वास्तविकता में मूल्य–निर्धारण का अर्थ मूल्यांकन की तुलना में संकुचित है पर मापन की तुलना में विस्तृत। अतः यह उचित ही है कि मूल्यांकन अध्ययन में जाँच करके आंकड़े एकत्र करना और उन्हें समझने योग्य ढांचे में प्रस्तुत करने व सीमित करना चाहिए। तदन्तर इस के आधार पर निर्णय लिया जा सकता है।

मापन : मापन मुख्यतः आंकड़ों को एकत्र करने से संबंधित रखता है जैसे : किसी परीक्षा में छात्रों के प्राप्तांक। यह एक ऐसी क्रिया है जिसमें वस्तुओं की लंबाई और घनत्व जैसी विशेषताओं का मापन किया जाता है। इसी प्रकार से व्यवहार विज्ञान में इसका अर्थ है मनोवैज्ञानिक विशेषताओं जैसे मानसिक विकृति और इसी तरह अन्य दृश्य घटनाओं के प्रति दृष्टिकोण को मापना है। मापन का अर्थ है शिक्षार्थी द्वारा की गई किसी कार्य पर समंक देना

जैसे 33/50 अर्थात् पचास में तेतीस समंक। इस प्रकार मूल्यांकन में मूल्य–निर्धारण और मापन दोनों सम्मिलित होते हैं। यह मूल्य–निर्धारण और मापन से अधिक विस्तृत एवं समावेशी क्रिया है। इसे इस प्रकार समझाया जा सकता है।

अतः मूल्यांकन की प्रक्रिया काफी विस्तृत है और यह प्रभावी शिक्षण और अधिगम के लिए बहुत आवश्यक है।

मापन और मूल्यांकन में अन्तर –

1) मापन को एक साधारण शब्द के रूप में प्रयोग किया जाता है जबकि मूल्यांकन एक तकनीकी एवं प्राविधिक शब्द है।

2) मापन एक अति प्राचीन धारणा है जबकि मूल्यांकन एक नवीन धारणा है।

3) मापन का क्षेत्र बहुत संकीर्ण है क्योंकि इसमें कुछ ही पक्षों का मापन संभव होता है जबकि मूल्यांकन का क्षेत्र बहुत विस्तृत है।

4) मापन के माध्यम से तुलनात्मक अध्ययन नहीं किया जा सकता जबकि मूल्यांकन से तुलनात्मक अध्ययन किया जा सकता है।

5) मापन मात्रात्मक है जबकि मूल्यांकन गुणात्मक तथा मात्रात्मक दोनों ही है।

6) मापन में समय कम लगता है जबकि मूल्यांकन करने में अधिक समय की आवश्यकता होती है।

7) मापन के आधार पर किसी छात्र के सम्बन्ध में कोई भविष्यवाणी नहीं की जा सकती जबकि मूल्यांकन के द्वारा छात्र के सम्बन्ध में भविष्यवाणी किया जाना संभव है।

8) मापन किसी व्यवहार, घटना या वस्तु को परिमाणात्मक अंक देने की एक क्रिया है जबकि

मूल्यांकन मापन के उपरांत अंको का मूल्य निर्धारण किये जाने की प्रक्रिया है।

9) मापन के आधार पर कोई निश्चित धारणा नहीं बनायी जा सकती जबकि मूल्यांकन के आधार पर निश्चित धारणा बनाया जाना संभव है।

10) मापन में गुणों की माप अलग–अलग इकाई के रूप में की जाती है जबकि मूल्यांकन में गुणों की माप एक पूर्ण इकाई के रूप में की जाती है।

11) मापन में छात्रों के कौशल अथवा योग्यताओं की उपलब्धि की जांच का किसी एक निश्चित उद्देश्य के आधार पर किया जाना आवश्यक नहीं है जबकि मूल्यांकन में निर्धारित किए हुए शिक्षण के उद्देश्यों के आधार पर ही छात्रों का मूल्यांकन किया जाता है।

12) मापन का उद्देश्य केवल मापन ही होता है जबकि मूल्यांकन का उद्देश्य छात्रों के व्यवहार में परिवर्तन लाकर शिक्षा के स्वरूप में सुधार लाना होता है।

13) मापन में समय, धन एवं श्रम की कम आवश्यकता होती है जबकि मूल्यांकन में कई परीक्षणों एवं विभिन्न मूल्यांकन पद्धतियों के प्रयोग किये जाने के कारण अधिक समय, धन तथा श्रम की आवश्यकता होती है।

14) मापन में छात्रों की योग्यताओं एवं व्यवहार का अलग–अलग खण्डों में अध्ययन किया जाता है जबकि मूल्यांकन में व्यक्ति की योग्यताओं तथा व्यवहार का समग्र रूप में अध्ययन किया जाता है।

राइट स्टोन के अनुसार मापन में विशिष्ट वस्तु एवं विशिष्ट योग्यताओं की उपलब्धि के एकांगी पहुलओं पर अधिक जोर दिया जाता है जबकि मूल्यांकन के अन्तर्गत छात्रों से सम्बन्धित परिवर्तनों एवं शैक्षिक कार्यक्रमों के प्रमुख उद्येश्यों पर विशेष बल दिया जाता है। **वैसले** ने भी दोनों के अन्तर को स्पष्ट करते हुए लिखा है कि मापन मूल्यांकन का वह भाग है जो प्रतिशत, अंक, मात्रा, औसत तथा मध्यमान इत्यादि के रूप में अभिव्यक्त किया जाता है।

प्रश्न 5. विभिन्न अवस्थाओं से संचालित परीक्षाओं का वर्णन कीजिए।

उत्तर – परीक्षा शब्द का प्रयोग विद्यार्थियों की प्रगति को उनकी शैक्षिक उपलब्धि के संदर्भ में किया जाता है। परीक्षाएँ सारे वर्ष अलग अलग चरणों में आयोजित की जाती है। इसके चरणों का वर्णन निम्नलिखित हैं –

1) सेमेस्टर, अर्धवार्षिक, वार्षिक परीक्षाएँ :– सेमेस्टर प्रणाली में एक सेमेस्टर के लिए निर्धारित पाठ्यक्रम को जांचा जाता है। प्रायः एक शैक्षिक सत्र में दो सेमेस्टर होते हैं। एक सेमेस्टर की सामग्री को फिर दूसरे सेमेस्टर में नहीं जांचा जाता, जबकि अर्धवार्षिक परीक्षा

अथवा मासिक आवधिक आदि में जिस सामग्री को जांचा जाता है उसके कुछ भाग पर वार्षिक परीक्षा में पुनः प्रश्न दिए जा सकते हैं।

2) यूनिट या आवधिक परीक्षण – एक विशिष्ट अवधि में जो कुछ भी पढाया जाता है विद्यार्थियों में उसकी संप्राप्ति को जांचने के लिए यह टैस्ट प्रयोग किए जाते हैं। यह अवधि एक माह या दो माह की हो सकती है। कुछ विद्यालय इन्हें आवधिक टैस्ट कहते हैं और कुछ मासिक परीक्षण, सत्रांत परीक्षण। इन परीक्षणों के दो उद्देश्य होते हैं (क) शिक्षकों और विद्यार्थियों को विद्यार्थियों की संप्राप्ति के बारे में सही स्थिति की जानकारी (ख) विद्यार्थियों को अपनी कमजोरियों को दूर करने में सहायता। ये परीक्षण समिति अवधि के बाद दिए जाते हैं और मूल्यांकन की दिशा में जोड़ते रहने वाला पहला कदम होते हैं।

3) छमाही अथवा अर्धवार्षिक परीक्षा – यह परीक्षा आधा सत्र समाप्त होने के पश्चात् आयोजित की जाती है और विद्यार्थियों की शैक्षिक योग्यता की जांच करती है। इसमें आवधिक परीक्षणों की संप्राप्ति को भी ध्यान में रखा जाता है। इसके दो उद्देश्य होते हैं; प्रथम विद्यार्थियों की उपलब्धि की जांच और उनकी कमियों को सुधारना। इस परीक्षा का यह अर्थ नहीं है कि पाठ्यक्रम का एक भाग समाप्त हो गया है और उसका दुबारा परीक्षण नहीं होगा।

4) सालाना या वार्षिक परीक्षा – यह परीक्षा एक वर्ष अथवा शैक्षिक सत्र के पूरा होने पर ली जाती है। इसका उद्देश्य एक सत्र में विद्यार्थियों की ज्ञान–संप्राप्ति को जाँचना होता है। इसके महत्वपूर्ण प्रयोजन वर्गीकरण, प्रमाणन और अगली कक्षा में प्रोन्नति आदि है। इन प्रयोजनों के लिए वार्षिक परीक्षा के साथ आवधिक परीक्षण और अर्धवार्षिक परीक्षा के परिणामों को भी उपयुक्त स्थान मिलना चाहिए।

प्रश्न 6. निर्माणात्मक (विकासात्मक) मूल्यांकन और संकलनात्मक (सत्रांत) मूल्यांकन का उद्देश्य बताते हुए इनमें अंतर स्पष्ट कीजिए।

[June07, Q1(i)][Dec07, Q2]

उत्तर – निर्माणात्मक अथवा विकासात्मक मूल्यांकन – शिक्षण के दौरान छात्र की प्रगति को जानने, समझने और सुधारने के लिए जो मूल्यांकन किया जाता है उसे शिक्षण कालीन मूल्यांकन कहते हैं। इसका मुख्य उद्देश्य यह होता है कि अध्यापक और विद्यार्थी को लगातार यह पता लगता रहे कि पढ़ाते समय में अधिगम कितना सफल या असफल रहा है। अध्यापन अवधि में इस मूल्यांकन के आधार होते हैं – कक्षा परीक्षण, छोटे–मोटे प्रश्न, गृह–कार्य और कक्षा–कार्य तथा प्रत्येक पाठ अंश के प्रस्तावित अधिगम परिणामों को जाने के लिए मौखिक प्रश्न आदि। शिक्षण अवधि में मूल्यांकन के परीक्षण मुख्यतः अध्यापक द्वारा निर्मित होते हैं। विद्यार्थियों की प्रगति और उनके अधिगम में जो त्रुटियाँ हो जाती हैं उन्हें जानने के लिए प्रेक्षण भी लाभप्रद होता है चूंकि अध्यापन के दौरान जो मूल्यांकन किया जाता है वह यह जानने के लिए होता है कि विद्यार्थियों ने कितनी प्रगति की है, इसीलिए इसके परिणामों का ग्रेड देने के लिए प्रयोग नहीं होता है।

संकलनात्मक अथवा सत्रांत मूल्यांकन – संकलनात्मक मूल्यांकन का उद्देश्य यह पता करना होता है कि एक विशेष अवधि पूरी होने पर शैक्षिक उद्देश्यों को किस मात्रा में पूरा कर लिया गया हैं इसका मुख्य प्रयोग कोर्स का ग्रेड देने या यह प्रमाणित करने के लिए होता है कि एक विशेष कार्यक्रम के पश्चात् विद्यार्थी ने निर्धारित अधिगम उद्देश्यों को कितनी अच्छी तरह पूरा कर लिया है। इसके लिए अपनाए गए तरीके शैक्षिक उद्देश्यों द्वारा निर्धारित किए जाते हैं। इस मूल्यांकन के लिए बाह्य परीक्षाएँ भी होती हैं और अध्यापक द्वारा निर्मित परीक्षण रेटिंग स्केल इत्यादि भी होते हैं। यद्यपि इसका प्रमुख उद्देश्य ग्रेड देना ही है, परन्तु उससे कोर्स के उद्देश्यों की उपयुक्तता है या और अध्यापन की प्रभाविता के बारे में निर्णय लेने में भी सहायक सूचना मिलती है।

निर्माणात्मक और संकलनात्मक मूल्यांकन में अंतर –

1) संकलनात्मक मूल्यांकन शैक्षिक कार्यक्रम की उस उपयोगिता की ओर संकेत करता है जो पूरा हो चुका है। इसके विपरीत निर्माणात्मक मूल्यांकन उस शैक्षिक कार्यक्रम के जाँचने की ओर संकेत करता है जो अभी चल रहा है और जिसे अभी सुधारा भी जा सकता है।

2) निर्माणात्मक मूल्यांकनकर्ता सूचना एकत्र करता है और यह जाँचता है कि समग्र शैक्षिक कार्य को जारी रखा जाए अथवा उसे आवश्यकता के अनुसार बदला जाए।

3) संकलनात्मक मूल्यांकन का असर शैक्षिक कार्यक्रम के उपभोक्ता पर पड़ता है जबकि निर्माणात्मक मूल्यांकन का असर कार्यक्रम बनाने वाले और उसे विकसित करने वाले पर पड़ता है।

4) निर्माणात्मक मूल्यांकनकर्ता शैक्षिक क्रम को निर्धारित करने वाले होता है और वह भरसक यह प्रयत्न करता है कि अध्यापन–अधिगम को अच्छा बनासके। संकलनात्मक मूल्यांकनकर्ता निष्पक्ष व प्रतिबद्ध व्यक्ति होता है जो शैक्षिक प्रयासों पर निर्णय देता है।

प्रश्न 7. आंतरिक मूल्यांकन और बाह्य मूल्यांकन से आप क्या समझते हैं? आन्तरिक के लाभ व हानियाँ बताइए। [June06, Q3(iii)][June07, Q1(ii)]

उत्तर – आंतरिक मूल्यांकन और बाह्य मूल्यांकन का संक्षिप्त वर्णन निम्नलिखित हैं :

बाह्य मूल्यांकन – जब किसी विद्यालय या संस्था के बजाय परीक्षायें किसी एजेंसी द्वारा आयोजित की जाती हैं तो उसे बाह्य मूल्यांकन कहते हैं। इसमें एजेंसी द्वारा ही छात्रों को अनुदेशन दिये जाते हैं और संस्थाओं के समूह के छात्र एजेंसी के अधीन होते हैं। हमारे देश में सार्वजनिक परीक्षायें किसी विशेष विद्यालय बोर्ड द्वारा मूल्यांकन के लिए चलायी जाती हैं। इस प्रकार की परीक्षाओं में छात्रों से सम्बद्ध शिक्षक प्रत्यक्षरूप से मूल्यांकन में शामिल नहीं होते। सामान्यतः इस प्रकार की परीक्षायें किसी विशेष उद्देश्य को लेकर नहीं संचालित की जाती हैं। इस प्रकार सार्वजनिक परीक्षा संचालित की जा सकती है और इससे प्राप्त परिणामों का प्रयोग कई कार्यों के लिए किया जाता है। वास्तविक परीक्षण एक परीक्षार्थी के द्वारा एक प्रश्न पत्र या कई प्रश्न पत्रों के उत्तर देने तक सीमित होता है। इसमें समय भी सीमित होता है।

आंतरिक मूल्यांकन – वर्तमान समय में बाह्य परीक्षाओं के रूप में सार्वजनिक परीक्षायें ही हैं जो केवल छात्रों के प्रमाणीकरण का आधार बनती हैं। अन्य सभी परीक्षायें जो विद्यालय द्वारा संचालित की जाती हैं, आंतरिक परीक्षायें कहलाती हैं। इनका कार्य परीक्षायें चलाने वाली एजेंसी पर निर्भर करता है।

इससे पता चलता है कि विद्यालय में होने वाली परीक्षायें आंतरिक परीक्षायें होती हैं, चाहे ये बाहरी व्यक्ति या शिक्षक द्वारा लिया जाये जो विशेष रक्षा या वर्ग से सम्बन्धित हो। यह विचार आधार नहीं हो सकता क्योंकि इन सभी दशाओं में परीक्षक परीक्षा देने वाले छात्रों के अनुदेशात्मक प्रक्रिया से सम्बन्धित नहीं होता। वास्तव में कसौटी मूल्यांकनकर्ता का ज्ञान होता है, जो क्या पढाया है और कैसे पढाया है, इस तथ्य को विषय को बढाने वाला कक्षा अध्यापक ही जानता हैं यदि एक परीक्षक यूनिट से अनभिज्ञ है, निश्चित उद्देश्यों को नहीं जानता और छात्रों को दिया जाने वाले अधिगम अनुभवों से भी परिचित नहीं है, तो वह उचित ढंग से मूल्यांकन नहीं कर सकता। इसलिए आंतरिक मूल्यांकन में उसी शिक्षक को भाग लेना चाहिए जो छात्रों को पढ़ाता है। वे सभी प्रकार के मूल्यांकन जो सार्वजनिक रूप से या विद्यालयों में या विद्यालय के बाहर या अन्दर उसी स्कूल या दूसरे विद्यालय के शिक्षक द्वारा लिया जाता है, बाह्य परीक्षायें हैं।

इस प्रकार आंतरिक मूल्यांकन के लिए तीन कसौटियां हैं–

1) कक्षा के शिक्षण अधिगम क्रियाओं से प्रत्यक्ष सम्पर्क,
2) उस कक्षा के कक्षाध्यापक द्वारा प्रश्नपत्र की रचना,
3) स्वयं उस शिक्षक द्वारा परीक्षा का संचालन अर्थात् उत्तर पुस्तिकाओं की जांच।

यदि ये सभी शर्तें जहाँ पूरी नहीं होती, तो वह परीक्षा बाह्य परीक्षा होगी।

आंतरिक परीक्षा के लाभ और हानियाँ – सम्बन्धित अध्यापक छात्र का सबसे अच्छा मूल्यांकनकर्ता माना जाता है। उस सिद्धान्त के आधार पर छात्रों का आंतरिक मूल्यांकन सम्बन्धित शिक्षा संस्था के अध्यापक द्वारा हमारे देश में और अन्य स्थानों पर अपनाया गया है। आंतरिक मूल्यांकन में विभिन्न प्रकार के परीक्षणों और सांख्यिकीय आंकड़ों को छात्र की क्षमता जानने के लिए शामिल करना आवश्यक है। फिर कभी–कभी ऐसी स्थितियाँ आती हैं कि छात्र परीक्षा देने के स्थिति में नहीं होता। ऐसी स्थिति को देखते हुए छात्रों को वास्तविक मूल्यांकन करने के लिए उसके उपलब्धियों का आंकड़ा एक लम्बी अवधि 2 या 3 वर्ष तक एकत्र करना है और इसका औसत मापन लेना चाहिए। इसलिए एक छात्र के उच्चतम माध्यमिक ग्रेडिंग को उसके दो वर्ष की उपलब्धियों के आधार पर गणना करना चाहिए। आंतरिक मूल्यांकन से संबंधित इसी प्रकार की अन्य समस्यायें भी हो सकती हैं। उदाहरण के लिए किसी कक्षा के चार भाग हैं और प्रत्येक भाग को अलग–अलग शिक्षक पढा रहे हैं। ऐसी स्थिति में विधियों में एकरूपता कैसे लायी जा सकती है। उसके मूल्यांकन में एकरूपता लाने की समस्या उत्पन्न हो जाती है। यहाँ यह प्रश्न उठता है कि एकरूपता आवश्यक है। इस प्रकार

आंतरिक मूल्यांकन की वैधता और विश्वसनीयता के सम्बन्ध में शोध की आवश्यकता है तभी इन दोषों को दूर किया जा सकता है।

यदि आंतरिक मूल्यांकन सामान्य उद्देश्यों को लेकर किया जाता है तो एक संस्था के परिणाम का दूसरे संस्था के परिणाम से तुलना करना आवश्यक है। ऐसे करके एकरूपता स्थापित करने का प्रयास हो सकता है। ऐसे प्रयास में बाह्य संशोधन के लिए विधियों को विकसित किया जाता है। प्रायः यह अनुभव किया गया है कि इस प्रकार संशोधनों द्वारा परिणामों को सार्वजनिक परीक्षाओं की अपेक्षा अधिक संतोषजनक बनाया जा सकता है। इस सम्बन्ध में एक दूसरा दृष्टिकोण भी दिया गया है आंतरिक मूल्यांकन और सार्वजनिक परीक्षायें दोनों विभिन्न प्रकार के प्रश्नों के आधार पर निर्मित प्रश्नपत्रों से किया जाता है और दोनों से छात्रों के परिणाम ज्ञात होते हैं। दूसरे दृष्टिकोण के समर्थकों का कहना है कि सभी छात्रों का दोनों प्रकार की परीक्षा ली जानी चाहिए और दोनों का परिणाम देना चाहिए और प्रमाणपत्र में दोनों का अलग–अलग उल्लेख होना चाहिए। इससे पता चलता है कि आंतरिक मूल्यांकन में केवल पढ़ने वाले विषयों का ही मूल्यांकन नहीं होता बल्कि शिक्षक छात्र का सभी प्रकार से मूल्य निर्धारण करता है। यह कार्य सार्वजनिक या लोक परीक्षाओं में सम्भव नहीं है। इस प्रकार आंतरिक परीक्षा एक अनवरत और समग्र मूल्यांकन है।

इस प्रकार आंतरिक मूल्यांकन को बाह्य मूल्यांकन की अपेक्षा अच्छा कहा जा सकता है। वास्तव में यह निर्णय उद्देश्यों पर निर्भर है जिसके लिए मूल्यांकन किया जाता है। उदाहरण के लिए बाह्य परीक्षायें विश्वविद्यालय, क्षेत्र, कर्मचारियों और कुछ वैध कोर्स के लिए की जाती है। आंतरिक परीक्षा या मूल्यांकन का प्रयोग अधिगम उपलब्धि के विभिन्न क्षेत्रों– संज्ञानात्मक, प्रभावकारी और मनोगत्यात्मक के लिए किया जाता है और ये अनवरत और समग्र मूल्यांकन होता है।

प्रश्न 8. निकष/मानदण्ड संदर्भित परीक्षा प्रश्नों का निर्माण करते समय किन बातों का ध्यान रखना चाहिए। **[June06, Q4][June07, Q1(iii)]**

उत्तर – मानदण्ड या निकष संदर्भित प्रश्न कई प्रकार के होते हैं। अस्पष्टता होने के कारण प्रकृति और विस्तार की दृष्टि से इनके निर्माण के लिए स्पष्ट मार्गदर्शन करना मुशिकल है। फिर भी इनकी मुख्य विशेषताओं को ध्यान में रखकर नीचे लिखे सुझाव दिए जा सकते है :

1) **विषय–क्षेत्र की पहचान** : निकष संदर्भित मूल्यांकन के विकास में पहला कदम है – उस विषय का चुनाव, जिस पर प्रश्न बनाते हैं।

2) **इकाई या उपविषय का चयन** : अगला चरण है उस इकाई का चयन जिस पर परीक्षण बनाना है। इस इकाई के कई भाग हो सकते हैं जिन्हें मिलाकर पूरी इकाई बनती है। आवश्यकतानुसार मूल्यांकन संबंधी प्रश्न–पत्र बनाने के लिए विषय–सामग्री के एक या दो भागों का चयन कर सकते हैं।

3) परीक्षण के क्षेत्र और उसकी सीमा का निर्धारण : चूंकि क्षेत्र विषय–सामग्री के विशेष भाग से संबंध रखता है, इसलिए विषय–वस्तु को परखना और उसे अलग–अलग परिच्छेदों में बांटना जरूरी है। ये भाग आगे छोटे–छोटे भागों में बांटे जा सकते हैं।

4) क्षेत्र उद्देश्य का विशिष्टीकरण : एक निर्धारित क्षेत्र की विषय–सामग्री जानने के बाद अगला कदम है अपेक्षित परिणामों का शैक्षिक उद्देश्यों के आधार पर ज्ञान, समझ, प्रयोग कौशलों और अभिरूचि आदि के रूप में वर्गीकरण। इन उद्देश्यों को इतने स्पष्ट एवं सही रूप से बताना चाहिए कि विद्यार्थी की उपलब्धि की प्रस्तावित अधिगम परिणामों के अनुसार व्याख्या की जा सके। अधिक स्पष्टीकरण के लिए इसी प्रकार के अन्य नमूना–प्रश्न भी बनाए जा सकते हैं।

5) तीसरे और चौथे चरण का बाह्य पुनरावलोकन : तीसरे और चौथे चरणों में जिन क्रियाओं को छांटा गया है उन्हें दुबारा देखने की आवश्यकता है। यह कार्य उन व्यक्तियों से करवाना चाहिए जो क्षेत्र और विषय–सामग्री के साथ विशिष्ट उद्देश्यों को छाँटने के काम से संबंधित न हों। हाँ, जिस अध्यापक ने यह विषय पढ़ाया हो, उसे इस कार्य में अवश्य शामिल करना चाहिए ताकि बाह्य परीक्षकों की किसी भी शंका को वह दूर कर सके।

6) आन्तरिक पुनरावलोकन : पिछले चरण के बाद आन्तरिक परीक्षक अर्थात् जिसने स्वयं प्रश्न बनाए हैं वह प्रत्येक विशिष्ट उद्देश्य की उनसे संलग्न नमूना प्रश्नों के साथ स्वयं पुनरावलोकन करेगा। इस जाँच से विशिष्ट उद्देश्यों को और अधिक स्पष्ट व प्रभावी करना है।

7) दो भिन्न (क और ख) प्रश्न–पत्र निर्माण : यदि एक ही परीक्षण के दो भिन्न प्रश्न–पत्र (क, ख) बनाए जाए तो एक को संकलनात्मक निदान के लिए प्रयोग किया जाना संभव होगा। साथ ही दोनों के प्रयोग से विश्वसनीयता की जाँच करना आसान रहेगा।

8) चरण छः के अनुसार आन्तरिक पुनरावलोकन : परीक्षण बनाने के बाद उसका आन्तरिक विश्लेषण आवश्यक है। इसका उद्देश्य यह देखना होता है कि परीक्षण का प्रत्येक प्रश्न विशेष उद्देश्यों से मेल खाता है या नहीं। साथ ही ऐसा करने से यदि परीक्षण में कुछ कमियों हो तो उनकी भी जांच हो जाती है।

9) प्रश्न–पत्रों का बाहरी पुनरावलोकन : किसी भी परीक्षण को प्रयोग से पूर्व उसे पढ़ाने वाले अध्यापकों को दिखाया जाना चाहिए। इससे पता चल जाएगा कि विषय–सामग्री में कुछ गलत तो नहीं चला गया है। यदि गलती दिखाई दे तो उसे ठीक कर लेना चाहिए ताकि क्षेत्र वर्णन और सामग्री में एकरूपता हो।

10) परीक्षण की क्षेत्रीय जांच : इस स्टेज पर अन्य परीक्षणों को सीमित संख्या (5,10) में छात्रों को प्रयोग के लिए दिया जा सकता है। हो सकता है कि हिदायतों में से कोई बुरी तरह

गलत निकले। अच्छा होगा कि यह परख परीक्षण बनाने वालों के अतिरिक्त कोई अन्य व्यक्ति करें।

11) आन्तरिक पुनरावलोकन : सोपान के बाद आन्तरिक पुनरावलोकन द्वारा अंतिम बार उन परिवर्तनों को देखने का मौका मिलेगा जो पुनरावलोकन अथवा क्षेत्र–परीक्षण से निकलेंगे। इसका मुख्य उद्देश्य परीक्षण को अंतिम रूप देकर, छापने अथवा प्रयोग के लिए देना होता है।

12) परीक्षण का अंतिम रूप : अब परीक्षण का अंतिम रूप उपयोग के लिए तैयार है और विद्यार्थियों की संख्या के अनुसार उसे छपवाया सा साइक्लोस्टाइल कराया जा सकता है। इसकी तालिका को परीक्षण के साथ ही भेजा जा सकता है। सोपान '1' से '14' तक की परीक्षण निर्माण यात्रा के प्रत्येक चरण के लिएएक हस्ताक्षर–पत्र प्रस्तुत किया जा सकता है। इससे परीक्षण बनाने वाले को परीक्षण की प्रगति के प्रत्येक चरण की जानकारी मिल जाएगी।

13) परीक्षण का कक्षा में प्रयोग : परीक्षण में सम्मिलित विषयों के परीक्षण के लिए परीक्षण का कक्षा में प्रयोग किया जा सकता है। अध्यापक अपनी आवश्यकता के अनुसार जिन क्षेत्रों की जाँच करनी है उन्हें क्रम से लगा कर तदनुकूल उनका प्रयोग कर सकता है। विद्यार्थियों के उत्तरों को निर्दिष्ट विश्लेषण योजना के अनुसार नोट किया जा सकता है और उन्हें समंकित किया जा सकता है।

14) परीक्षण की वैधता और विश्वसनीयता का आकलन : परीक्षण संबंधी पूरे समंक प्राप्त होने के बाद अब हम उसकी वैधता विश्वसनीयता को विभिन्न तरीकों से मालूम कर सकते हैं।

प्रश्न 9. शैक्षणिक अथवा अनुदेशात्मक उद्देश्यों से क्या अभिप्राय है? शिक्षा में इनकी आवश्यकता क्यों पड़ती है?

उत्तर – शैक्षणिक उद्देश्यों का अर्थ – शिक्षा का उद्देश्य बालक का सर्वांगीण विकास करना है। इस उद्देश्य की प्राप्ति के लिए विद्यालय के बाहर तथा अन्दर विभिन्न कार्य–कलापों का आयोजन करना पड़ता है। लक्ष्य बहुत व्यापक तथा बहु समावेशक होते हैं। इसलिए विद्यालय तथा समाज दोनों में ही इसकी प्राप्ति के लिए योगदान देते हैं। उद्देश्य इन अधिक अध्यापक लक्ष्य के अंग होते हैं। विषय अथवा पाठ के अध्यापन के उद्देश्यों के बारे में शिक्षक को अपने मस्तिष्क में स्पष्ट होना चाहिए। योजना करते हुए प्राप्त किये जाने वाले अनुदेशात्मक उद्देश्यों अधिगम अनुभवों की व्यवस्था तथा मूल्यांकन तरीकों जिन्हें अपनाना होगा, ताकि यह जाना जा सके कि यदि अनुदेशात्मक उद्देश्य उपलब्ध हो रहे हैं, अथवा नहीं, आदि के बारे में शिक्षक को स्पष्ट होना चाहिए। अनुदेशात्मक उद्देश्यों को व्यावहारिक संज्ञा के रूप में व्यक्त किया जाना आवश्यक है ताकि उनकी उपलब्धि तथा मूल्यांकन ठोस प्रकार से हो। छात्रों में लाये जाने वाले व्यावहारिक परिवर्तन निरीक्षण किये जाने चाहिए।

शैक्षणिक अथवा अनुदेशात्मक उद्देश्यों की परिभाषायें –

1) **हॉस्टन के अनुसार** – ''अनुदेशात्मक उद्देश्य व्यावहारिक संज्ञाओं के रूप में व्यक्त करने की योग्यता अथवा कौशल है, जिस उद्देश्य को निर्धारित कर सफल अध्यापन के परिणामस्वरूप छात्र प्राप्त करता है।''

2) **ई.जे. फ्रस्ट के अनुसार** – ''अनुदेशात्मक उद्देश्य व्यक्ति के व्यवहार में वांछित परिवर्तन से है जिसे हम शिक्षा के द्वारा लाने का प्रयत्न करते हैं।''

लक्ष्यों तथा उद्देश्यों में अन्तर –

1) लक्ष्य दीर्घकालिक होते हैं और बहु उद्देश्यीय होते हैं जबकि उद्देश्य लक्ष्य की प्राप्ति में सहायक होते हैं।

2) एक लक्ष्य की प्राप्ति के लिए अनेक उद्देश्य हो सकते हैं, उद्देश्य लक्ष्य प्राप्ति सहायक होते हैं।

3) उद्देश्यों को विद्यालयी कार्यक्रमों द्वारा प्राप्त किया जा सकता है।

4) लक्ष्य समस्त शिक्षा से सम्बन्धित होते हैं परन्तु उद्देश्य विषय मूलक होते हैं। वे विषय के अनुसार अलग–अलग होते हैं। उदाहरण के लिए भाषा शिक्षण के उद्देश्यों से भिन्न होते हैं।

5) अनुभव देने के लिए उद्देश्य दिशाएँ प्रस्तुत करते हैं जबकि लक्ष्य अन्तिम उपलब्धि का संकेत देते हैं।

उद्देश्यों की आवश्यकता तथा महत्व – उद्देश्यों का निर्धारण शिक्षा में सर्वप्रथम सर्वाधिक महत्वपूर्ण कदम है, क्योंकि उद्देश्य दिशा दिखाते हैं जिधर अग्रसर होना है। अधिगम अनुभवों की व्यवस्था हेतु और मूल्यांकन के उपक्रम में लाये जाने वाले साधन तथा तकनीकी का निर्धारण हेतु आधारशिला देते हैं। जिन व्यावहारिक परिवर्तनों को हम काम में लाने के प्रयास करते हैं उनका स्वरूप क्षेत्र के रूप में स्पष्ट चित्र प्रस्तुत करते हैं। ये शिक्षक तथा छात्रों दोनों के लिए उपयोगी है। शिक्षण अधिगम में वे वस्तुनिष्ठ आधार के उपागम का अवलम्बन करते हैं। उद्देश्यों के आयामों के अनुसार ये विषय–वस्तु को तैयार और प्रस्तुत करने में सहायक होते हैं। इन शैक्षिक उद्देश्यों की प्राप्ति के लिए अध्यापक विषय–सामग्री तथा अधिगामिक अनुभवो की व्यवस्था करता है। शिक्षण की उपयुक्त विधियों के संचयन में भी सहायता करते हैं तथा शिक्षण विधि निर्धारित करने के पश्चात् अध्यापक मूल्यांकन की अनेक तकनीकी साधनों का, बालकों के व्यवहार में लाये गये परिवर्तनों के स्वरूप और क्षेत्र के जानने के लिए उपयोग करता है। मूल्यांकन के ये साधन और तकनीकी भी शैक्षिक उद्देश्यों पर आधारित होते हैं। इन उद्देश्यों के अभाव में परिवर्तन और उन्नति की सीमा का मूल्यांकन सम्भव नहीं है। ये कसौटी प्रस्तुत करते हैं। इस प्रकार हम देखते हैं कि शैक्षिक उद्देश्यों, अधिगामिक अनुभवों तथा मूल्यांकन में घनिष्ठ सम्बन्ध है जिसे रेखाचित्र द्वारा निम्न प्रकार से समझाया जा सकता है –

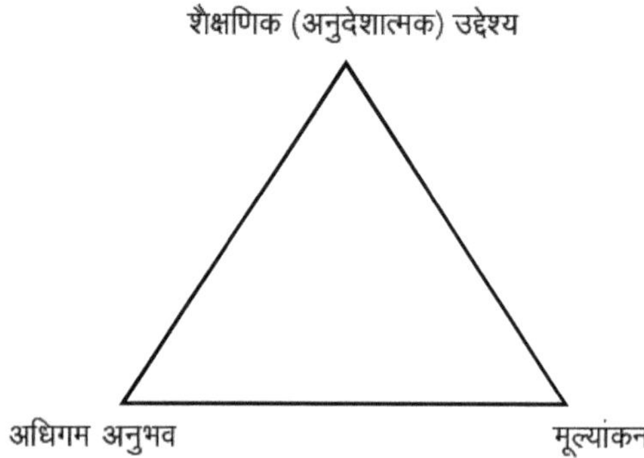

डॉ. ब्लूम ने अनुदेशात्मक उद्देश्यों को निम्नलिखित शब्दो में परिभाषित किया है – ''ये न केवल पाठ्यक्रम को शक्ल देने तथा शिक्षा देने के लिए मार्गदर्शन की दिशा में ध्येय हैं, परन्तु ये मूल्यांकन तकनीकी के निर्माण और उपयोग के लिए व्यापक निर्देशन प्रस्तुत करते हैं।

इस प्रकार अनुदेशात्मक उद्देश्य पाठ्यक्रम तथा अधिगमिक अनुभवों, शिक्षण विधियों, शिक्षण–अधिगम क्रियाओं, शिक्षण के मुख्य बिन्दुओं, उपयुक्त मूल्यांकन, साधन और तकनीकी के चयन तथा निर्माण एवं उनको कार्यान्वित करने, ताकि बालकों में लाये गये परिवर्तनों के स्वरूप तथा सीमा जानने में हमारी सहायता करते हैं।

प्रश्न 10. शैक्षणिक लक्ष्यों व शैक्षणिक उद्देश्यों के आपसी संबंध पर टिप्पणी कीजिए।
उत्तर – शिक्षा वास्तव में छात्र के व्यवहार में अपेक्षित दिशा में परिवर्तन लाने की ही प्रक्रिया है अर्थात उसमें कुछ कौशल विकसित करना।

शैक्षिक लक्ष्यों व शैक्षणिक उद्देश्यों का संबंध :–

1) शैक्षिक लक्ष्य सामान्य व्यवहारजगत परिणामों की ओर इशारा करते हैं जो कि लम्बी अवधि में संपूर्ण शिक्षा द्वारा पूरे करने हैं जबकि शैक्षणिक उद्देश्य तुरंत पूर्ति चाहते हैं।

2) शैक्षणिक उद्देश्य अधिगम निष्पत्तियों को शैक्षिक लक्ष्यों की तुलना में अधिक स्पष्ट करते हैं।

3) शैक्षिक लक्ष्य समाज में सर्वाधिक मान्य मूल्यों और अभिव्यक्त विचारों में संश्लेषण दर्शाते हैं। ये आमतौर पर मानव व आदर्शवाद मूल्यों की ओर इंगित करते हैं। इस दृष्टि से, एक विशेष कक्षा परिस्थिति में होने वाली विशेष परिवर्तनशीलता को नहीं दर्शाते। कक्षा में परिवर्तनशीलता शैक्षिक उद्देश्य द्वारा ही पूरी होती है। अतः शैक्षिक लक्ष्यों को ऐसे शैक्षणिक उद्देश्यों में प्रकट करना चाहिए जो कि विशिष्ट परिस्थिति व विषयवस्तु से जुड़े हों।

4) कई बार शैक्षिक लक्ष्यों की सूची में ऐसे बहुत से कथन आते हैं जो कि विकास के आदर्श क्षेत्रों को दर्शाते हैं। ऐसे उद्देश्यों के कथन प्रायः बहुत विस्तृत व सार्वभौमिक होते हैं। ये कथन संभवतः बहुत से शैक्षणिक व सह–शैक्षणिक कार्यक्रमों के नियोजन से पूरे हो सकते हैं और यह शिक्षा की किसी विशेष व्यवस्था से नहीं जुड़े होते। ये संभवतः पूरे देश व कभी–कभी विश्व–समाज से भी संबंधित हो सकते हैं। अतः वे शिक्षा के विस्तृत, मुख्य व सामान्य लक्ष्य हैं। उनका हमेशा मूल्यांकन नहीं किया जा सकता। मूल्यांकन की परिधि में लाने के लिए उन्हें भिन्न–भिन्न शैक्षणिक क्रियाकलापों में बांटा जाता है और शैक्षणिक उद्देश्यों में परिवर्तित किया जाता है।

प्रश्न 11. शैक्षणिक उद्देश्यों के प्रकार्य बताइए।

उत्तर – शैक्षिक उद्देश्य के प्रकार्य निम्नलिखित हैं –

1) शैक्षिक क्रियाओं को इष्ट दिशा प्रदान करते हैं।
2) शैक्षिक कार्यक्रम के नियोजन व व्यवस्थीकरण को आधार प्रदान करते हैं;
3) शिक्षा–कार्यक्रम में एकता व समन्वय लाते हैं;
4) विकास के मापन को आधार प्रदान करते हैं और इस तरह सही मूल्यांकन का आश्वासन प्रदान करते हैं।
5) अध्यापन व मूल्यांकन के सही गुणों की ओर ध्यान आकृष्ट करने में मदद करते हैं।
6) अधिगम अनुभवों व मूल्यांकन–सामग्री का स्तर निर्धारित करने में सहायक होते हैं।
7) पाठ्यक्रम व पाठ्यक्रमेतर क्षेत्रों में शैक्षिक निर्णयों को निर्देशित करते हैं।
8) उपयुक्त विषयवस्तु के चुनाव में सहायक होते हैं;
9) शिक्षा में सुधार को दिशा प्रदान करते हैं;
10) पाठ्यक्रम की संरचना व विषय वस्तु को स्पष्टता व सार्थकता प्रदान करते हैं;
11) अधिगम को कार्यात्मक बनाते हैं;
12) शिक्षा में अमूर्त को मूर्त बनाने में सहायक होते हैं;
13) छात्रों की अधिगम संबंधी कमजोरियों व पक्केपन के पहचानने में मदद करते हैं; तथा
14) शिक्षा के कार्यकत्ताओं में परस्पर संप्रेषण को बढ़ावा देते हैं।

प्रश्न 12. शैक्षणिक (अनुदेशात्मक) उद्देश्यों के ब्लूम के वर्गीकरण मॉडल का विस्तार से वर्णन करों। [June07, Q1] [Dec07, Q2]

उत्तर – डा. बी.एस. ब्लूम तथा उसके साथियों ने एक वर्ग पद्धति का निर्माण किया जो शैक्षिक उद्देश्यों के तकनीकी के नाम से जानी जाती है। यह वर्ग पद्धति छात्रों में लाये जाने वाले व्यवहार परिवर्तन की प्रवृत्ति तथा उसके क्षेत्र की प्रकृति तथा उसके मूल्यांकन के स्वरूप में मदद करती है। समस्त विश्व में इसका उपयोग शिक्षा की सभी पद्धतियों में किया जाता है, क्योंकि इसका प्रमाणीकरण हो चुका है। **डॉ. ब्लूम** ने इन उद्देश्यों का व्यावहारिक संज्ञाओं में रूपान्तरित किया ताकि निरीक्षण और मापन हो सके। इनकी विशेषतायें निम्नलिखित हैं :–

1) शैक्षिक उद्देश्यों तथा व्यावहारिक परिवर्तनों का सरल से जटिल सोपान रूप में वर्णन किया जा सकता हैं

2) वर्गीकरण, उपयुक्त अधिगम, अनुभवों, विधियों, सहायक सामग्री के चयन तथा व्यवस्था और योग्य मूल्यांकन तकनीकी व्यवस्था और योग्य मूल्यांकन तकनीकी के अवलम्बन में सहायक होता है।

3) समस्त शिक्षण अधिगम प्रक्रिया को सुनिश्चित, विशिष्ट ध्यये निर्देशित करता है।

4) विद्यालय अधिकारों, पाठ्यक्रम तथा पाठ्य सहायक कार्यक्रमों की प्रभाविता का मूल्यांकन पूर्व निर्धारित और वांछनीय उद्देश्य के संदर्भ में किया जा सकता है।

वर्गीकरण :– **डा. ब्लूम** के मतानुसार अधिगमिक अथवा व्यावहारिक परिवर्तन तीनों ही क्षेत्रों में घटित होते हैं अतः ब्लूम ने सभी शैक्षिक उद्देश्यों को इन क्षेत्रों में विभाजित किया और सम्बन्धित विशिष्ट व्यवहार में वर्गीकरण किया जो निम्नलिखित है –

वर्ग

	ज्ञानात्मक क्षेत्र	**प्रभावात्मक क्षेत्र**	**मनोवैज्ञानिक क्रियात्मक क्षेत्र**
1)	ज्ञानात्मक क्षेत्र	प्राप्ति करना (आग्रहण)	उद्दीपन या प्रभाव डालना
2)	समझ या बोध	प्रत्युत्तर देना या अनुक्रिया	कुशल व्यवस्था या कार्य करना
3)	अमल या प्रयोग	मूल्य निर्धारण करना	नियंत्रण
4)	विश्लेषण	परिकल्पना करना संप्रत्यीकरण	समायोजन
5)	एकीकरण या संश्लेषण	प्रबंध करना	अपना सा बनाना
6)	मूल्यांकन	मूल्य विशिष्टीकरण	आदत बनाना या आदत निर्माण

ज्ञानात्मक क्षेत्र सिद्धान्त –

डॉ. ब्लूम ने मानसिक कार्यों की जटिलता तथा कार्यक्रम वर्गीकरण के आधार पर ज्ञानात्मक क्षेत्र को 6 वर्गों में विभाजित किया है। यह वर्गीकरण सरल से जटिलता की ओर बढ़ता है अर्थात ज्ञान, समझ, विश्लेषण, एकीकरण तथा मूल्यांकन। उसने इन्हें आगे 34 उपवर्गों में विभाजित किया। ज्ञान को उद्देश्यों के निम्न स्तर पर रखा। ज्ञानात्मक क्षेत्र के संबंध में **डॉ. ब्लूम** कहते हैं, ''इसमें वे सभी उद्देश्य शामिल हैं जिनका सम्बन्ध ज्ञान के पुनः स्मरण, पुनः पहचान और बौद्धिक योग्यताओं तथा कौशलों में आता है।''

इस प्रकार ज्ञानात्मक क्षेत्र श्रृंखला में ज्ञान, समझ, विश्लेषण, एकीकरण तथा मूल्यांकन का समावेश है।

1) ज्ञान – इस उद्देश्य के अन्तर्गत पुनः स्मरण और पुनः पहचान, प्रक्रिया कर तथ्यों, घटनाओं, सिद्धान्तों के ज्ञान की सहायता से विकास करना आता है।

2) समझ या बोध – इसके लिए ज्ञान आवश्यक है। छात्र से अपेक्षा की जाती है कि वह कुछ

विषय सामग्री अपने शब्दों में लिखे, भाषान्तर करे तथा व्याख्या करे।

3) अमल – इसके लिए विषय–वस्तु का ज्ञान और समझ का होना आवश्यक है। केवल तभी वह उसे नई परिस्थिति में लागू कर सकता है।

4) विश्लेषण – यह कुछ उच्च कोटि की योग्यता है। इसके अन्तर्गत तथ्यों, घटनाओं, सिद्धान्तों का सार्थक हिस्से में विभाजन करके उनमें सम्बन्ध स्थापित शामिल है।

5) एकीकरण या संश्लेषण – इनके अन्तर्गत नया ज्ञान अथवा उसे नई शक्ल देना शामिल है। यह रचनात्मक योग्यताओं का विकास करता है।

6) मूल्यांकन – ज्ञानात्मक क्षेत्र का सर्वोच्च क्षेत्र का सर्वोच्च स्तर है जिसके अन्तर्गत आंतरिक और बाह्य कसौटियों के सन्दर्भ में तथ्यों, घटनाओं का आलोचनात्मक मूल्यांकन है।

प्रभावात्मक क्षेत्र सिद्धान्त –

इनका उद्देश्य रूचियों, दृष्टिकोण तथा मूल्यों का विकास करना है तथा व्यक्ति अपने अन्तर्भावों तथा अनुभवों को प्रदर्शित करता है। निम्न स्तर पर अवधान है तथा उच्च्तम स्तर पर दृष्टिकोण निर्माण। इस वर्ग का विस्तार नीचे दिया गया है –

1) निम्न स्तर –

1. प्राप्त करना तथा उपस्थित रहना
(क) सजगता
(ख) प्राप्त करने के इच्छुक
(ग) नियंत्रित अथवा चयनित अवधान

2. प्रत्युत्तर –
(क) प्रत्युत्तर के लिए सम्मति
(ख) प्रत्युत्तर के लिए इच्छित
(ग) प्रत्युत्तर में सन्तोष

2) मध्य स्तर –

3. मूल्य –
(क) मूल्य की स्वीकृति
(ख) किसी मूल्य को अधिक पसंद करना
(ग) किसी मूल्य के प्रति दृढ़ संकल्प होना।

4. व्यवस्था –
(क) किसी मूल्य को परिकल्पित करना
(ख) मूल्य पद्धति की व्यवस्था करना

3) उच्च स्तर –

5. जटिल मूल्य की विशेषता बताना
(क) सामान्य मंच
(ख) विशेषतायें निर्धारित करना

इस प्रकार स्पष्ट है कि यह क्षेत्र प्राप्त करने (उपस्थित रहना) से आरम्भ होकर प्रत्युत्तर, मूल्य निर्धारण, व्यवस्था से गुजरते हुए, जटिल हुए, जटिल मूल्य विशेष निर्धारण पर समाप्त होते हैं।

1) प्राप्त किया जाना या उपस्थित रहना – भावात्मक क्षेत्र में यह निम्न प्रकार का उद्देश्य है जिसमें छात्र को प्रारम्भिक अनुभव प्रदान किया जाता है ताकि वह प्राप्त करने तथा नियंत्रित चयनित अवधान देने स्वीकृति को दर्शाये। उदाहरण के लिए अध्यापक द्वारा कविता पाठ करने पर सुनकर छात्र प्रत्युत्तर देते हैं।

2) प्रत्युत्तर दिया जाना – यह दूसरा उद्देश्य है जिसमें ध्यान दिया जाना आवश्यक है। कविता जिसका पठन किया गया, की ओर छात्र देखकर प्रत्युत्तर देने के इच्छित हैं वे प्रश्न का उत्तर देकर संतोष प्राप्त करते हैं।

3) मूल्यांकन करना – प्राप्त किया जाना तथा प्रत्युत्तर किया जाना इस उद्देश्य की प्राप्ति में सहायक है, जिसका प्रदर्शन व्यक्ति के व्यवहार द्वारा स्वीकृति तथा मूल्य की पसंदगी और उसके प्रति संकल्प व्यक्त होता है।

4) व्यवस्था – मूल्य को प्राप्त करने के पश्चात सही विभिन्न मूल्यों के स्वरूप की परिकल्पित करता है तथा उन्हें मूल्य पद्धति में व्यवस्थित करता है जो कि दृष्टिकोण निर्माण में सहायक होता है।

5) जटिल मूल्य गुण विशेष का निर्धारण – इस क्षेत्र में सबसे उच्च प्रकार का उद्देश्य है जो कि ऊपर कहे गये चार उद्देश्यों पर आधारित है। इस व्यवस्था में व्यक्ति से एक जटिल मूल्य स्थायी पद्धति बनाती है जो कि उसकी रूचियों, दृष्टिकोणों और जीवन शैली में प्रतिबिम्बित होती है। उससे भावात्मक व्यवहार का सामान्य मंच निर्धारित होता है।

मनोवैज्ञानिक क्रियात्मकता क्षेत्र – इसका सम्बन्ध शारीरिक कौशल के विकास से है। एक व्यापक और प्रमाणित क्रियात्मक क्षेत्र का अभी भी निर्माण होना है। प्रो. सिम्पसन, प्रो. हैरी और

प्रो. दवे ने स्नायु क्रियाओं के आधार पर इसके वर्गीकरण का प्रयत्न किया है–

प्रो. हैरो द्वारा दिया गया वर्गीकरण – परावृत्त क्रिया, आधारभूत क्रिया में मौलिक हलचल, शारीरिक योग्यताएँ, ऐन्द्रिक योग्यताएँ, कौशलीय हलचलें, अबाध्य सम्प्रेषण।

प्रो. सिम्पसन द्वारा दिया गया वर्गीकरण – एन्द्रिक ग्रहणता, निश्चित, नियंत्रित मार्गदर्शक प्रत्युत्तर, यंत्रीकरण, जटिल अभिव्यक्त प्रत्युत्तर।

प्रो. दवे द्वारा वर्गीकरण – नकल उतारना, कौशलपूर्ण व्यवस्था करना, निश्चित व्यवस्थित, स्पष्ट बोलना, स्वाभाविकता।

प्रो. दवे द्वारा दिया गया वर्गीकरण अधिक लोकप्रिय तथा मान्य है। इसका विवरण निम्नलिखित है –

1) **अनुकरण या प्रारम्भिकरण** – यह एक निम्न स्तरीय वर्गीकरण है जिसमें मानसिक प्रवृत्ति आधार प्रस्तुत करती है तथा व्यक्ति बाह्य प्रक्रिया की अपरिपक्व रूप में पुनरावृत्ति करता है।

2) **कार्य करना** – आदेश पालन, चयन तथा निर्धारण – इस अवस्था में व्यक्ति निर्देशों का पालन करता है, कतिपय क्रियाओं का चयन करता है तथा निर्धारण की प्रक्रिया आरंभ होती है।

3) **यर्थाथता या शुद्धता से कार्य करना** – पुनर्निमाण और नियंत्रण– यह तीसरी अवस्था है जिसमें व्यक्ति वांछनीय क्रिया का पुनर्निमाण करता है तथा उस पर करने का प्रयत्न करता है।

4) **स्पष्ट उच्चारण**– बोलनाक्रम और एक्यता इस व्यवस्था में व्यक्ति के कौशल को विभिन्न क्रियाओं के संतुलित तरीके, योग्यक्रम और समस्त रूप में नियंत्रित प्रस्तुतीकरण के कौशल को प्राप्त करता है।

5) **स्वाभावीकरण** – स्वचालन आंतरीकरण – यह क्रियाओं में परिणित होती है और एक प्रकार की आदत अथवा नित्य की क्रिया बन जाती है।

प्रश्न 13. शैक्षणिक उद्देश्यों के वर्गिकी सम्मत वर्गीकरण के लाभ बताइए।
उत्तर – शैक्षणिक उद्देश्यों के वर्गिकी सम्मत वर्गीकरण के निम्नलिखित लाभ है :–

1) वर्गिकी में उपश्रेणियों का नियोजन क्रमबद्ध जटिलता के नियमानुसार किया गया है। अतः यह नियम विद्यार्थियों के उचित अधिगम स्तर को जानने में अत्यधिक लाभदायक सिद्ध हो सकता है।

2) मूल्यांकन की विधियों व यंत्रों का सही चुनाव व विकास इस वर्गिकी के आधार पर अधिक संभव है तब उनका वर्गीकरण भी सरल व स्पष्ट हो जाता है।

3) छात्र विकास के विभिन्न पहलुओं को विषयवस्तु द्वारा सुनिश्चित करने और मूल्यांकन की सार्वभौमिकता के नियमों को क्रियान्वित करने में यह क्रमबद्ध वर्गीकरण सहायक होता है।

4) मूल्यांकन–विधियों की वैधता जांच इस विधि के आधार पर सहायता से की जा सकती है।

5) छात्र विकास के विभिन्न पहलुओं के सार्थक संश्लेषण में मूल्यांकन बहुत सहायक हो सकता है। व्यवहार के तीनों क्षेत्रों के सहसंबंध को पहचानने का इसमें विशेष महत्व है।

6) विभिन्न श्रेणियों की तर्कसंगत अध्यापन–अधिगम परिस्थितियों के चुनाव में और स्तरानुसार उनके वर्गीकरण में यह वर्गीकरण सहायक होता है और जिसके आधार पर उचित परीक्षण परिस्थितियों के चुनाव का भी यह महत्वपूर्ण स्रोत बन जाता है।

7) पाठ्यचर्या के विकास और शैक्षणिक सहायक सामग्री की तैयारी में भी यह वर्गीकरण उपयोगी सिद्ध होता है। सुपरिभाषित उद्देश्यों पर ही आधारित होने से पाठ्यपुस्तकों के निर्माण व विश्लेषण में भी बहुत सुधार संभव है।

8) सुपरिभाषित कसौटी पर आधारित वर्गीकरण ''भविष्य में अध्यापकों, मूल्यांकनकर्ताओं, शोधकर्ताओं, पाठ्यचर्या निर्माताओं, मनोवैज्ञानिकों व व्यवहार–वैज्ञानिकों के बीच आपसी आदान–प्रदान के लिए सेतु का काम करेगा।''

9) इस वर्गिकी ने शिक्षा में शोध के और कई नए आयाम खोल दिए। उदाहरणार्थ : उद्देश्यों का पुनः मूल्यांकन अविलंब किया जाना चाहिए, जैसे विषय–क्षेत्रों, श्रेणियों और उपश्रेणियों का आपसी सहसंबंध ढूंढना। इस पद्धति की शोध–कार्य से पुष्टि अपने आप में ही एक महत्वपूर्ण खोज का विषय है और इसके साथ अन्य शोध क्षेत्र भी जुड़े हुए हैं। विभिन्न उद्देश्यों की अधिगम में 'धारणा' और 'पीछे जाने' की समस्या भी एक महत्वपूर्ण परियोजना हो सकती है। अध्यापक–गण उद्देश्यों पर आधारित अध्ययन–अध्यापन व परीक्षण विषय पर बोध कार्य करने को अभिप्रेरित हो सकते हैं। समय के साथ–साथ इसका विस्तार दुगुना–चौगुना हो सकता है।

प्रश्न 14. गाग्ने के अधिगम सिद्धान्त की व्याख्या कीजिए।

उत्तर – राबर्ट एम. गाग्ने के अनुसार 'अधिगम दशाओं' का अध्यापन–अधिगम प्रक्रिया समझने में प्रायः प्रयोग किया जाता है। उसके उन कारकों को पहचाना जो मानवयी अधिगम स्वभाव की जटिलता में महत्वपूर्ण भूमिका निभाते हैं।

गाग्ने के अनुसार ''मानव योग्यता में गुणात्मक परिवर्तन ही अधिगम है, जिसे दिमाग में पक्का

बैठाया जा सकता है और जिसको मात्र विकास वृद्धि की प्रक्रिया से नहीं समझा जा सकता है।'' उसके अनुसार अधिगम मानव मस्तिष्क के अंदर होने वाली प्रक्रिया है। इसकी तुलना पाचन और श्वसन की जैविक प्रक्रियाओं के समान की जा सकती है। सीखने वाले को सबसे महत्वपूर्ण अंग उसकी ज्ञानेंद्रियां केंद्रीय स्नायु प्रणाली और मांसपेशियां हैं।

अधिगम दशाएँ –

गाग्ने ने आठ प्रकार की अधिगम दशाओं का तुलनात्मक अध्ययन किया जो कि सुगम से जटिल की ओर बढती है।

अधिगम के प्रकार/विविधताएं/दशाएं		संक्षिप्त वर्णन
1. सिगनल अधिगम	:	व्यक्ति दिए गए संकेत के प्रति अनुकूलित अनुक्रिया देना सीख जाता है : अधिगम अनभिप्रेत (इत्तफाकी) होता है।
2. उद्दीपन–अनुक्रिया अधिगम	:	व्यक्ति किसी विशेष उद्दीपन के प्रति अनुक्रिया करता है : इष्ट अनुक्रिया पुरस्कृत होती है।
3. 'श्रृंखला'	:	पहले सीखी हुई दो या अधिक उद्दीपन– अनुक्रिया के संबंधों को सीखने के लिए जोड़ दिया जाता है।
4. मौखिक साहचर्य	:	मौखिक उद्दीपन–अनुक्रिया के सहसंबंध जो श्रृंखलाओं का रूप धारण कर लेते हैं, इसमें आते हैं। उदाहरण के लिए, शिशु एक वस्तु को पहचानता है और उसे उसके नाम जैसे लाल गेंद से पुकाराता है। अंग्रेजी शब्द का हिंदी पर्याय बताता है। यह मौखिक माला है।
5. बहुविध विभेदीकरण	:	छात्र सीखी हुई मौखिक व गामक लड़ी के पहचानता है और उनमें अंतर कर सकता है।
6. अवधारणा अधिगम	:	उद्दीपनों की समान श्रेणी की एक सामान्य अनुक्रिया : एक अवधारणा को सीखने में छात्र उसके अमूर्त गुणों (जैसे आकार, रंग, जाति) के आधार पर अनुक्रिया कर सकता है।

7. नियम अधिगम	:	एक नियम को सीखने में, छात्र एक व एकाधिक अवधारणाओं को जोड़ता है। उदाहरण के लिए पानी 100 डिग्री पर उबलता है। अतः क्वथनांक (उबलना) और तापमान दो भिन्न अवधारणाएं हैं।
8. समस्या समाधान	:	कुछ अध्येता उद्देश्य प्राप्ति के लिए सीखे गए नियमों का प्रयोग करता है, समस्या समाधान दो और दो से अधिक निम्न स्तरीय नियमों का सम्मिलित परिणाम है, इसमें आंतरिक घटना (सोच–विचार) की आवश्यकता है।

अधिगम स्थितियाँ – गाग्ने ने संज्ञानात्मक की उन नौ स्थितियों का वर्णन किया है जो अधिगम के लिए आवश्यक हैं और जिन्हें एक क्रमबद्ध श्रृंखला में क्रियान्वित किया जाना चाहिए। स्पष्टता के लिए उन्हें निम्न प्रकार से विभाजित किया गया है :

(1) अभिप्रेरणा	(2) बोध	(3) संप्राप्ति
(4) धारण शक्ति	(5) अनुस्मरण	(6) सामान्यीकरण
(7) निष्पादन	(8) पुनर्निवेशन	(9) अधिगमांतरण

अधिगम प्रकार अर्थात् अधिगम के परिणामस्वरूप मानवीय सामर्थ्यों के वर्ग अधिगम के परिणाम स्वरूप मानवीय क्षमताओं के भी भिन्न–भिन्न रूप सामने आते हैं। गाग्ने ने इन्हें चार भागों में बांटा है :

1) मौखिक सूचना : इसमें छात्र केवल आवश्यक सूचना के तथ्यों का कथन करता है।

2) बौद्धिक कौशल : ये सबसे महत्वपूर्ण कौशल है जिनमें मानसिक प्रक्रिया सक्रिय रहती है अर्थात् व्यक्ति सोच–विचार व चिंतन करता है। इसके अंतर्गत वातावरण का संप्रत्ययीकरण, वस्तुओं का विभेदीकरण, संप्रत्ययों का अवबोध, वस्तुओं का आपसी संबंधी, पढना, लिखना, गणित का कार्य आदि सब इसमें ही आते हैं। इन कौशलों का स्तर सरल से जटिल होता है।

3) गामक कौशल : ये शारीरिक कौशल हैं। इनमें शारीरिक कार्य करने की योग्यता आती है, जैसे गाड़ी चलाना व किसी संगीत वाद्य से धुन निकालना।

4) संज्ञानात्मक युक्तियाँ : इनमें व्यक्ति की चिंतन प्रक्रिया, स्मरण शक्ति और अधिगम के विधि–विधान आते हैं जिससे वह दिमाग में बाहरी ज्ञान व सूचना भंडार को समायोजित करता है। ये इन्हें सीखने में पर्याप्त समय लगाता है। ये व्यवहार के बौद्धिक कौशल जिनका व्यक्ति

अपने बौद्धिक कार्य करते समय प्रयोग करता है। इनमें उसकी ध्यान करने की प्रक्रिया, अधिगम प्रक्रिया, स्मरण करने की विधियाँ व चिंतन शक्ति निहित है। इन्हीं के कारण किसी व्यक्ति, वस्तु अथवा घटना के प्रति सकारात्मक व नकारात्मक दृष्टिकोण का विकास होता है। हमारी अभिवृत्तियाँ हमारी अधिगम अभिप्रेरणा को बड़ी सबलता से प्रभावित करती हैं।

प्रश्न 15. शैक्षणिक उद्देश्यों की पहचान के किन दो विमों की आवश्यकता होती है? विवेचना कीजिए।

उत्तर – अनुदेशात्मक उद्देश्यों की पहचान के विम : शिक्षा मनुष्य के सर्वागिण विकास के लिए अति आवश्यक है। शिक्षा मुख्य रूप से मानव जाति के व्यवहार के तरीके में परिवर्तन लाने और विकास करने से सम्बद्ध है। इन परिवर्तनों के लिए वह निर्धारित पाठ्यक्रम का प्रयोग करता है। प्रत्येक पाठ्यचर्या का उद्देश्य अधिगमकर्ता में अपेक्षित परिवर्तन लाना होता है। इसलिए अपेक्षित अधिगम परिणाम या अनुदेशात्मक उद्देश्यों को ही विमों से पहचाना जा सकता है –

1) व्यावहारिक विधियाँ
2) पाठ्यचर्या की विषय–वस्तु

इसको छात्रों के कार्य करने की योग्यता की दृष्टि से उस समय लिखा जाता है जब वे अधिगम अनुभव प्राप्त कर लेते हैं। अनुदेशात्मक उद्देश्यों से छात्रों और शिक्षक दोनों की आवश्यक दिशा–निर्देश मिलता है। ये उद्देश्य प्रभावकारी अधिगम अनुभवों की योजना को प्रारम्भ करने में मुख्य भूमिका अदा करते हैं।

अधिगम अनुभव अनुदेशात्मक उद्देश्यों के सन्दर्भ में प्रदान किये जाते हैं। प्रभावकारी अधिगम के लिये यह परमावश्यक है। शिक्षक को इसमें भाग लेने वाले छात्रों के व्यवहार विषय में पूर्ण जानकारी हो। उसी के अनुसार उसे आधार और अधिगम अनुभव प्रदान किया जाता है अथवा अलग से कोई प्रबन्ध किया जाता है। नया अधिगम अनुभव प्रदान करने से पूर्व छात्रों का मूल्यांकन किया जाता है। यह निर्णय आवश्यक होता है, क्योंकि इससे अधिगम परिणामों की जानकारी हो सकती है। अधिगम अनुभवों की प्रभाविता जानने के लिए भी मूल्यांकन आवश्यक है।

जब अधिकांश छात्रों की उपलब्धि सन्तोषजनक नहीं होती है तो अधिगम चुनावों को प्राप्त प्रमाण के आधार पर फिर व्यवस्था करनी चाहिए। पुर्नसंशोधित अनुदेशात्मक और पुनर्मूल्यांकन के सामग्री द्वारा पुनर्शिक्षण संगठित करना चाहिए। सावधानीपूर्वक विश्लेषण और पुनर्मूल्यांकन के पश्चात ही यह निर्णय किया जा सकता है कि अनुदेशात्मक उद्देश्य संतुलित है या नहीं। इस प्रकार मूल्यांकन द्वारा शिक्षण–अधिगम प्रक्रिया को वैधता प्रदान किया जा सकता है।

मूल शिक्षण प्रतिमान या ग्लैशर का प्रतिमान – रार्बट ग्लैशर का मूल्य या बुनियादी शिक्षण प्रतिमान एक मनोवैज्ञानिक प्रतिमान है। ग्लैशर ने 1962 में विकसित किया। इस प्रतिमान

द्वारा शिक्षण और अधिगम के सम्बन्धों का पता चलता है। ब्रस जायस और मारसा बेल ने इस प्रतिमान को कक्षा–कक्ष मीटिंग प्रतिमान का नाम दिया है। ग्लैशर ने इस प्रतिमान द्वारा शिक्षण प्रक्रिया को निम्नलिखित चार तत्वों में बांटा है–

1) अनुदेशात्मक उद्देश्य (I.O.) (Instructional Objectives)
2) प्रविष्ट या पूर्व व्यवहार (E.B.) (Entering Behaviour)
3) अनुदेशात्मक प्रक्रिया (I.P.) (Instructional Process)
4) निष्पादन मूल्यांकन (P.A.) (Performance Assessment)

1) अनुदेशात्मक उद्देश्य : अनुदेशात्मक उद्देश्य शिक्षण प्रारम्भ करने से पहले ही निर्धारित किये जाते हैं। इन उद्देश्यों को शिक्षक ही निर्धारित करता है। किसी भी क्रिया को आरम्भ करने से पूर्व यह निश्चित करना आवश्यक है कि यह क्रिया क्यों की जा रही है। यही बात शिक्षा के क्षेत्र में शिक्षण प्रक्रिया पर लागू होती है। शिक्षा का प्रमुख उद्देश्य बालक व्यवहार में परिवर्तन लाना है।

2) प्रविष्ट या पूर्व व्यवहार : शिक्षण प्रक्रिया को शुरू करने से छात्रों का जो स्तर होता है उसे प्रारम्भिक व्यवहार कहते हैं। इस मूल व्यवहार में छात्रों का पूर्व ज्ञान, बुद्धि का स्तर, अभिप्रेरणा तथा सीखने की योग्यतायें आदि शामिल होती है। सीखने के लिए क्या छात्र के पास अपेक्षित मानसिक योग्यताएँ, बुद्धि आदि है या नहीं, इसे जानना शिक्षक का कर्तव्य है। छात्रों को इन्हीं योग्यताओं के आधार पर ही शिक्षक अनुदेशात्मक उद्देश्य का चयन करता है। छात्रों के व्यवहार के तीनों पक्ष अर्थात् ज्ञानात्मक, भावनात्मक और क्रियात्मक पक्षों को ध्यान में रखकर ही छात्रों के स्तर का निर्धारण किया जाता है।

3) अनुदेशात्मक प्रक्रिया अधिगम अनुभव : अधिगम अनुभव के आधार शिक्षक निर्णय लेता है। इसलिए इन क्रियाओं को उद्देश्यों के संचालित करना चाहिए।

4) निष्पादन मूल्याकंन : छात्रों ने किस सीमा तक अनुदेशात्मक उद्देश्य को प्राप्त किया है, इसका परीक्षण किया जाता है।

प्रश्न 16. मूल्यांकन परिणाम किन–किन अभिकरणों के लिए लाभकारी होते हैं? वर्णन कीजिए।

उत्तर – मूल्यांकन के परिणाम विद्यार्थियों, अभिभावकों, अध्यापकों और प्रबन्धकों के लिए विभिन्न प्रकार से उपयोगी और लाभकारी होते है।

1) विद्यार्थियों के लिए : मूल्यांकन के परिणामों से छात्रों को विभिन्न विषयों के सबल और निर्बल पक्षों की जानकारी मिलती है। इससे छात्रों को प्रतिपुष्टि मिलती है। इससे उन्हें किसी विषय में अपनी प्रगति की पर्याप्त जानकारी मिलती है। साथ ही उन्हें अपनी अध्ययन की

आदतों, रूचियों घर के वातावरण आदि जिनका प्रभाव उनके निष्पादन पर होता है उनकी उपयुक्तता का पता चलता है।

2) अध्यापकों के लिए : अध्यापकों के लिए मूल्यांकन के परिणाम शिक्षा के नियोजन और शिक्षण में प्रयोग की विधियों की प्रभाविता की जानकारी देने में लाभकारी होते हैं। मूल्यांकन के परिणाम का विशेष संकल्पनाओं को सीखने में आई सामान्य कठिनाईयों को पहचानने में सहायता करते हैं।

3) बच्चों के स्थापन के लिए : मूल्यांकन परिणामों का प्रयोग, छात्रों के श्रेणीकरण, कक्षोन्नति और उसी विद्यालय या अन्य संस्थाओं में उनका स्थापन के लिए किया जा सकता है। जब विद्यालय इतना बड़ा होता है कि एक श्रेणी के कई वर्ग होते हैं तब बच्चा किस वर्ग में जाएगा इसका निर्णय लिया जाता है। ऐसा अनुभव किया गया है कि यदि एक ही समान उपलब्धि वाले बच्चे एक वर्ग में रखे जाए तो कक्षा में शिक्षण प्रभावकारी होता है यद्यपि इसके सामाजिक–संवेदनात्मक सम्बन्धों के लिए कुछ निहितार्थ हैं। इसी प्रकार जब विद्यार्थी एक विद्यालय से दूसरे विद्यालय में प्रवेश लेने जाता है तब भी यह निर्णय लेना होता है कि विद्यार्थी को किस वर्ग में रखा जाए। मूल्यांकन परिणाम महत्वपूर्ण भूमिका निभाते हैं कि छात्र को किस श्रेणी और वर्ग में रखा जाए।

2

मूल्यांकन की तकनीकें और उपकरण

प्रश्न 1. परीक्षण से क्या अभिप्राय है? इसका प्रयोजन बताइए।

उत्तर – परीक्षण एक ऐसी मानकीकृत परिस्थिति होती है जो व्यक्ति को एक समंक (स्कोर) प्रदान करती हैं। परीक्षण अनुक्रियाओं के निष्कर्षण और एकत्रित करने का एक ऐसा साधन होता है जो हमें किसी व्यक्ति या समूह द्वारा ज्ञान, कौशल, बुद्धि अभिवृत्ति आदि के प्रकार की किसी खास विशेषता की प्राप्ति–सीमा के बारे में वैध साक्ष्य प्रदान करता है। कुछ उद्दीपकों का एक ऐसा सैट है जो किसी चर के मापने में सहायक अनुक्रियाओं का निष्कर्षण कर सकता है।

परीक्षण एक ऐसी मानकीकृत परिस्थिति होती है जो व्यक्ति को एक समंक (स्कोर) प्रदान करती है। यहां पर मानकीकरण का मतलब है पहले से सामान्य परीक्षण–कार्यविधियों को तय कर लेना ताकि सभी छात्रों का एक ही सवालों या समस्याओं द्वारा एक ही तरीके से परीक्षण लिया जाये। मानकीकृत परिस्थिति को प्रदान करने में ये बातें शामिल हैं :

(1) सभी छात्रों के लिए प्रश्नों का एक ही सेट

(2) सभी छात्रों के लिए साझी और स्पष्ट रूप से व्यक्त की गई हिदायतें

(3) प्रश्नों की संतुलित प्रकृति, जो छात्रों के खास समूह की ओर अभिनत न हो

(4) विषय–वस्तु का पर्याप्त समावेश

(5) एक समान लागू की जाने वाली समंक प्रदान करने की पूर्व निर्धारित प्रणाली का अनुप्रयोग। समंक 'स्कोर' शब्द से तात्पर्य है छात्रों के निष्पादन का संख्यात्मक सूचन।

परीक्षण के प्रयोजन – फिंडले (1963) ने परीक्षण के प्रयोजनों को तीन बड़ी परस्पर संबंधित श्रेणियों में वर्गीकृत किया है :

(क) शैक्षणिक (ख) प्रशासनिक (ग) मार्गदर्शन।

इनको नीचे स्पष्ट किया गया है :

(क) परीक्षण के शैक्षणिक प्रयोजन –

1) अध्यापकों का उत्प्रेरण : जब अध्यापक परीक्षण निर्माण के काम में लगे होते हैं, तब जहां एक ओर बेहतर गुणवत्ता वाले परीक्षणों के बनने की संभावना होती है, तो दूसरी ओर अध्यापकों को शिक्षण के उद्देश्यों की स्पष्टता प्राप्त हो जाती है। इससे अध्यापक अधिगम समस्याओं का सामना बढ़े हुए ओज और सृजकता के साथ करते हैं।

2) अध्यापकों और विद्यार्थियों को प्रतिपुष्टि : परीक्षण परिणामों के आधार पर अध्यापक अपने द्वारा अपनाए गए शिक्षण प्रक्रम की सफलता के बारे में नतीजे निकाल सकते हैं। इसके अतिरिक्त वे अलग–अलग छात्रों या समग्र रूप से कक्षा के लिए अधिक उपयुक्त शैक्षणिक मार्गदर्शन प्रदान कर सकते हैं।

3) अधिगम के लिए अभिप्रेरणा : जब छात्रों को समुचित रूप से निर्मित परीक्षणों के माध्यम से मूल्यांकित किए जाने की अपेक्षा होती है, तब वे विषय के विस्तृत अध्ययन करने और विषय–वस्तु में प्रवीणता प्राप्ति के लिए ज्यादा मेहनत करने के लिए उच्च रूप से अभिप्रेरित महसूस करते हैं।

4) अत्यधिगम के उपयोगी साधन : अति–अधिगम तब होता है जब संकल्पनाओं और कौशलों में निष्णात हो जाने के बाद भी उनकी समीक्षा की जाती है, अन्योन्यक्रिया की जाती है या उन पर आचरण किया जाता है। अनुसूचित परीक्षण में न केवल समीक्षा को उत्प्रेरित करता है (पुनःअधिगम और अति–अधिगम) बल्कि पूर्णतया प्रवीणता प्राप्त विषय–वस्तु से संबंधित प्रश्नों पर प्रतिक्रिया करने के द्वारा अति–अधिगम भी पोषित करता है।

(ख) परीक्षण के प्रशासनिक प्रयोजन –

1) वर्गीकरण एवं स्थानन साधन : परीक्षण परिणामों के अनुसार बच्चों की योग्यता स्तरों के अनुसार उनके समूहन के बारे में बेहतर निर्णय लिए जा सकते हैं। आगे कार्य इस वर्गीकरण के आधार पर तय होता है।

2) प्रमाणीकरण के साधन : परिपाटी रूप में परीक्षणों का उपयोग प्रमाणीकरण प्रयोजनों के लिए होता आया है। इसके अतिरिक्त जिन परीक्षणों पर निष्पादन के मानक स्थापित किए जा चुके हैं। उनका इस्तेमाल सक्षमता को जांचने और मान्यता देने या प्राधिकरण के साधन के रूप में किया जाता है।

3) चयन संबंधी निर्णयों की गुणवत्ता सुधारने के साधन : परीक्षणों का एक महत्वपूर्ण उपयोग यह पूर्वानुमान लगाना है कि व्यक्ति अन्य परिस्थितियों में कितना अच्छा व्यवहार करेंगे। इस प्रकार परीक्षण परिणामों का प्रयोग भावी निष्पादन के पूर्वानुमानन के लिए भी किया जाता है।

4) स्कूल या स्कूल–तंत्र के लिए गुणवत्ता नियंत्रण की क्रियाविधि : परीक्षणों के बड़े पैमाने पर संचालन से स्थानीय/राज्य या राष्ट्रीय मानक सामने आ सकते हैं। ऐसे मानकीकृत परीक्षण पाठ्यचर्यात्मक शक्तियों या कमजोरियों के निर्धारण का आधार प्रदान कर सकते हैं।

5) कार्यक्रम मूल्यांकन और अनुसंधान के लिए उपयोगिता : परीक्षणों का कार्यक्रम मूल्यांकन और अनुसंधान करने के लिए आमतौर पर इस्तेमाल किया जाता है।

(ग) परीक्षण करने के मार्गदर्शन प्रयोजन –

परीक्षण व्यक्तियों की विशेष अभिक्षमताओं और योग्यताओं का निदान करने का साधन प्रदान करते हैं जो परामर्श (काउंसैलिंग) के लिए आधार का काम करता है। छात्रों को अध्ययन के उपयुक्त पाठ्यक्रम, कालिज, आदि के चयन करने में मार्गदर्शन किया जा सकता है। केवल एक ही बात है कि हमें अच्छे परीक्षणों की जरूरत है क्योंकि घटिया किस्म के परीक्षण और यहाँ तक कि गलत व्याख्या किए गए या अनुपयुक्त तरीके से इस्तेमाल किए गए बढ़िया परीक्षण भी फायदे की बजाय नुकसान ज्यादा कर सकते हैं।

प्रश्न 2. आत्म प्रतिवेदन/स्वप्रतिवेदन तकनीक की अवधारणा और महत्व स्पष्ट कीजिए।

[June06, Q1]

उत्तर – स्व–प्रतिवेदन विधियों में उत्तरवादी की आवश्यकता होती है जो अपने से सम्बद्ध व्यवहार या लक्षणों के पदों से प्रतिक्रिया करे। पदों को सामान्य रूप से अभिव्यक्ति यथा– पसंद, नापसंद, भय, आशा, धार्मिक विचार, आदर्श की आवश्यकता होती है जिसमें व्यक्ति अपनी आवश्यकताओं और परिवेश की मांग से कैसे निपटता है इस बात को दर्शाता है।

स्व–प्रतिवेदन विधियों का प्रयोग प्रायः रूचि, समंजन अभिवृत्ति और व्यक्तित्व आदि सम्बन्धित लक्षणों को मापने के लिए किया जाता है। कभी–कभी यह परीक्षण केवल लक्षण यथा सुरक्षा–असुरक्षा, अति चिंता–कम चिंता की माप करता है। इसके लिए अनेक लक्षणों को एक साथ मापने के लिए भी विकसित किया जा सकता है। उदाहरण के कटेल के प्रयोग 16 विभिन्न प्रकार के प्राप्तांक प्राप्त किये जा सकते हैं। स्व–प्रतिवेदन जांच सूची प्रश्नावली या रेटिंग स्केल फार्मेट से प्राप्त किया जा सकता है। स्व–प्रतिवेदन के कुछ महत्वपूर्ण उपकरण निम्नलिखित है :

1) वुडवर्थ का व्यक्तिगत डाटाशीट (Woodworth Personal Datasheet)
2) मीनेसोता मल्टीफेजिक पर्सनालीटी इनवेंटरी (MMPI) (Minnesota Multiphase Personality Inventory)
3) एडवर्ड पर्सनल प्रोफरेंस सीड्यूल (Edwards Personal Preference Schedule)
4) मीनेसोटा टीचन ऐटीच्यूड इनवेंटरी (Minnesota Teacher Attitude Inventory)

स्व–प्रतिवेदन द्वारा मूल्यांकन – यद्यपि स्व–प्रतिवेदन विधियों में अनेक कमियां हैं परन्तु

इसके द्वारा व्यक्तियों से सम्बन्धित विभिन्न लक्षणों या अभिवृत्तियों का बड़े पैमाने पर मापन किया जाता है। ये आत्मनिष्ठ विधियों के अन्तर्गत आती हैं, क्योंकि उत्तरवादी के पूर्वाग्रह को हटाना बहुत कठिन होता है, तथापि व्यक्ति में छिपे जटिल–व्यवहार और व्यक्तित्व के पक्षों को इससे उजागर किया जा सकता है।

सुझाव –

1) प्रमापीकृत उपकरणों का प्रयोग करना चाहिएं
2) एक से अधिक प्रश्नावली सूची का प्रयोग करना चाहिए,
3) पदों के क्रम को बदलकर परीक्षण को दो बार करें,
4) लाई (lie) मापनी का प्रयोग करें,
5) स्थानीय जनसंख्या के मानक स्थापित करें।

सावधानियाँ –

1) इस प्रकार के उपकरणों का थोड़े समय का विश्वास रखें,
2) जिन प्रविधियों में प्रशिक्षण नहीं प्राप्त किया गया है, उनका प्रयोग न करें। उदाहरण के लिए एम.एम.पी.आई. (MMPI) विधि शिक्षक के लिये वर्जित है।
3) विधि के प्रशासन और स्पष्टीकरण में प्रशिक्षित विशेषज्ञों की सहायता ली जाये।

प्रश्न 3. प्रेक्षण तकनीक की संकल्पना व इसके प्रकारों पर प्रकाश डालिए।

[Dec07, Q3(iii)]

उत्तर – किसी विशेष परिस्थिति में घटने वाली मानवीय व्यवहार के बंदीकरण का प्रक्रम प्रेक्षण कहलाता है। यह किसी क्षण पर देखी या अनुभव की गई आंखों देखी जानकारी प्राप्त करने का साधन है। यह एक बहुत व्यवस्थित, भली–भांति आयोजित और प्रयोजनपूर्ण कार्यकलाप है। विशेषज्ञ द्वारा प्रेक्षण के माध्यम से एकत्रित की गई विशिष्ट जानकारी को विश्वसनीयता और वैधता के लिए सत्यापित किया जा सकता है। यह घटनाओं के तुरंत रिकार्ड प्रदान करता है जिससे मात्रात्मक और गुणात्मक दोनों आकड़ें उपलब्ध होते हैं। ऐसा होने से समुचित निर्णय लिए जा सकते हैं। प्रेक्षण की विश्वसनीयता बढ़ जाती है यदि प्रेक्षण अनेक व्यक्ति एक साथ करें या वही लोग बार–बार प्रेक्षण करें। वैधता तब बढ़ती है जब पृष्ठभूमि को यथासंभव स्वाभाविक बना कर रखा जाये, जो प्रेक्षक की उपस्थिति या उसके प्रेक्षण–साधनों से प्रभावित बनी रहनी चाहिए।

प्रेक्षण के प्रकार – प्रेक्षण के दो प्रकार हो सकते हैं (1) सहभागी और (2) गैर–सहभागी

सहभागी प्रेक्षण – सहभागी प्रेक्षण में, प्रेक्षक जिस समूह का प्रेक्षण करता है, उसी समूह का वह कमोबेश रूप में एक हिस्सा बन जाता है। प्रेक्षक को दोहरी भूमिका निभानी पड़ती है। उसको एक आगंतुक अजनबी के तौर पर, एक एकाग्र श्रोता के तौर पर, एक उत्सुक सिखिया के तौर पर या पूरी तरह सहभागी प्रेक्षक के तौर पर, परिस्थिति में भाग लेना होता है। इस

प्रकार के प्रेक्षण से बहुत नम्य और अधिक विश्वसनीय परिणाम प्राप्त होते हैं। इससे बारीक, नाजुक और छुपे तथ्यों को ज्यादा मितव्ययता के साथ खोल देने में मदद मिलती है।

असहभागी प्रेक्षण – गैर–सहभागी प्रेक्षण में, प्रेक्षक ऐसी स्थिति ले लेता है कि उसकी उपस्थिति समूह में विघ्न नहीं डालती। गैर–सहभागी प्रेक्षण किसी खास व्यक्ति या समूह के, दत्त परिस्थिति या अध्ययन करने में सहायक होता है। यह तकनीक छोटे बच्चों या असामान्य व्यक्तियों के साथ सबसे ज्यादा उपयोगी होती है।

प्रेक्षण की विशेषतायें –

1) प्रेक्षण का प्रयोग घर में माता–पिता, शिक्षण अधिगम की परिस्थिति में शिक्षक, परीक्षायें लेते समय परीक्षा प्रशासक तथा साक्षात्कार की स्थिति में उपबोधक कर सकता है। इससे प्रेक्षण की प्रविधि व्यापकता स्पष्टतः प्रकट होती है।

2) प्रेक्षण के माध्यम से प्रेक्षित छात्र एवं उसके माता–पिता, शिक्षक एवं उपबोधकों की परिस्थिति में सुधार हेतु अपेक्षित संकेत मिलते हैं।

3) व्यवहार की साधारण इकाइयों तथा जटिल स्वरूपों दोनों का प्रेक्षण करने हेतु उपयोगी प्रविधियाँ उपलब्ध हैं तथा इन प्रविधियों को वैज्ञानिक ढंग से विकसित किया गया है।

4) प्रेक्षण हेतु सम्बन्धित व्यवहार समग्री को परिभाषित करना आवश्यक होता हे।

5) प्रेक्षण के अन्तर्गत उपकरणों, विशेष प्रकार की व्यवस्थाओं यथा–अन्तः क्रिया विश्लेषण वर्गीय एवं संकेत विधि तथा प्रायः दृश्य–श्रव्य तथा तालिकाओं की सहायता से प्रेक्षण की विश्वसनीयता बढायी जाती है।

6) विश्वसनीयता एवं वैधतापूर्ण प्रेक्षण की दृष्टि से प्रेक्षकों का प्रशिक्षण सम्भव है। इस सन्दर्भ में शिक्षकों तथा उपबोधकों को प्रेक्षण की कई विधियों में प्रशिक्षित किया जा सकता है।

7) **क्रो तथा क्रो** के अनुसार व्यक्तिगत रूप में छात्रों का प्रेक्षण एवं अध्ययन करते समय अग्रलिखित के सम्बन्ध में विशेष संवेदनशीलता एवं सजगता प्रदर्शित की जा सकती है –

(i) अपने साथियों का अनुमोदन तथा ध्यान एवं मान्यता प्राप्त करने की इच्छा,
(ii) प्रभुत्व कायम करने या अधीनता की प्रवृत्ति
(iii) प्रतिस्पर्धा, उत्सुकता एवं क्रीडापरक प्रवृत्ति
(iv) सहयोग भावना एवं अध्ययन सम्बन्धी आदत
(v) विशिष्ट प्रकार के दत्त कार्यों को पूरा करने तथा वाचन की गति,
(vi) प्रश्नों के उत्तर में अभिव्यक्ति की गुणवत्ता,
(vii) सामाजिक अभियोजनशीलता,

(viii) विद्यालय कार्य में रूचि की मात्रा
(ix) भाषण तथा अन्य शारीरिक विसमानता
(x) ठगने या झूठ बोलने की प्रवृत्ति,
(xi) ध्यान देने में सहजता आदि।

प्रश्न 4. पीयर रेटिंग का विस्तार से वर्णन कीजिए।

उत्तर – पीयर रेटिंग – निर्धारण या रेटिंग का प्रयोग शिक्षकों या सर्वेक्षकों द्वारा व्यक्तियों के व्यावहारिक लक्षणों के मूल्यांकन के लिए किया जाता है। छात्रों की सामाजिक समस्याओं को समझने के लिए पीयर रेटिंग महत्वपूर्ण तकनीकी का विकास हुआ है। किसी व्यक्ति के व्यवहार का निर्धारण उसके साथियों द्वार उसके प्रतिक्रियाओं का उद्देश्यात्मक मापन जैसा होता है। पीयर रेटिंग व्यक्ति का स्थान और उसके सामाजिक अन्तर्सम्बन्धों को अधिक सत्यता से व्यक्त करती है। इसलिए यह कक्षा में अन्तर्व्यक्तिगत सम्बन्धी और सामाजिक संवेगात्मक प्रवृत्ति के अध्ययन में सहायता मिलती है। यह विधि समूह के सामाजिक रचना को प्रकट करने में समर्थ है जो व्यक्तियों के बीच स्वीकृति या अस्वीकृति की आवृति के मापन द्वारा ज्ञात किया जाता है। इस विधि को समाजमिति के रूप में जाना जाता है।

पीयर रेटिंग का आधार या क्षेत्र – पीयर रेटिंग या समाजमीति परीक्षण का प्रयोग विभिन्न प्रकार के समूहों और संस्थितियों के लिए किया जा सकता है। इसका उपयोग नेतृत्व, अभियोजन स्तर, व्यक्तिगत विशेषताओं एवं जन सांख्यिकी भिन्नताओं के अध्ययन में किया गया है। समाजमीतिक प्रविधि में आधारभूत प्रक्रिया यह है कि किसी विशेष समूह के किसी सदस्य द्वारा किसी पूर्व नियम मानदण्ड के अनुसार किसी कार्य विशेष संकृत्य में साथ की हैसियत से शामिल होने के लिए प्रथम, द्वितीय एवं तृतीय या अन्य वरीयता क्रम व्यक्त करने के लिए कहा जाता है। उदाहरणार्थ समूह के सदस्यों की किसी पिकनिक या गोष्ठी शामिल होने के लिए उन व्यक्तियों के नाम वरीयता क्रम में देने के लिए निर्देशित किया जा सकता है जिनको वह साथ के रूप में स्वीकार करेगा। यह ध्यान देने योग्य है कि ये सभी प्रश्न काल्पनिक होते हैं। पीयर रेटिंग के कुछ उदाहरण निम्नलिखित हैं–

1) यह अनुमान लगाइये कि कक्षा में सबसे अच्छा छात्र कौन है? सबसे अधिक उदार लड़का कौन है? सबसे अधिक स्वार्थी लड़का कौन है?
2) अपने साथियों में से किसी एक का चुनाव कीजिए जो किसी कार्य में आपका मित्र या सहभागी हो सके।
3) अपनी कक्षा में उस छात्र का नाम बताइये जिसके साथ आप लंच लेना पसंद करेंगे। आदि।
4) किसी विशेष लक्षण से युक्त व्यक्तियों की पहचान जैसे–अधिक बोलने वाला, शांत, स्वच्छताप्रिय।
5) दबंग व्यक्तियों की पहचान–सेक्स, जाति, आर्थिक आदि।
6) 'शब्द चित्रों' के द्वारा विचार परीक्षण।

पीयर रेटिंग का संगठन एवं निर्वचन :–

1) 'गेस हू' (Guess Who Technique) विधि – 'गेस हू' विधि में दिये गये प्रत्येक प्रश्न के सामने उत्तरवादी को नाम लिखने के लिये कहा जाता है। उदाहरणार्थ–

1) बताइये कक्षा में कौन सबसे अच्छा लड़का है? ....

2) बताइये किसने बयान दिया है? ....

3) बताइये कक्षा में कौन लड़का सहयोगी है? ....

4) एक लड़का है जो

1) लम्बा और पतला

2) क्रिकेट का प्रेमी

3) कक्षा में सर्वाधिक नियमित

बताइये यह कौन लड़का है ....

परिणाम के लिए प्रत्येक छात्र के अवसरों की नाम के साथ गणना कर ली जाती है। ये उपलब्धियाँ व्यक्तिगत रूप से छात्र की सहायता करने और समूह में अन्तर्वैयक्तिक सम्बन्धों को जानने में सहायता मिलती है।

2) समाज आलेख – जब किसी समूह के सदस्यों के बीच पारस्परिक सम्बन्धों का चित्र के रूप में प्रदर्शित किया जाता है, तो इस चित्र को समाज आलेख कहते हैं। समाज आलेख बनाने के लिए समूह के प्रत्येक सदस्य से यह पूछा जाता है कि किसी एक परिस्थिति में किन–किन अन्य सदस्यों को अपने साथ संयुक्त करना चाहेगा? जैसे खेल के लिए यदि कोई टोली बनानी हो तो उसके वह किन–किन सदस्यों को लेना चाहेगा। उसके उपरान्त समूह के सदस्यों द्वारा अभिव्यक्ति वर्णों को निम्न प्रकार के चित्र के रूप में प्रदर्शित किया जा सकता है। निम्न चित्र को समाज आलेख कहते हैं। इसमें एक समूह के सदस्यों के बीच पारस्परिक सम्बंधों को व्यक्त किया गया है। इस समाज आलेख को देखने से ज्ञात होता है कि 'ज' और 'झ' दोनों सदस्य एकांकी है जिन्हें समूह के किसी सदस्य ने नहीं चाहा है। 'प', 'फ' तथा 'स' 'र' 'य' केवल आपस में एक दूसरे को चाहते हैं। किन्तु ये दोनों गुट समूह 'अ' तथा 'ग' लोकप्रिय सदस्य हैं, क्योंकि उन्हें समूह के अत्यधिक सदस्यों को चाहा है। इस प्रकार समाज आलेख से समूह के अन्तर्सम्बन्धों का ज्ञान आसानी से हो सकता है।

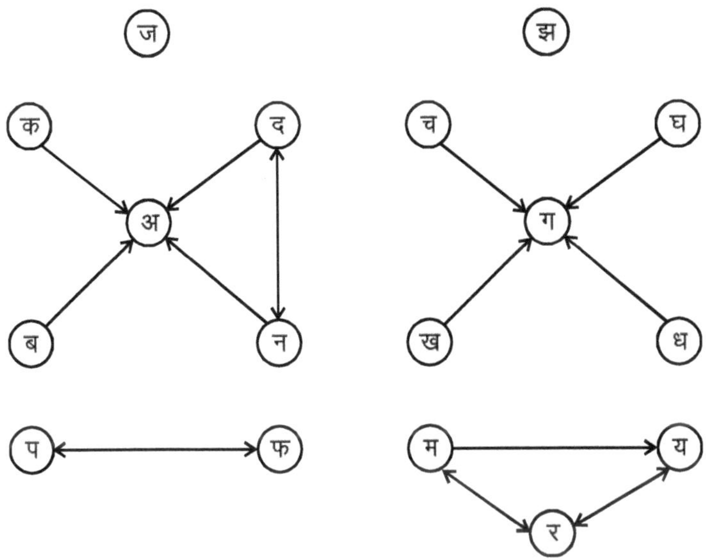

समाजमिति की यह प्रविधि तथा इनके अन्य रूपान्तर समूह के सदस्यों की स्वीकृति अथवा सरल विधियां हैं। जहां तक इसके प्रयोग की तर्क संगता का प्रश्न है, वे सशक्त अनुसंधान के उपकरण हो सकते हैं, क्योंकि इनमें वर्गीकरण की सामान्य समस्याओं का हल उपलब्ध है।

प्रश्न 5. वैधता का अर्थ स्पष्ट करते हुए इसकी प्रकृति व प्रकारों का वर्णन करो।
[June07, Q2]

उत्तर – जब कोई उपकरण उन उद्देश्यों की पूर्ति कर लेता है जिसके लिए वह बनाया गया तब वह उपकरण वैद्य कहलाता हैं।

ग्रोनलण्ड (1981) के अनुसार ''वैधता से अभिप्राय उस सीमा से है जिस तक मूल्यांकन की प्रक्रिया के परिणाम उस विशिष्ट उद्देश्य को पूरा करते हैं जिसके लिए उसे प्रयुक्त किया जा रहा है।''

एक परीक्षण के वैधता मुख्य रूप से परीक्षण की मूल ईमानदारी है जिसके अन्तर्गत वह वही करता है जो वह करने का वायदा करता है। इसका आशय है कि जो कुछ करना चाहते हैं वही होता है। इसका संबंध इससे है कि – जिस उद्देश्य को प्राप्त करने के लिए प्रयास किए गए और विधियाँ अपनाई गई वह उद्देश्य प्राप्त हुआ। संक्षेप में, किसी उपकरण की वैधता यह बताती है कि वह किस हद तक वही गुण मापता है जो उसे मापना चाहिए।

वैधता की प्रकृति – मूल्यांकन के क्षेत्र में 'वैधता' शब्द का प्रयोग बहुत ही सावधानी और सतर्कता से करना चाहिए। मूल्यांकन में 'वैधता' शब्द का प्रयोग करते समय निम्नलिखित सावधानियाँ रखनी चाहिए।

1) वैधता का अभिप्राय दिए गए समूह के लिए परीक्षण के परिणामों से है न कि मूल्यांकन उपकरण से। विशेषतः और सही रूप में वैधता का अभिप्राय परिणामों के विवेचन से है।

2) वैधता मात्रा का विषय है। इसकी सीमाएं "पूर्ण या बिल्कुल नहीं" आधार पर नहीं होती। एक विशिष्ट उपकरण के लिए जो किसी योग्यता के मापने के लिए बनाया गया है हम यह नहीं कर सकते हैं कि वह पूर्णतया वैध है या पूर्णतया अवैध है। यह सामान्यतः या तो कम वैध है, या अधिक वैध है।

3) वैधता एक सापेक्ष शब्द है। एक उपकरण किसी एक विशेष उद्देश्य के लिए या एक विशेष परिस्थिति में वैध हो सकता है परन्तु यह हर दशा में वैध नहीं है।

वैधता के प्रकार – मोटे तौर से परीक्षण के साहित्य में पांच प्रकार की वैधता की चर्चा की जाती है। ये पांच प्रकार हैं :

1) विषय–वस्तु संबंधी वैधता

2) मानदंड सापेक्ष वैधता

(क) समवर्ती वैधता (ख) भविष्यवाची वैधता

3) संरचनात्मक वैधता

4) प्रत्यक्ष वैधता

5) कारक संबंधी वैधता

1) विषय–वस्तु वैधता – विषय–वस्तु वैधता संबंधी वैधता किसी परीक्षण, और विशेषकर उपलब्धि परीक्षण की उपयोगिता का सर्वाधिक महत्वपूर्ण मानदंड है। यह परीक्षण की विषय–वस्तु और शिक्षण की विषय–वस्तु (उद्देश्यों के अनुरूप) के मिलान की माप है। दूसरे शब्दों में अध्यापक/अध्यापिका को अपने परीक्षण के प्रश्नों की तुलना विषय–वस्तु से करनी पड़ती है। शैक्षिक तकनीकों की भाषा में, अध्यापक को यह देखना पड़ता है कि सभी अनुदेशात्मक उद्देश्य परीक्षण में शामिल हैं।

2) मानदंडी सापेक्ष वैधता – मानदंड सापेक्ष वैधता का अभिप्राय उस सीमा से है जिस तक परीक्षण पर निष्पादन, किसी अन्य अर्थपूर्ण निष्पादन से संबंध रखता है।

(क) समवर्ती वैधता – परीक्षा के समंकों का किसी अन्य मानदंड परीक्षा के समंकों से सह–संबंध स्थापित करना।

(ख) भविष्यवाची वैधता – वह सीमा जिस तक परीक्षण छात्रों के भविष्य में आने वाले समंकों को व्यक्त करता है।

(3) संरचनात्मक वैधता – जिस सीमा तक परीक्षण के परिणामों की व्याख्या ज्ञात मनोवैज्ञानिक अवधारणाओं और सिद्धांतों के रूप में की जा सकती है। संक्षेप में संरचनात्मक वैधता को यह

कह कर परिभाषित किया जा सकता है कि यह वह सीमा है जहाँ तक परीक्षा परिणामों का विवेचन किसी ज्ञात मनोवैज्ञानिक संकल्पना के आधार पर किया जा सकता है। सामान्यतः संचरनात्मक वैधता को निश्चित करने के लिए कारक विश्लेषण किया जाता है।

(4) प्रत्यक्ष वैधता – वह सीमा जिस तक परीक्षण वही गुण या विशेषता मापता है जिसकी माप करनी है। कभी–कभी हम परीक्षण का किसी प्रकार की वैधता के लिए सूक्ष्म निरीक्षण नहीं करते हैं, और साधारणतया ऊपरी राय बनाते हैं जोकि वैधता की जांच के लिए निर्देशित करती है। ऐसी विधि उस सीमा पर आधारित होती है जिस तक परीक्षण वैध जान पड़ता है या तर्क के आधार पर परीक्षण उस गुण की माप ज्ञात होता है जिसके लिए उसे बनाया गया है। प्रत्यक्ष वैधता यही है।

(5) कारक संबंधी वैधता – वह सीमा जिस तक परीक्षण के विभिन्न प्रश्नों तथा पूरे परीक्षणों में सहसंबंध हो। कारक संबंधी वैधता एक सांख्यिकीय तकनीकी द्वारा निश्चित की जाती है जिसे कारक विश्लेषण कहते हैं। यह परीक्षण में निहित कारकों की पहचान के लिए उनके पारस्परिक सह–संबंधों के स्पष्टीकरण द्वारा किया जाता है। परीक्षण में निहित प्रत्येक कारक का उससे सह संबंध परीक्षण में उसके भार को ज्ञात करने के लिए प्रयोग किया जाता है। इस प्रकार कारकों का भारण ज्ञात होता है। विभिन्न कारकों का संपूर्ण परीक्षण से संबंध कारक संबंधी वैधता कहलाता है।

प्रश्न 6. वैधता को प्रभावित करने वाले कारक कौन–कौन से हैं?

उत्तर – वैधता को अनेक कारक प्रभावित करते हैं। ग्रोनलैण्ड ने निम्नलिखित कारक बताये हैं :–

1) स्वयं परीक्षण के कारक
2) कार्यशील विषय वस्तु एवं शिक्षण विधि
3) परीक्षण प्रशासन और प्राप्तांक के कारक
4) छात्रों के प्रत्युत्तर के कारक
5) समूह और कसौटी की प्रकृति

1) स्वयं परीक्षण के कारक – प्रत्येक परीक्षण में कई सामग्री और परीक्षण जांच की सामग्री होती है जिससे विषय–वस्तु और मानसिक कार्य को शिक्षक द्वारा मापा जाता है। अनेक ऐसे कारक स्वयं परीक्षण में विद्यमान होते हैं जो विभिन्न पदों के कार्य को प्रभावित करते हैं और अपेक्षित कार्य में बाधा पहुँचाते हैं जिससे परीक्षण की वैधता कम हो जाती है। ये निम्नलिखित हैं –

(i) अस्पष्ट निर्देश – यदि पदों के सम्बन्ध में यह निर्देश नहीं दिया जाता कि वे कैसी प्रतिक्रिया करते हैं, अनुमान लगाते हैं और उत्तरों को कैसे रिकार्ड करते हैं, और छात्रों को स्पष्ट नहीं होते तो उसकी वैधता कायम नहीं रहती।

(ii) **प्रश्नों की भाषा** – यदि प्रश्न की भाषा अत्यन्त कठिन एवं साहित्यिक है जिसे छात्र ठीक से समझ नहीं पा रहा है तो ऐसा परीक्षण सम्बन्धित योग्यता का सही मापन नहीं कर पाता।

(iii) **प्रश्न का कठिनता स्तर** – यदि परीक्षण के पद अत्यन्त सरल या कठिन है तो वह छात्रों में विभेद नहीं कर सकेगा, फलतः परीक्षण वैधता कम हो जायेगी। इसी प्रकार यदि परीक्षण की कठिनता क्रम अनुपयुक्त है अर्थात् कठिन प्रश्न प्रारम्भ में और सरल प्रश्न बाद में रखे गये हैं तो भी वैधता कम हो जाती है क्योंकि ऐसी स्थिति में प्रायः छात्र हतोत्साहित हो जाते हैं। अपना अधिकतर समय कठिन प्रश्नों को हल करने में ही व्यतीत करते हैं और बाद के प्रश्नों के लिए समय नहीं बचता।

(iv) **खराब संरचित परीक्षण पद** – यदि परीक्षण पद अस्पष्ट है तो उत्तर के लिऐ सुराग ढूंढना पड़ता है। इसक कारण छात्रों की निष्पत्ति प्रभावित होती है।

(v) **संदिग्धता** – परीक्षण प्रश्नों के कथनों में संदिग्धता से गलत भिन्न और उलझनपूर्ण निर्वचन हो जाता है। कभी–कभी कमजोर छात्रों की अपेक्षा अच्छे छात्रों में भी उलझन आ जाती है जिससे पदों में विभिन्नता आ जाती है, जिससे वैधता कम हो जाती है।

(vi) **अभिव्यक्ति का माध्यम** – यदि परीक्षण छात्रों द्वारा प्रयुक्त की जाने वाली भाषा में नहीं बनाया गया है तो प्रश्न को भली प्रकार समझ नहीं पायेंगे और जानते हुए भी प्रश्न का सही उत्तर नही दे सकेंगे। जैसे अंग्रेजी माध्यम के स्कूल में पढ़ने वाले बच्चों के लिए गणित का परीक्षण यदि हिन्दी भाषा में बनाया जाये तो भाषा सम्बन्धी कठिनाई के कारण उसकी गणितीय योग्यता का सही मूल्यांकन नहीं हो पायेगा। अतः ऐसे परीक्षण की वैधता बहुत कम हो जायेगी।

(vii) **अत्यधिक छोटा परीक्षण** – यदि परीक्षण छोटा बनाया गया है तो वह मापे जाने वाले शीलगुण के सभी पक्षों का सही प्रतिनिधित्व नहीं कर सकेगा। अतः तद्नानुसार वैधता भी कम हो जायेगी।

(viii) **पदों का कुप्रबन्ध** – यदि पदों की कठिनाई के आधार पर अर्थात् सरल को पहले नहीं रखा जाता है और कठिन पदों को पहले रख दिया जाता है, तो छात्रों को हल करने में पर्याप्त समय लग सकता है और वे दूसरे पद पर पहुँचने में असफल हो जाते हैं जिसका उत्तर वे आसानी से दे सकते हैं। इसके साथ ऐसा प्रबन्ध छात्रों की वैधता को ऋणात्मक बना सकता है और छात्रों की अभिप्रेरणा को कम कर सकता है।

(ix) उत्तरों की विधि की पहचान – जब छात्र उत्तर देने की व्यवस्थित विधि (यथा टी.टी.एफ. एफ.) की पहचान कर लेते हैं तो उत्तर को जल्दी अनुमानित कर लेते हैं। इससे उत्तरी वैधता बढ़ जाती है।

2) कार्यशील विषय–वस्तु और शिक्षण पद्धति – निष्पत्ति परीक्षण में परीक्षण पदों की कार्यशील विषय–वस्तु केवल आकाश और परीक्षण की विषय–वस्तु की परीक्षा करके निर्धारित नहीं किया जा सकता। शिक्षक को विषय–वस्तु को परीक्षण में शामिल करने से पूर्व इसे हल करने के लिए पूर्णरूप से पढाना चाहिए। जटिल अधिगम परिणामों का परीक्षण उस समय वैध मालूम होता है जब परीक्षण पद अपेक्षा का अनुसार कार्य करते हैं। यदि छात्र परीक्षण में शामिल समस्या के हल के विषय पूर्व अनुभवी है तो इस प्रकार का परीक्षण वैध नहीं किया जा सकता। इस प्रकार इससे वैधता प्रभावित होती है।

3) परीक्षण प्रशासन और प्राप्तांक के कारक – परीक्षण प्रशासन और प्राप्तांक प्रक्रिया परिणाम से निर्वचन की वैधता को प्रभावित कर सकते हैं। उदाहरण के लिए शिक्षक निर्मित परीक्षणों में अनेक कारक यथा–परीक्षण के लिए अपर्याप्त समय, छात्रों को गलत साधनों से सहायता, परीक्षा के समय नकल और आसान प्रश्नों का अविश्वसनीय प्राप्तांक आदि वैधता को कम करते हैं। इसी प्रकार एक प्रमाणीकृत परीक्षणों में उचित निर्देशों का अभाव और समय का अभाव, छात्रों को अनाधिकृत सहायता और प्राप्तांकों में त्रुटियां वैधता को कम करते हैं। इन दोनों प्रकार के परीक्षणों में प्रतिकूल भौतिक और मनोवैज्ञानिक परिस्थितियां भी वैधता को प्रभावित करती हैं।

4) छात्रों के प्रत्युत्तर के कारक – कुछ ऐसे व्यक्तिगत काकर है जो परीक्षण के समय छात्र के उत्तरों को प्रभावित करते हैं जिससे परीक्षण निर्वचन अवैध हो जाते हैं। सांवेगिक दृष्टि से ग्रसित छात्र में अभिप्रेरणा का अभाव होता है जिससे वह परीक्षण से डरा रहता है और सही उत्तर नहीं दे पाता। फलस्वरूप परीक्षण की वैधता प्रभावित होती है। ग्रीनलैण्ड ने इस सम्बन्ध में कहा है & "Response set also enfluences the test results. It is the test taking habit which affects the pupil's score. A response set is a consistent tendency to follow a certain pattern in responding to test items."

5) समूह और कसौटी की प्रकृति – जिस समूह पर परीक्षण का मानकीकरण किया गया है, वह उसी समूह के लिए वैध है और दूसरे समूह के लिए अवैध होता है जैसे मारिया का निष्पादन बुद्धि परीक्षण मात्रा 11 से 16 वर्ष तक के बालकों के लिए उपयुक्त है। लेकिन इससे कम या अधिक आयु के व्यक्तियों के लिए अवैध माना जायेगा। इसी प्रकार कसौटी की प्रकृति भी वैधता को प्रभावित करती है।

प्रश्न 7. विश्वसनीयता के मापन की विधियों का वर्णन कीजिए।

उत्तर– विश्वसनीयता ज्ञात करने की अनेक विधियाँ है जिनमें से प्रमुख विधियाँ निम्नलिखित हैं –

1) परीक्षण पुनर्परीक्षण विधि
2) समान प्रारूप विधि
3) आंतरिक संगीत विधि

1) परीक्षण पुनर्परीक्षण विधि – किसी भी परीक्षण की विश्वसनीयता ज्ञान करने की यह सबसे सरल विधि है। इसमें एक ही समूह पर एक ही परीक्षण दो भिन्न–भिन्न अवसरों पर प्रशासित करके फलांक ज्ञात कर लिये जाते हैं और इन दोनों अवसरों पर प्राप्त फलांकों के मध्य सह–सम्बन्ध गुणांक ज्ञात कर लिया जाता है। सामान्यतः गुणनफल आघूर्ण विधि से सह–सम्बन्ध गुणांक की गणना की जाती है जिसका सूत्र इस प्रकार है –

$$r = \frac{\frac{\sum x`y` - cxcy}{N}}{\sigma_x \sigma_y}$$

दोनों प्रशासनों के फलांकों के मध्य सह–सम्बन्ध विश्वसनीयता का सूचक है। यदि सह–सम्बन्ध 0.50 या इससे अधिक है तो परीक्षण को विश्वसनीय माना जाता है।

यह विधि देखने में सरल है परन्तु इसकी कुछ सीमायें हैं, जिनमें से प्रमुख निम्नलिखित हैं–
1) यदि परीक्षण तथा पुनर्परीक्षण के मध्य समयान्तर थोड़ा है तो उत्तरों के प्रत्यास्मरण का सह–सम्बन्ध में अवांछनीय रूप से घनात्मक प्रभाव पड़ेगा और सह–सम्बन्ध बहुत अधिक आ जायेगा।
2) समयान्तर थोड़ा होने से पुनर्परीक्षण के फलांकों पर अभ्यास, पूर्व परिचय आदि घनात्मक प्रभाव पड़ेगा।
3) फलांकों पर दोषपूर्ण निर्देश, अस्पष्ट भाषा, भाषा की कठिनाई, थकावट, विभिन्न वातावरण आदि का भी प्रभाव पड़ सकता है।
4) यदि समयान्तर काफी अधिक है तो छात्रों के शारीरिक तथा मानसिक विकास के फलस्वरूप पुनर्परीक्षण के फलांक निश्चित ही अधिक आयेंगे।

2) समान प्रारूप विधि या विकल्प तथा समान्तर विधि – इस विधि के अन्तर्गत परीक्षण तैयार करने के साथ ही साथ उसका एक विकल्प या समान्तर रूप से भी तैयार करना पड़ता है। इस विकल्प या समान्तर प्रारूप की रूपता मुख्य परीक्षण के समान ही होती है। समान्तर प्रारूप बना लेने के पश्चात मुख्य परीक्षण तथा समान्तर उप–परीक्षण के फलांकों में सह–सम्बन्ध ज्ञात किया जाता है। यदि सह–सम्बन्ध अच्छा होता है तो उसकी विश्वसनीयता अच्छी मानी जाती है। इस विधि के निम्नलिखित दोष हैं –

(i) मुख्य परीक्षण तथा समान्तर प्रारूप की समस्त विशेषतायें एक जैसी नहीं भी हो सकती हैं।
(ii) मुख्य परीक्षण छात्रो को कुछ प्रशिक्षण प्रदान करता है। इस परीक्षण का समान्तर प्रारूप को हल करने पर घनात्मक प्रभाव पड़ सकता है।
(iii) छात्रों द्वारा स्मृति से लाभ उठाने की सम्भावनायें बढ़ जाती हैं।
(iv) समानान्तर प्रारूप के हल करने पर छात्रों की थकान का ऋणात्मक प्रभाव पड़ सकता है।

3) आंतरिक संगति विधि – प्रथम दो विधियों में परीक्षण का प्रशासन दो बार किया जाता है परन्तु इस विधि में परीक्षण को एक ही बार प्रशासित किया जाता है। आंतरिक संगति ज्ञात करने की दो विधियां हैं।

(क) अर्द्ध विच्छेदन विधि – इस विधि के अन्तर्गत मुख्य परीक्षण को ही दो समान भागों में विभक्त कर दिया जाता है और उन दो भागों से प्राप्त फलांकों के मध्य सह–सम्बन्ध ज्ञात कर लिया जाता है। परीक्षण को दो भागों में विभक्त करने के लिए दो तरीके अपनाये जाते हैं। प्रथम तरीके के अनुसार प्रत्येक विषम पद एक भाग में समय पद दूसरे भाग में रख लिये जाते हैं। दूसरे तरीके के अनुसार प्रथम आधे पद एक भाग में और द्वितीय आधे पद दूसरे भाग में शामिल कर लिये जाते हैं। यदि परीक्षण में कठिनाई स्तर निरन्तर बढ़ता जाये, तो सम–विषम विधि उपयुक्त रहती है। इस विधि की सबसे प्रमुख विशेषता यह है कि परीक्षण निर्माता को समस्त प्रदत्त एक ही समय में प्राप्त हो जाते हैं।

दोनों भागों के फलांक ज्ञात होने पर उनमें सह–सम्बन्ध ज्ञात कर लिया जाता है। यह सह–सम्बन्ध एक ही भाग की विश्वसनीयता बतायेगा। पूरे परीक्षण की विश्वसनीयता ज्ञात करने हेतु एक अन्य सूत्र का प्रयोग करना पड़ेगा यह सूत्र 'स्पीयर मैन **ब्राउन** सूत्र' के नाम से पुकारा जाता है। सूत्र इस प्रकार है –

परीक्षण की विश्वसनीयता

$$(r) = \frac{2x\frac{1}{2} \text{ प्रथम परीक्षण पर विश्वसनीयता}}{1 + \text{ द्वितीय परीक्षण पर विश्वसनीयता}}$$

विधि की विशेषतायें –

1) इस विधि के अन्तर्गत एक ही परीक्षण निर्मित करना पड़ता है।

2) अर्द्ध भाग का एक ही बार प्रशासन होने पर दैव त्रुटियों का दोनों भागों पर समान असर पड़ता है।

3) अभ्यास, थकान तथा समयान्तर आदि का कुप्रभाव नहीं पड़ता हैं

4) गति परीक्षणों में इसका प्रयोग सम्भव नहीं है।

5) परीक्षणों को दो भागों में विभक्त करने की कई विधियाँ हैं और प्रत्येक विधि से विश्वसनीयता गुणांक अलग–अलग आता है। फलस्वरूप एक विधि से आए उत्तर की जांच इसकी विधि से करना सम्भव नहीं है।

(ख) कुडर रिचर्डसन मापन – इस विधि के अन्तर्गत परीक्षण के विभिन्न पदों मध्य सह–सम्बन्ध तथा प्रश्नों का सम्पूर्ण परीक्षण के साथ सह–सहबन्ध ज्ञात किया जाता है। इस प्रकार इस विधि की मान्यता यह है कि परीक्षण के सभी पद एक दूसरे तथा सम्पूर्ण परीक्षण से सम्बन्धित होते हैं।

प्रश्न 8. परीक्षा में प्राप्तांकों की विश्वसनीयता को प्रभावित करने वाले कारक कौन से हैं?

उत्तर – परीक्षा के प्राप्तांकों को प्रभावित करने वाले कुछ बाह्य और कुछ आन्तरिक कारक पहचाने गए हैं जो इस प्रकार है :

बाह्य कारक – विश्वसनीयता को प्रभावित करने वाले महत्वपूर्ण बाह्य कारक (वे कारक जो प्रशिक्षण से बाहर होते हैं)।

1) **समूह परिवर्तिता** – जब परीक्षण देने वाले छात्रों का समूह योग्यता में सामांगी होता है तो परीक्षण की विश्वसनीयता कम आने की संभावना होती है, तथा इसका विलोम भी सत्य है।

2) **अनुमान लगाना और संयोग त्रुटि** – परीक्षण में अनुमान द्वारा त्रुटि विचरण के बढ़ने की संभावना होती है और इससे विश्वसनीयता कम हो जाती है। उदाहरणार्थ, दो विकल्पों वाले प्रश्नों में अनुमान द्वारा ठीक उत्तर होने की 50 प्रतिशत संभावना होती है।

3) **पर्यावरण दशा** – जहां तक व्यावहारिक को परीक्षण का परिवेश सबके लिए एक–सा होना चाहिए। ऐसा प्रबन्ध होना चाहिए कि प्रकाश, ध्वनि और अन्य सुविधाएँ सभी परीक्षार्थियों के लिए एक जैसी हों अन्यथा परीक्षण के समंकों की विश्वसनीयता पर प्रभाव पड़ेगा।

4) **क्षणिक अस्थिरता** – क्षणिक अस्थिरता परीक्षण के अंकों की विश्वसनीयता को बढा या घटा सकती है। टूटी हुई पैंसलि, बाहर चलती हुई रेलगाड़ी की ध्वनि से क्षणिक ध्यान भंग, चिन्ता, गृह–कार्य का पूरा न होना, उत्तर देने में गलती और इसे सही करने के ढंग का ज्ञान न होना, जैसे कारक परीक्षण के समंकों की विश्वसनीयता को प्रभावित कर सकते हैं।

आन्तिरक कारक – प्रमुख आन्तरिक कारक (वे कारक जो परीक्षण में निहित होते हैं) जो विश्वसनीयता को प्रभावित करते हैं, निम्नलिखित हैं :

1) **परीक्षण की लंबाई** – परीक्षण की लंबाई का विश्वसनीयता से सीधा संबंध होता है। परीक्षण में जितने अधिक प्रश्न होंगे उतनी ही अधिक उसकी विश्वसनीयता होगी, और जितने कम प्रश्न होंगे उतनी ही कम विश्वसनीयता होगी।

2) **प्रश्नों में समांगता** – समांगता के दो पक्ष हैं – प्रश्नों की विश्वसनीयता और एक से दूसरे प्रश्नों में मापे गए गुणों की समांगता। यदि प्रश्न अलग अलग गुणों का माप करते हैं और उनमें अन्त–सहसंबंध शून्य या इसके समीप हैं तो विश्वसनीयता शून्य होगी। इसका विलोम भी सत्य है।

3) **प्रश्नों की कठिनाई का स्तर** – मोटे तौर से यदि कठिनाई का स्तर 0.5 और इसके

समीप है तो विश्वसनीयता अधिक होगी। और यदि कठिनाई स्तर के मान बहुत अधिक या बहुत कम होंगे तो विश्वसनीयता कम होगी।

4) विभेदीकरण मूल्य – जब प्रश्न योग्यता के आधार पर बढ़िया और घटिया छात्रों में विभेदीकरण कर सकते हैं तो किसी प्रश्न तथा कुल प्राप्तांकों में सह–संबंध अधिक होगा और विश्वसनीयता अधिक होगी। इसका विलोम भी सत्य है।

5) गुणक की विश्वसनीयता – समंक देने वाले (गणक) की विश्वसनीयता को पढ़ने वाले की विश्वसनीयता भी कहा जाता है। समंक देने वाले की विश्वसनीयता भी परीक्षण की विश्वसनीयता को प्रभावित करती है। समंक देने वाले की विश्वसनीयता एक ही उत्तर पर दो गणकों द्वारा दिए गए समंको की सहमति पर निर्भर करती है। यदि दो समंक देने वालों (गणकों) द्वारा दिए गए समंकों में अंतर है या सहमति नहीं है, तो विश्वसनीयता कम होगी।

प्रश्न 9. वैधता और विश्वसनीयता के संबंधों पर टिप्पणी कीजिए।

उत्तर – वैधता और विश्वसनीयता के बीच गहरा संबंध है। ये दोनों एक ही सिक्के के दो पहलू हैं। विश्वसनीयता का संबंध परीक्षण के समंको की स्थिरता– अर्थात् स्वतः सहसंबंध हैं। दूसरी ओर वैधता का संबंध परीक्षण का किसी बाह्य स्वतंत्र मानदंड से सह–संबंध से है। एक परीक्षण जो विभिन्न अवसरों पर आए अपने ही समंकों में सह–संबंध नहीं बताता वह किसी बाह्य मानदंड से सह–संबंध नहीं बता सकता। अन्य शब्दों में कहा जा सकता है कि जिस परीक्षण की विश्वसनीयता कम है उसकी वैधता अधिक नहीं हो सकती।

फिर भी विश्वसनीयता, वैधता की प्रथम आवश्यकता है। एक परीक्षण वैध होने के लिए विश्वसनीय होना चाहिए। एक बहुत ही विश्वसनीय परीक्षण किसी गुण का वैध मापन होता है। इस प्रकार विश्वसनीयता, वैधता को नियंत्रित करती है। कम विश्वसनीयता वाला परीक्षण वैध नहीं हो सकता है। सैद्धांतिक रूप में कोई परीक्षण वैध हो सकता है परन्तु व्यावहारिक दृष्टि से अवैध होगा यदि उसका किसी बाह्य स्वतंत्र मानदंड से सह–संबंध देखा जाए।

प्रश्न 10. एक प्रश्न का सही उत्तर उच्च योग्यता वाले वर्ग में 12 छात्रों में से 10 छात्रों ने दिया और निम्न योग्यता वाले वर्ग में 12 छात्रों में से 6 छात्रों ने दिया। इस प्रश्न की कठिनाई स्तर क्या है? क्या प्रश्न को कठिन कहा जाए या सामान्य सा सरल कहा जाएगा। इस प्रश्न की विभेदक शक्ति क्या होगी?

उत्तर – कठिनाई स्तर $= \frac{10+6}{24} = \frac{16}{24} = 0.666 = 0.67$

प्रश्न साधारण कठिनाई (सामान्य) है।

विभेदक शक्ति $= \frac{10-6}{12} = \frac{4}{12} = 0.33$

प्रश्न 11. निर्धारण मापनी का क्या अर्थ है? इसके प्रकार और उपयोग बताते हुए इसकी कमियों पर प्रकाश डालिये।

उत्तर – निर्धारण मापनी उस उपकरण को कहते है जिसमें किसी गुण के दिए गए आयाम का वर्णन करने के लिए भिन्न–भिन्न बिंदु होते है, जो उस गुण की भिन्न–भिन्न मात्रा बताते है। शिक्षा का मनोविज्ञान और उद्योग आदि के क्षेत्रों में मूल्यांकन उपकरण के रूप में सफलतापूर्वक प्रयोग किया जाता है। गुणात्मक मूल्य, जैसे नेतृत्व, ईमानदारी सहयोग की भावना, समय की पाबन्दी, संवेगात्मक नियंत्रण आदि मूल्यांकन के लिए निर्धारण मापनी का प्रयोग किया जाता है। निर्धारत व्यक्ति में निहित इन गुणों के विषय में अपना मत अपना निर्णय संख्यात्मक या मायात्मक रूप में प्रदान करता है।

निर्धारण मापनी के प्रकार :– निर्धारण मापनी के मुख्य रूप से निम्नलिखित प्रकार की होती है :–

1) संख्यात्मक मापनी
2) रेखांकित मापनी
3) प्रमापित मापनी
4) संचित बिन्दु द्वारा निर्धारण
5) बाधित चयन मापनी

1) संख्यात्मक मापनी – इस विधि में व्यक्ति को उसके गुणों के अनुसार अंक प्रदान किये जाते हैं और इन अंकों को 3,5,7 या 9 के पैमाने पर रखा जाता है। जैसे यदि प्रसन्नता का वर्ग क्रम करना हो तो निम्नलिखित रूप से मानदण्ड होगा –

9) अधिक प्रसन्न
8) अतिरिक्त प्रसन्न
7) सामान्य प्रसन्न
6) नम्रतापूर्ण प्रसन्न
5) अभिन्न
4) नम्रतापूर्ण अप्रसन्न
3) सामान्य अप्रसन्न
2) अतिरिक्त प्रसन्न
1) अत्यधिक अप्रसन्न

2) रेखांकित मापनी – इसमें किसी गुण की विभिन्न मात्रा का वितरण एक रेखा पर ऊपर से नीचे या नीचे से ऊपर की ओर अंकित किया जाता है। उदाहरणार्थ – विद्यालय में वाद–विवाद में शामिल होना कैसा लगता है? को निम्नरूप में प्रदर्शित किया जा सकता है–

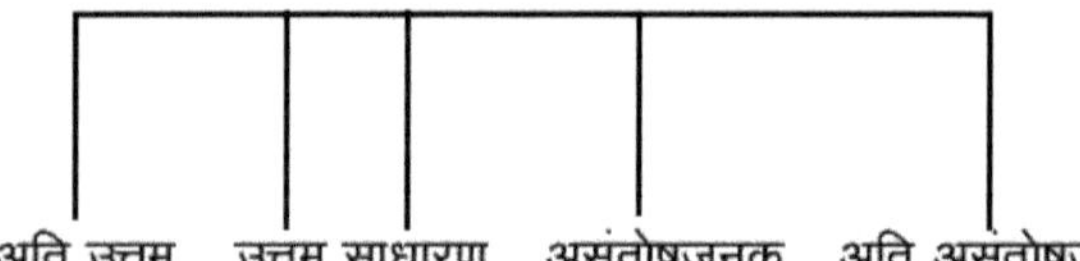

इस मापनी के अनेक लाभ हैं। इसको साधारण और सरल ढंग से प्रशासित किया जा सकता है। यह मापनी निर्धारक के लिए रूचिकर होता है और इसमें उसकी अभिप्रेरणा बढ़ जाती है। कुछ दशाओं में रेखांकित मापनी अच्छी तरह काम नहीं करती है और पर्याप्त परिश्रम करना पड़ता है।

3) संचयी बिन्दु – इसमें विभिन्न पदों पर व्यक्ति का मूल्यांकन करके अंक प्रदान करते हैं और उनके कुल योग (संचय) के आधार पर व्यक्ति के बारे में निर्णय करते हैं। यह मापदण्ड मनोवैज्ञानिक परीक्षण की भांति है, इसमें अंक वस्तुनिष्ठ कसौटी के आधार पर न देकर केवल निर्णय के आधार पर दिये जाते हैं। चेकलिस्ट तथा अनुमान विधि इस विधि के अन्तर्गत हैं।

4) प्रमापित मापनी – इसमें निर्धारक के सामने अनेक मानक प्रस्तुत किये जाते हैं और इस आधार पर उसे क्रम प्रदान करना होता है जैसे –

(i) सुरेश परिश्रम की दृष्टि से कक्षा में सर्वश्रेष्ठ

(ii) श्रीराम परिश्रम की दृष्टि से कक्षा में श्रेष्ठ

(iii) सन्तोष परिश्रम की दृष्टि से कक्षा में सामान्य

(iv) रामू परिश्रम की दृष्टि से कक्षा में निम्न

(v) गणेश परिश्रम की दृष्टि से कक्षा में अत्यन्त निम्न।

5) बाधित चयन मापनी – इसमें प्रत्येक प्रश्न के लिए कुछ कथन होते हैं और निर्धारक को बताना होता है कि कौन–सा कथन किस व्यक्ति के लिए उपयुक्त है जैसे – ''यहाँ एक ऐसा बालक है जो सदैव दूसरों की सहायता करता है।'' इसके बाद फलांकन कुंजी के आधार पर गणना की जाती है।

निर्धारक मापनी का उपयोग –

(i) इससे छात्रों की आवश्यकताओं को ज्ञात करने में सुगमता होती है।

(ii) यह छात्रों के सम्बन्ध में अन्य साधनों द्वारा प्राप्त ज्ञान की पूर्ति करती है।

(iii) इसके आधार पर अभिभावकों को रिपोर्ट देना सुविधाजनक होता है।

(iv) छात्र प्रवेश में सुविधा मिलती हैं

(v) नौकरी के लिए संस्तुति करना सुविधाजनक होता है।

(vi) विषयों के लिए प्रेरणा का साधन है।

(vii) इसमें कम समय लगता है तथा प्रयोग आसान होता है।

(viii) इसकी विश्वसनीयता तथा वैधता, निर्णयकर्ता, गुण तथा सातत्य संकेत के तार्किक क्रम पर निर्भर होती है।

(ix) शैक्षिक परखों की वैधता ज्ञात करने में शिक्षक निर्धारण मापनी का प्रयोग किया जाता है।

निर्धारण मापनी की सीमायें –

(i) निर्णायकों पर निर्णय सम्बन्धी व्यक्तिगत भिन्नता का प्रभाव पड़ता है।

(ii) विषयी की स्थिति भी निर्णय को प्रभावित करती है।

(iii) निर्धारण पर विषयों एवं निर्णायकों को निकटता तथा उनके सम्बन्ध का विशेष प्रभाव पड़ता है।

(iv) एक निर्णयकर्ता की अपेक्षा अनेक का निर्णय सदैव अच्छा होता है। बशर्ते कि सभी शिक्षकर्ता समान योग्यता एवं अनुभव के हों।

(v) तात्कालिक संवेगात्मक विक्षोभ का निर्धारण पर प्रभाव पड़ता है।

(vi) आत्म निर्धारण की पद्धति में अच्छे गुणों में व्यक्ति अपने को बहुत ऊँचा तथा बुरे में बचने का प्रयास करते हैं।

(vii) अपने समीपी, पारिवारिक एवं सम्बन्धियों आदि के विषय में ऊँचा निर्णय देते हैं।

(viii) घनिष्ठता से परिणाम विश्वसनीय भी प्राप्त हो सकते हैं किन्तु पक्षपात का भी भय होता है।

प्रश्न 12. बुद्धि परीक्षण पर विस्तार से टिप्पणी कीजिए।

उत्तर – बुद्धि परीक्षण व्यक्ति की सामान्य मानसिक योग्यता को मापने का काम करते हैं जिसका प्रभाव व्यक्ति के प्रत्येक कार्य निष्पादन पर पड़ता है और जो मात्रा में प्रत्येक व्यक्ति के लिए भिन्न होता है। ऐसे परीक्षणों के प्रश्न व्यक्ति के संबंधों को समझने, समस्या समाधान, व भिन्न–भिन्न परिस्थितियों में ज्ञान का उपयोग करने की योग्यता को मापते हैं। बुद्धि परीक्षणों का शाब्दिक व अशाब्दिक, लिखित व निष्पादन, गति व शक्ति, तथा व्यक्तिगत सामूहिक व परीक्षणों में वर्गीकरण किया जाता है।

शाब्दिक व अशाब्दिक, लिखित व निष्पादन परीक्षण –

शाब्दिक या लिखित परीक्षण में उत्तर देने वाले व्यक्ति प्रश्नों का उत्तर लिख कर देता है। प्रश्न किसी वाक्य अथवा शब्द के रूप में परीक्षार्थी के सामने रखे जाते हैं और वह अपना सही उत्तर लिखकर, टिकमार्क करके, दिए गए विकल्पों में से सही उत्तर पर गोला बनाकर व रेखांकित करके देता है अथवा दिए गए स्थान पर कोई शब्द, वाक्य या वाक्यों को लिख कर देता है। अशाब्दिक परीक्षणों में समस्याएं एक डिजाइन या खाके के रूप में दी जाती है और व्यक्ति को उत्तर दिए गए संभावित उत्तरों में किसी एक को सही का निशान लगाकर, रेखांकित करके व गोलाकार चक्रित करके देना होता है। दूसरी और निष्पादन परीक्षण में समस्या किसी प्रत्यक्ष या ठोस रूप में दी जाती है और व्यक्ति को उत्तर लिखने की बजाय समस्या का समाधान परीक्षण के स्तर को ध्यान में रखते हुए गुटकों तथा तस्वीरों के कार्डो पर कार्य करके करना होता हे।

गति बनाम शक्ति परीक्षण –

गति परीक्षण उस परीक्षण को कहते हैं जिसमें किसी को भी परीक्षण को पूरा करने का पर्याप्त समय नहीं मिलता। इस प्रकार के परीक्षणों में सभी प्रश्नों को पूरा करने के लिए सीमित समय होता है। दूसरी ओर शक्ति परीक्षण वह परीक्षण है जिसमें प्रत्येक परीक्षार्थी को परीक्षण को पूरा करने का पर्याप्त अवसर मिलता है। इसमें कोई समय सीमा नहीं होती और परीक्षार्थी तब तक प्रश्नों को हल करता रहता है जब तक वह और अधिक प्रश्न करने में स्वयं को असमर्थ पाता है।

व्यक्तिगत बनाम सामूहिक परीक्षण –

वह परीक्षण जो एक समय पर केवल एक ही व्यक्ति को दिए जा सकते हैं, व्यक्तिगत परीक्षण

कहलाते हैं। ऐसे परीक्षण उस परिस्थिति में उचित होते हैं जब किसी व्यक्ति की किसी विशेषता का मूल्यांकन करना हो। जो परीक्षण एक ही समय पर बहुत व्यक्तियों पर संचालित किया जा सके उसे 'सामूहिक परीक्षण' कहते हैं। ये परीक्षण विशेषतः बहुत से व्यक्तियों का एक साथ परीक्षण करने में उपयोगी होते हैं।

प्रश्न 13. व्यक्तित्व मापन सूची को परिभाषित करते हुए इसे संचालित करने के निर्देश बताइए।

उत्तर – व्यक्तित्व मापन सूची प्रश्नों व कथनों की एक श्रृंखला होती है जिनका उत्तर 'हाँ' या 'ना', 'सहमत' या 'असहमत' अथवा ऐसे ही किसी और विधि से अपनी वरीयतानुसार दिया जाता है।

किसी मापन सूची को संचालित करने के निर्देश निम्न प्रकार हैं :

1) अध्यापक को छात्रों को मुद्रित निर्देशों को स्पष्ट रूप से समझाना चाहिए।

2) अध्यापक द्वारा छात्रों को यह विश्वास दिलाना चाहिए कि आंकड़ों को गुप्त रखा जाएगा।

3) सूचनाओं के भरने के तौर–तरीके के बारे में सभी प्रकार के संदेहों को अच्छी तरह से दूर कर देना चाहिए।

4) अध्यापक को सही उत्तर प्राप्त करने के लिए उचित वातावरण व मनःस्थिति बनाने के लिए सावधानियाँ बरतनी चाहिए।

प्रश्न 14. कथात्मक रिकार्ड किसे कहते हैं? इसके लक्षण क्या हैं? इसके महत्वपूर्ण मार्गदर्शक तथ्यों का वर्णन करो।

उत्तर – कथात्मक रिकॉर्ड की परिभाषा – छात्रों के व्यवहार का शिक्षक के पर्यवेक्षण के औपचारिक रिकार्ड को कथात्मक रिकार्ड कहते हैं। प्रत्येक शिक्षक (माता–पिता, मित्र, संबंधी भी) दिन प्रतिदिन अपने छात्रों का निरीक्षण करता है और इससे औपचारिक रूप से उसे या उसके सम्पर्क में आये लोगों को समझने के लिए नोट करता है। इस प्रकार के कागजात एक व्यक्ति के व्यवहार को समझने में मदद करते हैं। ये रिकार्ड छात्र की अनुशंसा के प्रमाण होते हैं। इस प्रकार के रिकार्डों से अपेक्षाकृत प्रत्यक्ष और वस्तुनिष्ठतापूर्ण रिपोर्ट देने में सुविधा होती है। ये रिकार्ड मुख्य रूप से दो उद्देश्यों से रखे जाते हैं –

1) सामान्य रूप से शिक्षक इनके आधार पर छात्र को समझने का प्रयास करता है और वह छात्रों के सहानुभूतिपूर्ण दृष्टिकोण में वृद्धि करता है।

2) यह व्यक्ति के व्यवहार के कुछ पक्षों का अनौपचारिक गुणात्मक चित्र प्रस्तुत करता है।

एक अच्छे कथात्मक रिकॉर्ड के लक्षण –

1) यह सभी विशिष्ट घटनाओं का सही विवरण प्रदान करता है।

2) यह उन व्यवस्थाओं का वर्णन करता है जो घटनाओं के अर्थ को स्पष्ट कर सके।

3) इसमें सम्पादन करने वाले द्वारा मूल्यांकन या निर्वचन भी शामिल होता है। इस निर्वचन को

विवरण से अलग किया जाता है और इसके विभिन्न स्तरों की पहचान की जाती है।

4) घटना उन बातों का वर्णन करती है जो बालक के व्यक्तिगत विकास या सामाजिक अनुक्रिया को सम्बद्ध करती है।

5) वर्णित घटना बच्चे के विशेष व्यवहार या प्रतिनिधित्व को बताती है या यह महत्व को, क्योंकि यह व्यवहार के विद्यमान रूप से बिल्कुल अलग होते हैं। यदि बच्चे का व्यवहार अद्वितीय है तो तथ्य नोट करने योग्य होता है।

महत्वपूर्ण मार्गदर्शक तथ्य –

1) शिक्षक को जहां तक सम्भव हो घटना का वर्णन उद्देश्य के रूप में करना चाहिए। वर्णन के स्तम्भ में बालक के विषय में व्यक्तिगत टिप्पणी नहीं करनी चाहिए।

2) शिक्षक को उस समय बहुत उद्देश्यपूर्ण होना चाहिए जब वह घटना का टिप्पणी या निर्वचन लिखता हैं

3) घटना का वर्णन और शिक्षक का टिप्पणी का निर्वचन अलग–अलग लिखना चाहिए।

4) शिक्षक को उसी समय घटना को लिखना चाहिए जिस समय वह घटित होती है और लिखने में सही बातों का उल्लेख आवश्यक है।

5) परिणाम केवल एक घटना पर आधारित नहीं होना चाहिए। वस्तुनिष्ठता, विश्वसनीयता और वैध पणिामों के लिए अनेक कथात्मक रिकार्ड होना चाहिए। अर्थात् व्यवहार के स्पष्टीकरण के लिए पर्याप्त प्रतिदर्श आवश्यक है। स्वभाव, चिन्ता और अन्य व्यवहारों की दृष्टि परिणाम निकाले जा सकते हैं।

3

अध्येता मूल्यांकन

प्रश्न 1. उपलब्धि परीक्षा या निष्पत्ति परीक्षण का प्रयोजन बताते हुए इसके विभिन्न चरणों का वर्णन करो। [Dec06, Q2]

उत्तर – निष्पत्ति परीक्षण के प्रयोजन इस प्रकार है :

1) छात्रों की योग्यताओं, क्षमताओं और सीमाओं की जानकारी प्राप्त करना,

2) किसी कक्षा के विभिन्न छात्रों ने वर्षभर में विभिन्न विषयों में कितनी योग्यता प्राप्त की है, इसकी जानकारी करना,

3) जब अधिगमकर्ता को इस बात का ज्ञान होता है कि उनकी परीक्षा ली जायेगी तो कार्य करने की प्रेरणा मिलती है।

4) किसी कक्षा के विद्यार्थियों में कौन से विद्यार्थी, उच्चतर स्तर, सामान्य स्तर तथा निम्न स्तर के हैं, इसका पता लगाना,

5) छात्रों का वर्गीकरण करना

6) शिक्षकों का शिक्षण किस सीमा तक सफल हो रहा है, ज्ञान प्राप्त करना

7) छात्र–छात्रों के बौद्धिक विकास का अनुपात निष्पत्ति परीक्षणों द्वारा ठीक प्रकार लगाया जा सकता है।

8) किस कक्षा के कौन–से विद्यार्थी ऊँची कक्षा में प्रवेश करने योग्य है, इसका पता लगाना,

9) शिक्षा के उद्देश्य की पूर्ति किस सीमा तक हो रही है, यह पता लगाना,

10) किसी शिक्षा प्रणाली की उपयोगिता और उसकी त्रुटियों की जानकारी प्राप्त करना

11) उपलब्धि परीक्षण के द्वारा जो आंकड़ें प्राप्त होते हैं, उन्हें ध्यान में रखकर पाठ्यक्रमों में आवश्यक परिवर्तन किया जा सकता है।

12) शैक्षिक और व्यावसायिक तथा व्यक्तित्व निर्देशन के लिए निष्पत्ति परीक्षण का काफी महत्व है।

उपलब्धि परीक्षणों की रचना में अनेक चरण शामिल है जो निम्नलिखित हैं –

1) अनुदेशात्मक उद्देश्य – किसी परीक्षण के नियोजन में सर्वाधिक महत्वपूर्ण चरण अनुदेशात्मक उद्देश्यों की पहचान करना है। प्रत्येक विषय के अपने विभिन्न प्रकार के अनुदेशात्मक उद्देश्य को ज्ञान, बोध, प्रयोग और कौशल जैसे वर्गों में बांटा जा सकता है जबकि भाषाओं के मुख्य उद्देश्यों को ज्ञान, समग्रता और अभिव्यक्ति जैसे वर्गों में विभाजित किया जा सकता है। संज्ञान उद्देश्य अधिगम का सबसे भिन्न स्तर माना जाता है जबकि बोध प्रयोग विज्ञान या विज्ञानों में अधिगम का उच्च स्तर माना जाता है।

2) ढांचा – उपलब्धि परीक्षण का दूसरा चरण ढांचा या डिजाइन बनाना है। ढांचा निम्नलिखित की मात्रा निश्चित करता है।

क) अनुदेशात्मक उद्देश्य

ख) प्रश्नों के प्रकार

ग) कोर्स के विभाग और उपविभाग

घ) कठिनाई स्तर

इससे यह भी पता चलता है कि प्रश्नों में विकल्प है या नहीं और उनकी प्रकृति क्या है? डिजाइन को वस्तुतः एक उपकरण कहा जाता है जो परीक्षण एजेंसी के नीति निर्णयों पर प्रकाश डालती है। एक आदर्श डिजाइन निम्न प्रकार की हो सकती है।

विषय :

कक्षा :

1) प्रश्नपत्र के विभिन्न विमों के लिए अंको के विवरण का महत्व निम्न प्रकार से होगा–

क्रम सं. उद्देश्य	**अंक**	**प्रतिशत अंको का**
1) ज्ञान		
2) बोध		
3) प्रयोग		
4) कौशल		
	कुल योग	

2) विषय या विषय–वस्तु इकाइयों का वजन

क्रम सं.	**इकाईयां और उपइकाईयां**	**अंक**	**इकाईयां और उपइकाईयां**	**अंक**
1)				
2)				
3)				
4)				
5)				

6)

3) प्रश्नों के आकारों या प्रकारों का वजन

क्रम.सं.	प्रश्नों के आकार	प्रत्येक के प्रश्नों की अंक	संख्या	कुल अंक
1) बड़े उत्तर				
2) लघु उत्तर				
3) अति लघु उत्तर				

3) ब्लू प्रिंट – उपलब्धि परीक्षण का तीसरा चरण ब्लू प्रिंट है। प्रश्न पत्र के डिजाइन में बताये नीति निर्णयों को ब्लू प्रिंट के माध्यम से लागू किया जाता है। इस अवस्था में प्रश्न पत्र निर्माता यह निश्चित करता है कि विभिन्न उद्देश्यों के कितने प्रश्न दिये जायें। वह यह निर्धारण करता है किस इकाई या प्रकरण के किस प्रश्न को दिया जाए। इसके बाद वह निश्चित करता है कि कैसे सभी प्रश्नों को विभिन्न उद्देश्यों के अनुसार बांटा जाये। ब्लू प्रिंट के तीन विम होते हें – क्षैतिज पंक्तियों में विषय–वस्तु क्षेत्र और उर्ध्वाधर पंक्तियों में उद्देश्यों और प्रश्नों के आकार होते हैं। ब्लू प्रिंट के तैयार होने पर प्रश्न निर्माता प्रश्नों का चुनाव या लिख सकता है। इस प्रकार प्रश्न पत्र तैयार हो जाता है। एक ब्लू प्रिंट प्रतिदर्श निम्नलिखित है–

परीक्षा :
विषय : प्रश्न पत्र :
इकाई : कक्षा :
अधिकतम अंक : समय :

उद्देश्य	ज्ञान	बोध	प्रयोग	कौशल	कुल
प्रश्नों का आकार	**नि ल अल**	**नि ल अल**	**नि ल अल**	**नि ल अल**	**नि ल अल**
1.					
2.					
3.					
4.					
5.					
6.					
उपयोग					
कुल योग					

नोट :– प्रश्नों की संख्या को कोष्ठ के अन्दर और अंक को कोष्ठ के बार लिखें।
सारांक

निबन्धात्मक या लम्बे उत्तर	(नि)	अंक :
लघु उत्तर	(ल)	अंक :
अति लघु उत्तर	(अल)	अंक :
विकल्प की योजना :		
वर्गों की योजना :		

जो लागू न हों उसे काट दें।

4) ब्लू प्रिंट के अनुसार उचित प्रश्नों को लिखना – चतुर्थ चरण में ब्लू प्रिंट के अनुसार उचित प्रश्नों को लिखा जाता है। सर्वप्रथम ब्लू प्रिंट के एक भाग को एक समय में लेते हैं और आवश्यक प्रश्नों को लिखते हैं। इस प्रकार एक–एक खण्ड लेकर प्रश्नों की रचना करते हैं। इस कार्य को निम्नलिखित प्रकार से किया जा सकता है–

1) या तो एक समय में एक उद्देश्य से सम्बन्धित प्रश्नों को एक–एक करके लिखें या

2) प्रश्नों को उनेक आकार या प्रकार अर्थात् निबन्धात्मक के लघु उत्तर वाले और उसके बाद अति लघु उत्तर वाले प्रश्नों को लिखें, या

3) एक इकाई के प्रश्नों को लिखें और उसी समय उसका परीक्षण करें।

5) अंक योजना की तैयारी – अंक योजना निर्णय को पुष्ट बनाती है। इसमें प्रश्नों के सम्भावित उत्तरों को लिखा जाता है और मूल्यों के अनुसार अंक प्रदान किये जाते हैं। अंक योजना निर्णय की वस्तुनिष्ठता को निश्चित करती है और मूल्यांकनकर्ता के पूर्वाग्रहों के कारण उत्पन्न अन्तर को समाप्त करती है। एक अच्छे अंक योजना की निम्नलिखित विशेषतायें होती हैं–

(i) इसमें तीन स्तम्भों में कथन होते हैं–

क) प्रश्नों की क्रम संख्या

ख) उनके सम्भावित उत्तर

ग) प्रत्येक मूल्य बिन्दु के लिए निर्धारित अंक

(ii) निबन्धात्मक प्रश्नों या लम्बे उत्तर वाले प्रश्नों के सम्भावित उत्तरों के सम्बन्धित निम्नलिखित बातें जरूरी हैं।

क) प्रश्न में पूछे गये सभी क्षेत्रों के पूरा उत्तर होना चाहिए

ख) सभी बिन्दुओं का स्पष्टीकरण होना चाहिए

ग) यह स्पष्ट रूप से निर्देश होना चाहिए कि पूर्ण और सही उत्तर सभी बिन्दु होने चाहिए या कुछ बिन्दु आवश्यक है।

घ) सभी सम्भावित बिन्दुओं के अंक होने चाहिए और सबका योग प्रश्न के निर्धारित के बराबर होना चाहिए।

(iii) लघु उत्तर वाले प्रश्नों के मामले में पूर्ण उत्तर बिन्दुओं में होना चाहिए और उसके लिए

अंक निर्धारित होना चाहिए।

(iv) एक प्रश्न के लिए निर्धारित कुल अंकों के बिन्दुओं के अनुसार विभाजित कर देना चाहिए। ये बिन्दु उत्तर के महत्व के अनुसार होने चाहिए।

(v) कुछ स्थितियों में विषय–वस्तु के अलावा उत्तर की गुणात्मकता महत्वपूर्ण होती है। यह स्थिति विशेषरूप से निबन्धात्मक प्रश्नों में देखने को मिलती है। यह तार्किक उपागम, प्रस्तुतीकरण का ढंग आदि हो सकता है। इसके लिए भी अलग से अंक निर्धारित करना चाहिए।

(vi) अंक योजना अपने में समग्र होनी चाहिए और किसी बिन्दु को उसमें उपेक्षित नहीं करना चाहिए और अंकों का विभाजन स्पष्ट होना चाहिए।

6) प्रश्नवार विश्लेषण – उपलब्धि परीक्षण का अंतिम चरण प्रश्वनार विश्लेषण है। यह कार्य प्रश्न पत्र रचना करने वाले को यह समझने में सविधा देता है कि प्रश्न पत्र संतुलित है या नहीं। प्रश्नवार विश्लेषण के समय प्रश्न पत्र निर्माता प्रत्येक प्रश्न का ब्लू प्रिंट के मानकों के अनुसार विश्लेषण करता है।

प्रश्न 2. प्रश्नों के कितने प्रकार होते हैं? सभी का संक्षिप्त विवरण दीजिए।
उत्तर – मुख्य रूप से प्रश्नों के तीन प्रकार होते है। इनका संक्षिप्त विवरण इस प्रकार है– निबंधात्मक, संक्षिप्त उत्तर और वस्तुनिष्ठ।

1) संक्षिप्त उत्तर वाले प्रश्न – सामान्यतः संक्षिप्त प्रश्नों के लिए बिल्कुल सही उत्तरों की आवश्यकता होती है। उनमें निम्नांकित विशिष्ट लक्षण अवश्य विद्यमान रहते हैं :

क) सामान्य तौर से उनको पढ़ने और उनका उत्तर देने में पांच मिनट से कम समय लगता है, कई प्रश्नों को हल करने में तो मात्र एक मिनट से भी कम समय लगता है।

ख) उनमें अपेक्षित उत्तर के विस्तार के बारे में दिशा–निर्देश समावेशित रहते हैं। उदाहरणार्थ उत्तर का आकार, अंतराल या विशिष्ट निर्देश यथा ''20 शब्दों से अधिक नहीं''।

ग) छात्र स्वयं उत्तर देता/लिखता है। वस्तुनिष्ठ प्रश्नों की तरह उत्तर पूर्व–चयनित नहीं होता।

इन्हें दो प्रमुख श्रेणियों में वर्गीकृत किया जा सकता है–
1) विस्तरित उत्तर
2) भरना और पूर्ति करना

विस्तृत उत्तर वाले प्रश्न – विस्तरित उत्तर वाले प्रश्न वे होते हैं जिनमें छात्रों द्वारा संक्षिप्त विवरण लिखना, नक्शा खींचना, गणना करना, वाक्य का अनुवाद करना, परिभाषा या सूत्र इत्यादि लिखने के कार्य शामिल रहते हैं।

''रिक्त स्थान की पूर्ति'' प्रकार के प्रश्न – ''रिक्त स्थान की पूर्ति'' प्रकार के प्रश्नों में सबसे सामान्य वह प्रश्न होता है जहां छात्र को किसी अपूर्ण कथन को सही–सही रूप से पूरा कराने के लिए एक या दो शब्द जोड़ने होते हैं। जहां कोई लुप्त शब्द, पूर्ति किए जाने वाले कथन में ही छुपे होते हैं उन्हें सामान्यतया निवेश प्रकार का कथन कहा जाता है।

वस्तुनिष्ठ प्रकार के प्रश्न – वस्तुनिष्ठ प्रकार का प्रश्न वह है जो किसी परीक्षक या प्राश्निक के व्यक्तिनिष्ठ पूर्वाग्रह से मुक्त हो। वस्तुनिष्ठ प्रश्न वह होगा जो व्यक्तिनिष्ठ न हो। अर्थात् जो किसी व्यक्ति विशेष की वैयक्तिक धारणाओं पर निर्भर नहीं करता हो।

सामान्य पुनःस्मरण – शिक्षकों द्वारा अपने दैनिक शिक्षण के दौरान अधिकांश रूप से प्रयुक्त वस्तुनिष्ठ प्रकार के प्रश्नों में सामान्य पुनःस्मरण के प्रश्न पूछे जाते हैं। शिक्षक संक्षिप्त प्रश्न पूछता है जिसका उत्तर जल्दी से एक शब्द या पूर्ण सामान्य कथन में दिया जाना होता है।

बहुविकल्पी प्रश्न – बहुविकल्पी प्रश्न के तीन भाग होते हैं – धातु/प्रतिपादक, कुंजी तथा विभ्रान्तक/विकर्षक। कुंजी और विभ्रान्तक/विकर्षक दोनों को ही बहुधा विकल्प वाले प्रश्न भी कहा जाता है। प्रतिपादिक तो प्रत्यक्ष प्रश्न हो सकता है अथवा कोई अपूर्ण कथन, कुंजी सही उत्तर है, और विभ्रान्तक/विकर्षक सत्याभासी, परन्तु गलत उत्तर हैं।

सत्य–असत्य प्रकार के प्रश्न – मूल सत्य–असत्य मद में छात्र को उत्तर के रूप में या तो ''सत्य'' या ''असत्य'' का चयन करना होता है। यह सामान्यता पूर्ण कथन के रूप में लिखा जाता है जिसके बारे में छात्र को यह निर्णय लेना होता है कि यह ''सत्य'' है या ''असत्य''।

प्रश्न 3. वस्तुनिष्ठ प्रश्नों के लाभ व हानियाँ बताइए। **[June07, Q3(i)]**
उत्तर –वस्तुनिष्ठ प्रश्नों के लाभ व हानियों का उल्लेख इस प्रकार है :

वस्तुनिष्ठ प्रश्नों के लाभ –

1) ये प्रश्न बुद्धि परीक्षणों के समान छोटे एवं स्पष्ट होते हैं।
2) इसमें लगभग 100–150 प्रश्नों का निर्माण किया जाता है जो सम्पूर्ण विषय पर आधारित होते हैं।
3) प्रश्नों का उत्तर प्रायः 'हाँ' या 'न' में देना पड़ता है। फलस्वरूप इसमें लम्बे–लम्बे निबंध लिखने की आवश्यकता नहीं पड़ती है।
4) प्रश्नों उत्तर की सूची प्रत्येक निरीक्षक के पास पहले से रहती है जिन्हें देखकर उसे जाँचने में बहुत सफलता होती है।

5) इस प्रणाली में प्रश्नों के उत्तर लिखने में बड़े–बड़े निबन्ध लिखने की आवश्यकता नहीं पड़ती है। फलस्वरूप भाषा, शैली एवं हस्तलेख से शिक्षक के प्रभावित होने का कोई प्रश्न नहीं उठता है।

6) प्रश्नों का उत्तर देने में बालों की बहुत ही सुविधा रहती है, क्योंकि प्रत्येक प्रश्न के उत्तर बहुत छोटे–छोटे होते हैं।

7) इस प्रकार के प्रश्नों में थोड़े से अभ्यास से ही कोई शिक्षक प्रश्नों का निर्माण आसानी से कर सकते हैं

8) इन परीक्षणों का मूल्यांकन पूर्णरूपेण वस्तुगत होते हैं। फलस्वरूप छात्रों में असंतोष होने का कोई प्रश्न नहीं उठ पाता है।

9) यह प्रणाली आर्थिक दृष्टि से बहुत ही उपयुक्त होती है क्योंकि इसमें व्यावहारिक परीक्षाओं के समान अधिक व्यय नहीं करना पड़ता है।

वस्तुनिष्ठ प्रश्नों की हानियां –

1) इनके द्वारा भाषा प्रवाह तथा अभिव्यक्ति एवं शैली आदि का मापन नहीं किया जा सकता।

2) इनके द्वारा रचनात्मक चिन्तन का विकास कठिन है।

3) इस प्रकार के प्रश्नों को तैयार रखना कठिन होता है।

4) इस प्रकार प्रश्नों के उत्तरों को छात्र नकल कर सकते हैं।

5) इनमें मौलिकता तथा मौलिक चिन्तन के लिए स्थान नहीं है।

प्रश्न 4. उपलब्धि परीक्षण या निष्पत्ति परीक्षण के प्रशासन की योजना बनाते समय किन बातों का ध्यान रखना चाहिए।

उत्तर – उपलब्धि परीक्षण या निष्पत्ति परीक्षण के प्रशासन की योजना बनाते समय ध्यान देने योग्य बातें निम्नलिखित हैं –

1) समय योजना – समय योजना तीन प्रकार से निर्धारण करना चाहिए। ऐसा करते समय शिक्षक और छात्रों की तैयारी पूर्ण होनी चाहिए। अधिक अच्छा है एक दिन पहले ही तैयारी कर ली जाय। निरीक्षणकर्ता के लिए भी पर्याप्त समय होना चाहिए।

यदि कमरे को निश्चित समय पर खाली करना है तो परीक्षण की वस्तुओं को समेटने के लिए भी पर्याप्त समय होना चाहिए। यहाँ तक लघु कक्षा में भी ऐसा करने में 5–10 मिनट लग जाते हैं और बड़े समूह के लिए यह समय कम से कम 15 मिनट का समय होना चाहिए। परीक्षण समाप्त करने की जल्दबाजी परीक्षण के उद्देश्यों को प्रभावित कर सकती है और निराशा हाथ लग सकती है।

2) परीक्षण कक्ष – किसी परीक्षा के लिए शांति, आरामदायक वातावरण प्रदान करना महत्वपूर्ण है जिसमें छात्र अच्छा परीक्षण देने के लिए प्रेरित होते हैं। जहाँ तक हो सके कम से कम शोरगुल वाले शांत स्थान पर परीक्षण कराना चाहिए। उस कमरे में यह प्रबन्ध नहीं होना चाहिए जो बाजार के निकट, खेल मैदान के पास या शोरगुल वाले स्थान पर हो। परीक्षण के

समय लाउडस्पीकर आदि को भी रोकना चाहिए। गेट पर यह लिख देना चाहिए "Examination in progress do not disturb." वस्तुनिष्ठ परीक्षाअें में निबन्धात्मक परीक्षाओं की अपेक्षा अधिक ध्यान केन्द्रित करने की आवश्यकता होती है क्योंकि इसमें अत्यधिक चिन्तन की आवश्यकता होती है।

3) डेस्क इत्यादि – यह याद रखें कि छात्र किसी उत्तर पुस्तिका पर नहीं बल्कि इकहरी पती शीट पर लिखेंगे। यह सुनिश्चित कर लें कि कागज की लंबाई–चौड़ाई कम से कम 30 x 30 सेमी. की हो और उसकी सतह यथासंभव खुदरी न हो। यदि उस कोई दरार या खरोंच होगी तो छात्रों की पेंसिल उत्तर पुस्तिका में घुस जाएगी जिससे उत्तर पुस्तिका खराब हो जाएगी और उस पर उत्तर का निशान लगाना मुश्किल हो जाएगा। यह भी सुनिश्चित करें कि कक्षा में ऐसा कोई चार्ट, पोस्टर आदि न लगा हो जिससे कुछ छात्रों को सहायता मिल सकती हो।

4) विषय सामग्री – यह विवेकपूर्ण होगा कि आप परीक्षा हॉल में जो कोई सामान ले जाना चाहते हैं उसकी समय से पहले ही एक जांच–सूची बना लें। यह सुनिश्चित कर लें कि ब्लैक–बोर्ड पर आवश्यक नोटिस लिखने के लिए उसमें चॉक शामिल हो। यदि ब्लैक–बोर्ड की व्यवस्था नहीं है तो समय से पहले ही प्लेकार्ड तथा पोस्टर बना लें। इसके अतिरिक्त लगभग एक दर्जन रबड़ लगी सॉफ्ट पेंसिलों का भी प्रबन्ध करें। ऐसा इसलिए आवश्यक है क्योंकि संभव है कुछ छात्र (क) सख्त पेंसिलों को लेकर आए हो (जिससे उत्तर पुस्तिका पर निशान लगाना मुश्किल हो) या (ख) अपनी पेंसिल तोड़ बैठें और उनके पास अतिरिक्त पेंसिल न हो। परीक्षण के सही–सही समय को जांचने के लिए (वस्तुपरक परीक्षणें के लिए तो और अधिक महत्वपूर्ण है) अच्छ होगा यदि आपके पास दो घड़ियाँ हों। हो सकता है कि उस स्थिति में जब एक घड़ी काम करना बन्द कर दे या खराब हो जाए तो दूसरी घड़ी को देखा जा सकेगा।

5) निरीक्षक – एक अनौपचारिक, या आधे पीरियड से अधिक की प्रश्नोत्तरी के लिए आपको एक या अधिक निरीक्षकों की सहायता की आवश्यकता हो सकती है। तब ऐसे व्यक्तियों को चयन करें जो इस कार्य में अपना पूरा ध्यान दे सकते हों। परीक्षण–समय के दौरान न तो आपको और न ही आपके निरीक्षकों को बातें करना, पढ़ना, पेपर ठीक करना, या ऐसा ही कोई दूसरा काम करवाना चाहिए। उन्हें गहराई से निगरानी करते रहना चाहिए, निरंतर इधर –उधर आते–जाते रहना चाहिए जिससे कि यह जांच की जा सके कि छात्र सही जगह पर, सॉफ्ट पेंसिलों से अपने उत्तरों के निशान लगा रहे हैं और नकल इत्यादि नहीं कर रहे हैं। उन्हें किसी एक छात्र के आसपास अधिक नहीं खड़े रहना चाहिए अधिक समय खड़े रहने पर हो सकता है कि वह परीक्षार्थी अधीर हो जाए।

प्रश्न 5. श्रेणीकरण से क्या अभिप्राय है? इसके लाभ बताइए। [Dec07, Q3(ii)]

उत्तर – श्रेणीकरण प्रणाली में, छात्रों को किसी परीक्षा में उनकी उपलब्धि के स्तर के अनुसार कुछ योग्यता वर्गों में वर्गीकृत किया जाता है। परीक्षा में उपलब्धि संख्यात्मक या ''वर्ण'' श्रेणियों के रूप में परिभाषित की जाती है, जिनमें से प्रत्येक श्रेणी कार्य निष्पादन केक किसी

स्तर विशेष को निरूपित करती है और जो सामान्यतः निरपेक्ष अर्थ में न होकर समूचे वर्ग के कार्य–निष्पादन से सापेक्षता रखती है।

श्रेणीकरण का आवश्यक उद्देश्य छात्रों को परीक्षा में उनके कार्य–निष्पादन के आधार पर कुछ योग्यता समूहों में श्रेणीबद्ध करना है। समूह के गठन के लिए दो उपागम हो सकते हैं, जो श्रेणियों को (क) निरपेक्ष समंको के आधार पर और (ख) सापेक्ष अंकों या समंकों के रैंकों के आधार पर परिभाषित करते हैं। आइए हम जान लें कि इनका अर्थ क्या है और उनकी अच्छाईयाँ और बुराईयाँ क्या–क्या हैं।

लाभ :– सामान्य रूप से जब हम श्रेणीकरण की बात करते हैं तो हमारा तात्पर्य सापेक्ष समंकों पर आधारित श्रेणीकरण के प्रकार से होता है। इन श्रेणियों को 'ए', 'बी', 'सी' आदि वर्गों के रूप में अभिव्यक्त किया जाता है। इस तरह के श्रेणीकरण के मुख्य लाभ निम्नलिखित हैं :–

1) सभी विषयों के लिए श्रेणीकरण के अपनाए गए एक समान पैटर्न को देखते हुए, एक ही विषय में अलग–अलग वर्षों के परिणामों की बेहतर रूप से तुलना की जा सकती है।

2) श्रेणीकरण मूलतः छात्रों के स्थिति क्रम पर आधारित होता है। अध्ययनों से यह सिद्ध हुआ है कि निरपेक्ष समंक प्रणाली की तुलना में परीक्षार्थियों को दिए जाने वाले रैंकों पर विभिन्न परीक्षकों में सहमति कहीं अधिक है। अतः स्थिति–क्रम पर आधारित श्रेणियां अधिक विश्वसनीय हैं।

3) जब श्रेणियों का प्रयोग किया जाता है तो विभिन्न विषय परस्पर अधिक तुलनीय होते हैं। जब विषयों का चयन होता है तो छात्रों को उन विषयों की अवहेलना करने की जरूरत नहीं होती जिनमें समंक प्राप्ति के कम अवसर होते हैं। यहाँ तक कि तथाकथित कम समंक वाले विषय के साथ भी छात्रों द्वारा कोई ग्रेड प्राप्त करने का अनुपात लगभग वही होगा जो तथाकथित उच्च समंक वाले विषय के साथ होता है।

4) किसी परीक्षा में अलग–अलग विषयों में प्राप्त श्रेणियों से किसी छात्र के निष्पादन की एक सार्थक पृष्ठभूमि की जानकारी प्राप्त हो जाती है। समंको की तुलना करके यह सरलता से पता लगाया जा सकता है कि किन विषयों में छात्र का कार्य–निष्पादन उत्कृष्ट, अच्छा, साधारण या खराब रहा है। समंक दिए जाने की स्थिति में इस अनुमान पर तभी पहुंचा जा सकता है जब पहले यह पता लगा लिया जाए कि विभिन्न विषयों में समंकों की पराज, औसत और विकीर्णन क्या है।

प्रश्न 6. विद्यालयों में सामान्यता कौन–कौन सी परीक्षण प्रणालियां प्रयोग में लाई जाती हैं? [June06, Q2]

उत्तर – उपकरण अध्यापन अधिगम प्रक्रिया में सहायक होते है। विद्यालयों में दो परीक्षणों को

प्रयोग में लाया जाता है। वे है : निदानात्मक परीक्षण तथा उपलब्धि परीक्षण।

(1) निदानात्मक परीक्षण – निदानात्मक परीक्षण में उन मदों को रखा जाता है जो सफल कार्य–निष्पादन में निहित निर्दिष्ट कौशलों के विस्तृत विश्लेषण पर आधारित हों तथा छात्रों द्वारा की जाने वाली सर्वाधिक सामान्य अशुद्धियों के अध्ययन के आधार पर बनाए गए हों। अतः एक अच्छा निदानात्मक परीक्षण छात्र का मापन करने वाले कौशलों के सभी पहलुओं को प्रदर्शित करने का अवसर प्रदान करेगा और छात्र द्वारा की गई अशुद्धियों के प्रारूपों को भी बताएगा।

निदानात्मक परीक्षण विभिन्न विषयों के लिए उपलब्ध है। निदानात्मक परीक्षण का चयन तथा प्रयोग करते समय कुछ बातें ध्यान में रखनी चाहिए, जो इस प्रकार हैं:
1) किसी भी परीक्षण का चयन करते समय विशिष्ट प्रकार की वांछित सूचना के संदर्भ में निदानात्मक प्रविधियों का मूल्यांकन किया जाना चाहिए।

2) निदानात्मक परीक्षण उन छात्रों के लिए तैयार किऐ जाते हैं जिनका निष्पादन किसी विषय विशेष में औसत से कम रहता हो। अतः ये परीक्षण अधिगम में पाई जाने वाली कमजोरियों को अभिचिहिन्त करने में उपयोगी हैं, न कि प्रवीणता का स्तर दर्शाने के लिए।

3) निदानात्मक परीक्षण उन विशिष्ट त्रुटियों की ओर संकेत करता है जो छात्रों से प्रायः होती है। किंतु यह त्रुटियों के कारणों को इंगित नहीं करता। कुछ कारणों का तो की गई गलती के प्ररूप से या छात्र के इस स्पष्टीकरण से कि वह उस उत्तर तक कैसे पहुंचा, आसानी से अनुमान लगाया जा सकता है।

4) निदानात्मक परीक्षण छात्र की कठिनाई के निदान के लिए केवल आंशिक रूप में जानकारी प्रदान करते हैं। इस जानकारी के पूरक या अनुपूरक रूप में प्रेक्षण जैसी अन्य पद्धतियों का प्रयोग करना होगा।

5) विशिष्ट अधिगम कठिनाइयों के बारे में निदानात्मक परीक्षणों से प्राप्त परिणामों की विश्वसनीयता कम होती है, क्योंकि अपेक्षाकृत ऐसी बहुत कम मदें हो सकती हैं जो प्रत्येक प्रकार की अशुद्धि का मूल्यांकन कर सकें। अतः किसी छात्र विशेष की विशिष्ट शक्तियाँ या दुर्बलताओं से संबंधित निष्कर्षों के आधार पर संकेत पाकर उन्हें अन्य वस्तुनिष्ठ साक्ष्य के संदर्भ में तथा नियमित कक्षा–प्रेक्षण द्वारा सत्यापित किया जाना चाहिए।
सारांश रूप में यह कहा जा सकता है कि निदानात्मक परीक्षण अधिगम संबंधी कठिनाइयों के विश्लेषण के लिए एक उपयोगी साधन है।

(2) उपलब्धि परीक्षण – उपलब्धि परीक्षण को प्रायः अध्यापक–निर्मित परीक्षणों और मानकीकृत परीक्षणों के रूप में वर्गीकृत किया जाता है। विद्यालयों में हम सामान्यतः

अध्यापक–निर्मित परीक्षण प्रयोग में लाते हैं। इनके परिणाम किसी विद्यालय में दिए जाने वाले शिक्षण के संबंध में छात्र की उपलब्धि को दर्शाते हैं। अध्यापन–अधिगम प्रक्रिया को बेहतर बनाने में इनके परिणाम अत्यंत उपयोगी होते हैं। ये छात्रों को समझने में, अपने अध्यापन के संबंध में समुचित निर्णय लेने में तथा अपने अध्यापन की प्रभाविता की जांच करने में अध्यापकों की सहायता करते हैं। ये छात्रों को आगे और अधिगम के लिए तथा अध्यापकों को स्व–मूल्यांकन की दिशा में अभिप्रेरित करते हैं।

प्रश्न 7. एक परम्परागत प्रश्न पत्र के क्या दोष हैं? इनका निवारण कैसे किया जा सकता है?

उत्तर – परम्परागत प्रश्न पत्र के दोष इस प्रकार है :

1) परम्परागत प्रश्न पत्र में प्रश्नों की संख्या कम होती है जो सूचना के पुनः स्मरण से सम्बन्धित होते हैं।

2) ये पाठ्यक्रमों या प्रकरणों के सभी भागों से सम्बन्धित नहीं होते हैं।

3) इस प्रश्न पत्र से उच्च क्षमताओं यथा–बोध, प्रयोग और कौशल का परीक्षण नहीं हो पाता।

4) निर्देशात्मक शब्द यथा–'व्याख्या करो', 'आप क्या जानते हैं' 'विवरण दीजिए' आदि प्रश्न पत्र को संदिग्ध बनाते हैं। प्रायः छात्र प्रश्नों को समझ नहीं पाते हैं।

5) अधिकांश परीक्षण भी प्रश्नों को समझ नहीं पाते। उन्हें यह जानकारी नहीं हो पाती कि छात्रों को किस प्रकार उत्तर देना चाहिए।

6) विभिन्न परीक्षक समान प्रश्नों के उत्तर के लिए अलग–अलग प्रकार से अंक प्रदान करते हैं।

7) अधिकांश प्रश्न पाठ्य–पुस्तकों से होती हैं और निबन्धात्मक होते हैं। इसलिए इनसे छात्रों की क्षमताओं का वास्तविक मूल्यांकन नहीं हो पाता।

8) निबन्धात्मक प्रश्नों के कारण पूरे पाठ्यक्रम का मूल्यांकन नहीं हो पाता। इसके साथ छात्र अनुमानित प्रश्नों पर आधारित हो जाते हैं।

9) प्रश्नों में विकल्प होने से छात्र कुछ चुने हुए प्रश्न ही पढते हैं और अनेक प्रकरणों को छोड़ देते हैं।

10) कभी–कभी ऐसे प्रश्न पत्र बनाये जाते हैं जिसमें कई प्रश्नों के उत्तर एक से होते हैं।

निवारण – प्रश्न पत्र के उपर्युक्त दोषों को निम्नलिखित उपायों के द्वारा दूर किया जा सकता है–

1) प्रश्न पत्र का निर्माण इस प्रकार करना चाहिए जो छात्रों के विभिन्न क्षमताओं का परीक्षण कर सके।

2) प्रश्नों का निर्माण सरल रूप में और सरल भाषा में होना चाहिए ताकि छात्रों को यह ज्ञात हो कि अमुक प्रश्न का क्या उत्तर लिखना है।

3) निबन्धात्क्म प्रश्नों के स्थान पर अधिक से अधिल लघु उत्तर वाले और अति लघु उत्तर वाले प्रश्न पूछने चाहिए। ऐसा करने से पूर्ण पाठ्यक्रम से प्रश्न पूछने का अवसर मिलेगा और छात्रों को चुने हुए प्रश्न पढ़ने की आदत कम हो जायेगी। एकाध निबन्धात्मक प्रश्न भी पूछना

चाहिए।

4) ''कोई पांच प्रश्नों के उत्तर दो'' जैसी परम्परा परित्याग करें और प्रश्नों के साथ ही विकल्प दे सकते हैं। इससे छात्रों के चयनात्मक प्रश्न पढ़ने के स्वभाव को निराशा होगी।

5) संदिग्ध निर्देशात्मक शब्दों यथा 'व्याख्या करो' आदि का प्रयोग न करे।

6) अंकीकरण वस्तुनिष्ठ होना चाहिए। इसके लिए मूल्यांकनकर्ता को अंकीकरण तालिका प्रदान करनी चाहिए।

प्रश्न 8. एक अच्छे मापन उपकरण की विशेषताएं बताइये।

[Dec06, Q1][Dec07, Q1]

उत्तर – एक अच्छे मापन उपकरण की विशेषताएं निम्नलिखित हैं :

1) वैधता – यदि किसी परीक्षण द्वारा उसी चीज को मापा जाता है किसी भी परीक्षा की वैधता इस बात से संबंधित होती है कि परीक्षण द्वारा क्या मापा जाता है और कितना परिशुद्ध रूप में मापा जाता है। जिसके मापन की बात कही जाती है तो वह परीक्षण वैध होगा; यदि नहीं, तो वह वैध नहीं है। किसी परीक्षण की वैधता को सामान्य शब्दों में नहीं बतलाया जा सकता। सामान्य रूप से ऐसा नहीं कहा जा सकता कि कोई परीक्षण 'अधिक वैध है या कम वैध'। इसकी वैधता उस विशेष उपयोग के संदर्भ में निर्धारित की जाती है, जिसके लिए परीक्षण किया जा रहा है।

2) विश्वसनीयता – विश्वसनीयता को अलग–अलग मापों में पाई जाने वाली सुसंगति के द्वारा समझा जा सकता है। इसके तीन लक्षण हैं : सबसे पहले विश्वसनीयता का संबंध किसी मूल्यांकन उपकरण द्वारा प्राप्त परिणामों से होता है न कि स्वयं उपकरण से, जैसा कि वैधता के मामले में होता है। अतः निहित समूह तथा उस स्थिति पर निर्भर करते हुए, जिसमें इसका प्रयोग किया जाता है, किसी मापन–उपकरण की अनेक विश्वसनीयता हो सकती है। दूसरी बात यह कि विश्वसनीयता के आकलन का संबंध विशेष प्रकार की विश्वसनीयता से होता है। परीक्षण समंक सामान्य रूप से विश्वसनीय नहीं कहलाते। ये विभिन्न समय–अवधियों के अंतर्गत, विभिन्न प्रश्नों के नमूनों और विभिन्न मूल्यांकनों की दृष्टि–इत्यादि से विश्वसनीय होते हैं।

3) प्रयोज्यता – किसी निश्चित स्थिति में किसी उपयुक्त मापन उपकरण के चयन में यद्यपि किसी परीक्षण की वैधता तथा विश्वसनीयता – ये दो सर्वाधिक महत्वपूर्ण कारक माने जाते हैं तथापि इस संबंध में उपकरण की प्रयोज्यता (उपयोगिता) पर भी विचार किया जाना चाहिए।

4) परिणामों की व्याख्या – किसी परीक्षण के चुनाव में एक अन्य विचारणीय कारक है परीक्षण परिणामों की व्याख्या में सुविधा। कोई परीक्षण समंक तब तक सार्थक नहीं है जब तक कि अध्यापक या काउंसलर यह तय करने में समर्थ न हो कि इसे कितना महत्व दिया जाए तथा यह निर्णय ले पाए कि छात्र के बारे में किसी अन्य प्रकार की जानकारी के साथ इसका क्या संबंध है। लगभग सभी परीक्षण प्रकाशक ऐसे मैनुअल (नियमावली) छापते हैं जो परीक्षण

परिणामों की व्याख्या में अध्यापक की सहायता करते हैं।

5) आरूप (फार्मेट) – किसी परीक्षा के आरूप का मूल्यांकन करते समय अध्यापक को निम्नलिखित बातों पर ध्यान देना चाहिए :
(i) छात्र को अपने प्रश्नों के उत्तर परीक्षण पुस्तिका में कैसे देने हैं, इस आशय के अनुदेश परीक्षण पत्र में ही दे देने चाहिए।

(ii) अधिकांश मामलों में प्रश्नों को कठिनाई–क्रम में रखना चाहिए। सरल प्रश्न पहले होने चाहिए। ऐसा करने से सभी प्रश्नों के उत्तर देने में अच्छे से अच्छा निदर्शन करने के लिए छात्र प्रोत्साहित होंगे, जिसके लिए उनके पास आवश्यक जानकारी व योग्यता पहले से ही मौजूद है।

(iii) जब भी संभव हो, प्रश्नों को आरूपों (सही–गलत, बहुविकल्पी आदि) तथा विषयवस्तु दोनों के अनुसार वर्गीकृत किया जाना चाहिए। यदि ऐसा होता है तो इस बात की कम संभावना रहती है कि छात्र किसी ऐसे प्रश्न का गलत उत्तर दें, जिसके उत्तर की जानकारी उन्हें वास्तव में हे।

(iv) प्रश्न या मदें पृष्ठ पर इस प्रकार व्यवस्थित की जानी चाहिए जिससे उन्हें आसानी से पढ़ा जा सके। मद या प्रश्न को उसी पृष्ठ पर पूरा करें, अर्थात् मद या प्रश्न का कुछ अंश अगले पृष्ठ पर न ले जाएँ।

(v) परीक्षण के प्रत्येक खंड के आरंभ में कम से कम एक–एक अभ्यास–उदाहरण दिया जाना चाहिए जिससे छात्र खंड के आरूप से परिचित हो सकें।

(vi) परीक्षण नियमावली उपलब्ध होनी चाहिए।

प्रश्न 9. मौखिक प्रश्न कितने प्रकार के होते हैं? इनके लाभ हानि व उपयोगिता का वर्णन करो।

उत्तर – मौखिक प्रश्न सर्वाधिक कम समय लेने वाला परीक्षण है और इससे विद्यार्थियों की मौखिक अभिव्यक्ति में विकास होता हैं। विश्वविद्यालय और शोध स्तर पर अब भी इस परीक्षण का प्रयोग किया जाता है। वस्तुतः इसकी कुछ रचनात्मक कमजोरियों के कारण इसका प्रचलन कम हो गया है। इसमें परीक्षार्थी से मौखिक रूप से प्रश्न पूछे जाते हैं और उसी ढंग से उत्तर भी प्राप्त किया जाता है। कुछ लिखित परीक्षणों में भी इसका प्रयोग किया जाता है।

मौखिक परीक्षणों के प्रकार – मौखिक परीक्षणों को तीन प्रकारों में विभाजित किया जा सकता है –
1) मौखिक उत्तर परीक्षण

2) लिखित उत्तर परीक्षण
3) मौखिक निष्पादन परीक्षण

1) मौखिक उत्तर परीक्षण – इसमें परीक्षक परीक्षार्थी से मौखिक रूप से बोलकर प्रश्न पूछता है और परीक्षार्थी भी उसी रूप में उत्तर देता है।

हानियां – इस प्रकार के परीक्षण से अनेक हानियां हैं। इस परीक्षण को या तो कक्षा– कक्ष में किया जाता है या एक छोटे कमरे में किया जाता है जिसमें केवल परीक्षक और परीक्षार्थी होता है। वस्तुतः यह एक प्रकार की व्यक्तिगत परीक्षा होती है और परीक्षार्थी तथा परीक्षक के मध्य शाब्दिक अन्तर्क्रिया है। इनके साथ ही इसकी अवधि अनिश्चित होती है। गंभीर प्रश्नोत्तर में अधिक समय लग जाता है। यह सभी परीक्षणों में कम अभिक्षमता वाला परीक्षण है।

लाभ – यह सुविधाजनक परीक्षण है क्योंकि प्रश्नोत्तर मौखिक होता है। इसलिए इस परीक्षा में परीक्षार्थी को पढने और लिखने की क्षमता शामिल नहीं होती। इस प्रकार इसमें नमनता (flexibility) अधिक है। इसका प्रयोग सभी स्थितियों में किया जा सकता है, जबकि अन्य परीक्षणों के लिए ऐसा सम्भव नहीं है।

2) लिखित उत्तर परीक्षण – इस प्रकार की परीक्षा में परीक्षक द्वारा छात्र से मौखिक रूप से प्रश्न पूछा जाता है और परीक्षार्थी द्वारा लिखित उत्तर दिया जाता है। एक विशेष परीक्षण की प्रकृति के आधार पर यह मौखिक और लिखित रूप में परिवर्तन होता है।

हानियां – इसमें परीक्षार्थी को लिखित रूप से उत्तर देना पड़ता है इसलिए उसमें लिखने के कौशल का विकास होना आवश्यक है। इसलिए छोटे बच्चें और अपंग लोगों के लिए कदाचित अनुपयुक्त होता है। फिर परीक्षकों को इस परीक्षण के लिए प्रश्न पूछना भी कठिन होता है। इसके साथ मौखिक कौशल को इससे मापा नहीं जा सकता। इससे कुछ अनुदेशात्मक उद्देश्य ही हल होते हैं, अन्यथा विशेष लाभ नहीं है।

लाभ – इस प्रकार के परीक्षण का प्रयोग प्रायः कक्षा–कक्ष शिक्षक द्वारा किया जाता है। इसके द्वारा मौखिक परीक्षण के अनेक दोषों को दूर किया गया है। इसमें एक व्यक्ति के बजाय एक साथ कई लोगों का परीक्षण किया जा सकता है। उदाहरण के लिए सभी परीक्षार्थियों को एक ही प्रकार के प्रश्नों के उत्तर देने पड़ते हैं इसलिए उत्तरों की तुलना करने में सुविधा होती है। इसके साथ ही इसमें एक परीक्षार्थी से कई प्रश्न पूछे जा सकते हैं।

3) मौखिक निष्पादन परीक्षण – इस परीक्षण में एक कार्य के द्वारा परीक्षार्थी अपने को मौखिक रूप में प्रस्तुत करता है और उसके कार्यों का मापन किया जाता है। इसके कई अनुदेशात्मक उद्देश्यों का मूल्यांकन किया जा सकता है। मौखिक निष्पादन परीक्षण का प्रयोग भाषाओं और सम्बन्धित क्षेत्र के लिए किया जाता है। उदाहरण के लिए परीक्षार्थियों से किसी

विदेशी भाषा के अनुच्छेद का अनुवाद कराया जाता है। इस तकनीकी का प्रयोग कम हो गया है, क्योंकि वाद–विवाद तकनीकी और लघु उत्तर वाले परीक्षणों का विकास हो गया है।

प्रश्न 10. शैक्षणिक निदान का क्या अर्थ है? परीक्षण परिणामों के निदानात्मक प्रयोग का महत्व बतलाइए।

उत्तर – जब छात्रों की कठिनाइयों और समस्याओं का अध्ययन करके परीक्षण किया जाता है तो इस विधि को शैक्षणिक निदान कहते हैं। यह शिक्षण या परीक्षण उसी प्रकार से किया जाता है जिस प्रकार एक रोगी के रोग को पहचानकर उसका इलाज किया जाता है। वस्तुतः कुछ छात्र गंभीर रूप से संवेगात्मक असन्तुलन एवं तनावों से ग्रस्त होते हैं। ऐसे छात्रों की समस्याओं को दूर करने के लिए कुशल शिक्षकों की आवश्यकता होती है। जब शिक्षक उन वैज्ञानिक एवं वस्तुनिष्ठ प्रणालियों का प्रयोग करता है, जिनसे तनावग्रस्त तथा संवेगात्मक असन्तुलन वाले छात्रों की समस्यायें एवं समंजन सम्बन्धी आवश्यकताओं का निदान एवं उपचार होता है तो विधियां प्रणाली को निदानात्मक विधि कहते हैं।

परीक्षण परिणामों के निदानात्मक प्रयोग का महत्व – परीक्षण अकेले अनुदेशन में सुधार नहीं ला सकते हैं, क्योंकि इसमें छात्रों की कमजोरियों को ध्यान नहीं दिया जाता। केवल कुछ ही ऐसे परीक्षण हैं जो छात्रों के परिणामों का प्रत्यक्ष रूप से निर्वचन करते हैं। प्रभावकारी उपचारात्मक विधि की दृष्टि से शिक्षण इन परीक्षणों का प्रयोग कर सकते हैं और अपने शिक्षण में सुधार ला सकते हैं। निदान के लिए परीक्षण से प्राप्त आंकड़ों का गणना एवं निर्वचन किया जाता है। इस प्रकार उचित उपचारात्मक कार्यक्रम के लिए परीक्षण आंकड़े का विश्लेषण आवश्यक है।

परीक्षण प्राप्तांकों का निर्वचन और उपचारात्मक प्रक्रियाओं की योजना अति कठिन कार्य है और शैक्षणिक परीक्षण परिणामों के प्रयोग के अति महत्वपूर्ण है। आज शिक्षा में सर्वाधिक आवश्यकता इस बात की है कि सभी अनुदेशात्मक क्षेत्रों में उचित निदानात्मक परीक्षणों की व्यवस्था की जाय जो छात्रों की कमजोरियों और दोषों के संशोधन के लिए प्रस्तुत किये जायें। यह उन अधिगमों के लिए भी महत्वपूर्ण है जो छात्र या सम्पूर्ण कक्षा किसी विषय में परीक्षण में मानक के नीचे हो। परन्तु इसे सही कारणों का पता लगाना आवश्यक है कि उपलब्धि में निम्न स्तर क्यों है?

उपचारात्मक कार्य के रूप में निदान – शिक्षक के लिए कक्षा और व्यक्तिगत छात्र का सही निदान उपचार प्रयोग के साथ न केवल महत्व है बल्कि आवश्यक भी है। उपचार या संशोधित शिक्षण की सफलता विशिष्ट कौशलों के ठीक एवं विस्तृत विवरण पर निर्भर है जिसकी पहचान एवं अलगाव सफल उपलब्धि परीक्षण में किया गया है। सामान्य सर्वेक्षण के परीक्षण या एक बिना विश्लेषण का प्राप्तांक यह सूचना विस्तार से नहीं देते हैं।

निषेधात्मक कार्य के रूप में निदान – अनेक और विभिन्न प्रकार के कौशलों का परीक्षण

पहचान निदानात्मक विधियों से की गयी हैं। शिक्षा में निदान का प्रयोग अर्थपूर्ण प्रमाणित हुआ है जब सभी विधियाँ असफल हो जाती हैं। निदान का एक मूल प्रयोजन कमजोरियों को ढूंढना और उनके कारणों का पता लगाना है परन्तु इस विधि में इन्हें रोकने का प्रावधान नहीं है। फिर भी यह कमजोरियों का कारण पता लगाने में सक्षम है जो उपचार का मुख्य आधार है। उपचारात्मक विधियों में इन्हें रोकने का उपाय किया जाता है।

एक अन्य उल्लेखनीय तथ्य यह है कि सभी चिकित्सीय परीक्षणों में, जो निदानात्मक प्रयोजन हेतु किया जाता है पूर्ण विश्लेषण किया जाता है और सभी पर्यवेक्षणों के रिकॉर्ड रखे जाते हैं। इन रिकार्डों के विश्लेषण से व्यक्तियों से सम्बन्धित अनेक विवरण प्राप्त होते हैं जिससे अनेक हानिकारक कार्यों को रोका जा सकता है। इस प्रकार शैक्षणिक निदान इस कार्य में बहुत अधिक सहायक है। उदाहरण के लिए यदि छात्रों के योग करने के कमजोरियों का निदान कर लिया जाता है तो आगे आने वाले छात्रों के लिए यह निषेधात्मक कार्य हो जाता है और छात्रों की कमजोरियां स्वयं ही दूर हो जाती हैं।

प्रश्न 11. नैदानिक मूल्यांकन तथा संकलनात्मक व रचनात्मक मूल्यांकन के बीच तुलना कीजिए।

उत्तर – नैदानिक मूल्यांकन, विद्यार्थियों की पुनरावर्ती अधिगम की उन कठिनाइयों से संबंधित है जो कक्षा शिक्षण और रचनात्मक मूल्यांकन के दौरान अनसुलझी रह जाती है। यदि विद्यार्थी शिक्षण की निर्धारित वैकल्पिक विधियों के उपयोग के बावजूद (जैसे कार्यक्रमबद्ध सामग्री, श्रव्य–दृश्य साधन) पठन, गणित या अन्य विषयों में सतत रूप से असफलता प्राप्त करता है तो उसे और अधिक विस्तृत निदान की आवश्यकता है। चिकित्सा के सारूप्य का उपयोग करते हुए रचनात्मक मूल्यांकन सामान्य अधिगम समस्याओं के लिए प्राथमिक उपचार का कार्य करता है और नैदानिक मूल्यांकन उन समस्याओं के अन्तर्निहित कारणों का पता लगाता है जिनका पता प्राथमिक उपचार लगता है। इस प्रकार नैदानिक मूल्यांकन अत्यधिक व्यापक और विस्तृत है। इसमें विशेष रूप से निर्मित, नैदानिक परीक्षणों और विभिन्न प्रेक्षणात्मक तकनीकों का उपयोग शामिल है। अधिगम की गंभीर समस्याओं के लिए भी मनोवैज्ञानिकों और चिकित्सा विशेषज्ञों की सेवाओं की आवश्यकता पड़ती है। नैदानिक मूल्यांकन का प्राथमिक लक्ष्य, अधिगम समस्याओं के कारणों का निर्धारण करना और उपचारात्मक कार्यवाही के लिए एक योजना तैयार करना है। नैदानिक मूल्यांकन संकलनात्मक तथा अन्य प्रकार के मूल्यांकनों जैसे और रचनात्मक मूल्यांकन में भेद संभवतः उत्तरों की उन किस्मों से स्पष्ट होता है जिनकी अपेक्षा इन विभिन्न प्रकार के मूल्यांकनों में होती है, तथा उन मूल्यांकन परिणामों से जो प्रारूपिकतौर से प्रयुक्त होते हैं।

संकलनात्मक मूल्यांकन में मुख्य प्रश्न यह है कि छात्र ने अध्ययन अवधि के अंत में अर्थात् पाठ्यपुस्तक के अध्याय के अंत, या स्कूली वर्ष के अंत में कितने अच्छे ढंग से अधिगम उद्देश्यों की प्राप्ति की है? परिणामों का प्रारूपिक उपयोग छात्रों को ग्रेड देने या प्रमाणित करने के लिए होता है। इसके अतिरिक्त शिक्षक की योग्यता के विषय में निर्णय लेने और कभी–कभी

पाठ्यक्रम का मूल्यांकन करने के लिए भी परिणामों का उपयोग किया जाता है। रचनात्मक मूल्यांकन में प्रश्न यह है कि अध्ययन की अवधि के दौरान छात्र विभिन्न अधिगम उद्देश्यों को प्राप्त करने में कितनी अच्छी तरह से प्रगति कर रहा है? परिणामों का प्रारूपिक उपयोग छात्रों और अध्यापकों को छात्रों की प्रगति के विषय में प्रतिपुष्टि करने के लिए किया जाता है और परिणामस्वरूप अध्ययन के ढांचे के संदर्भ में गलतियों को ढूंढने के लिए इनका प्रयोग किया जाता है ताकि उपचारात्मक वैकल्पिक शिक्षण तकनीक को अपनाया जा सके।

प्रश्न 12. अधिगम संबंधी कठिनाइयों के उपचार एवं निदान के विभिन्न चरणों का वर्णन कीजिए।

उत्तर – अधिगम संबंधी कठिनाइयों के उपचार के निम्नलिखित चार चरण होते हैं –

1) अधिगम कठिनाई वाले छात्रों का निर्धारण
2) अधिगम कठिनाई के विशिष्ट प्रकृति का निर्धारण
3) अधिगम कठिनाई का कारक
4) उपयुक्त उपचारात्मक प्रक्रिया का प्रयोग

1) अधिगम कठिनाई वाले छात्रों का निर्धारण – यद्यपि अधिगम कठिनाई वाले छात्रों की पहचान की अनेक विधियाँ हैं, परन्तु सर्वाधिक लोकप्रिय विधि निष्पत्ति परीक्षण विधि है, जिसके परीक्षणों के आधार पर पर्यवेक्षण या विश्लेषण किया जाता है।

कुछ दशाओं में निष्पत्ति परीक्षण का प्रश्न दर प्रश्न विश्लेषण करना पड़ता है ताकि प्रत्येक छात्र द्वारा छोड़े गये प्रश्नों को नोट किया जा सके। जिस प्रश्न को अधिकांश छात्रों ने हल नहीं किया है, संकेत मिलता है कि कक्षा के सभी छात्रों ने इसका उत्तर ठीक से नहीं लिख है। इसका तात्पर्य है कि या तो विषय–वस्तु की वैधता अपर्याप्त है या उसमें शिक्षण विधि को बदलना आवश्यक है। प्रत्येक छात्र द्वारा की गयी गलतियों को अधिगम कठिनाइयों के रूप में माना जा सकता है।

अपनौपचारिकता कक्षा–कक्ष मूल्यांकन विधि से अधिगम कठिनाइयों को ज्ञात किया जा सकता है। घटनावृत्त प्रपत्र और अन्य पर्यवेक्षण विधियों से अधिगम समस्या को पहचाना जा सकता है। एक अनुभवी अध्यापक, दिन प्रतिदिन किया पर्यवेक्षण और निर्णय भी इस दिशा में महत्वपूर्ण हो सकते हैं। इसके अलावा छात्रों की सामाजिक सम्बन्धों, संवेगात्मक समंजन और व्यक्तिगत सामाजिक विकास से संबंधित समस्यायें भी हो सकती हैं। इस प्रकार की समस्यायें छात्र की योग्यताओं को प्रभावित कर सकती हैं।

2) अधिगम कठिनाई के विशिष्ट प्रकृति का निर्धारण – कुछ उदाहरणों में अधिगम कठिनाई वाले छात्रों को ढूंढने वाली प्रक्रियायें स्वयं सुधार के लिए पर्याप्त सूचना प्रदान करती है। कुछ दशाओं में उपचार के लिए अन्य निदानात्मक अध्ययन के द्वारा सूचना प्राप्त की जाती है। कुछ दशाओं में समस्यायें जटिल हो सकती हैं जिसमें छात्र की पहचान के लिए तीव्र निदान करना होगा। जब छात्र को अधिगम कठिनाई मूल क्षेत्र से है तब एक तार्किक अनुवर्ती प्रक्रिया

निदानात्मक परीक्षणों में अपनायी जाती है। निदानात्मक परीक्षण एक अधिक विश्वसनीय तरीके से छात्रों की गलतियों का नमूना प्रस्तुत करता है।

अधिगम कठिनाइयों की विशिष्ट प्रकृति जानने का एक तरीका छात्रों के प्रत्येक प्रश्न के उत्तरों का विश्लेषण करना है। दूसरी विधि में एक सामान्य निष्पति परीक्षण का प्रशासन किया जाता है और बोलकर मानसिक क्रिया करने को कहा जाता है। ऐसा करने से छात्र के ज्ञान का कौशल और अपनाये जाने वाली विधि की कमजोरियां ज्ञात होती हैं। चूंकि परीक्षण एक छात्र पर किया जाता है, तो इससे संवेगात्मक कारक या अनअपेक्षित आदतों का भी पता चलता है जो छात्र के उत्तर देने में बाधा पहुंचाती है। छात्रों की अधिगम कठिनाइयों की प्रकृति का ज्ञान उसके संचित रिकार्ड से भी होता है। उसका पूर्व का परीक्षा परिणाम, कोर्स ग्रेड, घटना वृत्तचित्र और अन्य मूल्यांकनात्मक आंकड़े इस समस्या में सहायक हो सकते हैं।

3) अधिगम कठिनाई के कारकों का निर्धारण – अनेक अधिगम कठिनाइयां अनुचित, असंतुलित सहगामी क्रियायें या अत्यधिक जटिल कोर्स सामग्री आदि के कारण उत्पन्न होती हैं। छात्रों की कुछ कठिनाइयाँ स्थाई होती हैं जो औपचारिक अनुदेशन से दूर नहीं होती हैं। इनके कारणों को जानने के लिए छात्र का एवं उसके वातावरण का अध्ययन आवश्यक है। इसमें उसके अध्ययन कार्य कौशल, स्वास्थ्य और भौतिक दशाओं को देखना चाहिए। उसके संवेगात्मक समंजन और गृह वातावरण का भी अध्ययन करना चाहिए। इसी प्रकार के अनेक कारक उसके अधिगम में बाधा डाल सकते हैं। यह ध्यातव्य है कि अधिगम कठिनाईयाँ अत्यन्त जटिल होती हैं और कक्षा–कक्ष शिक्षक इसको अकेले हल नहीं कर सकता। तथापि छात्र का संचित रिकार्ड, विशेष परीक्षण, पर्यवेक्षण, उससे साक्षात्कार, घर आना–जाना आदि उसके पचार के साधन हो सकते हैं।

4) उपचारात्मक प्रक्रियाओं का क्रियान्वयन – छात्रों की अधिगम कठिनाइयों को दूर करने की कोई निश्चित विधि नहीं है। कुछ उदाहरणों में यह साधारण पुनरीक्षा हो सकती है। कुछ अन्य में अभिप्रेरणा में सुधार लाने के लिए विस्तृत प्रयास, संवेगात्मक कठिनाई दूर करना और अध्ययन कार्य कौशल के कमियों को दूर करना आदि उपाय हो सकते हैं। विशिष्ट उपचारात्मक विधियों का प्रयोग कठिनाइयों की प्रकृति के आधार पर किया जा सकता है।

उपचारात्मक कार्यक्रमों में परीक्षण और मूल्यांकन की भी महत्वपूर्ण भूमिका हो सकती है। उपचारात्मक शिक्षण के समय लिया जाने वाला कालान्तर परीक्षण निम्नलिखित कार्य करते हैं–

(i) छात्रों द्वारा दिया जाने वाला अनुमानित उत्तरों के प्रकारों में स्पष्टता,

(ii) छात्र की कठिनाइयों और अधिगम आवश्यकताओं के सम्बन्ध में अधिक निदानात्मक जानकारी मिलना

(iii) परीक्षण अभ्यास देने से छात्रों में सफलता का अनुभव होना,

(iv) संक्षिप्त उद्देश्यों और उन्नति का तात्कालिक ज्ञान से छात्रों को अभिप्रेरणा प्राप्त होना।

(v) उपचारात्मक प्रक्रियाओं के प्रभावित से सम्बन्धित सूचना प्राप्त होना।

यद्यपि उपचारात्मक कार्य का तात्कालिक उद्देश्य विशिष्ट अधिगम कठिनाइयों को दूर करना है पर इस रूचि को जारी रखना चाहिए। ऐसा करने से अनुदेशात्मक विधियों को अधिक प्रभावशाली बनाया जा सकता है।

प्रश्न 13. नैदानिक परीक्षण के क्षेत्र एवम् विषयवस्तु का विस्तार से वर्णन कीजिए।

उत्तर – निर्विवाद रूप से शैक्षिक प्रक्रिया में परीक्षणों के उपयोग के अत्यंत महत्वपूर्ण घटक हैं। अधिगम की व्यावहारिक रूप से सभी संभावनाओं की पृष्ठभूमि में कुछ विशिष्ट लक्षणों, मनोवृत्तियों तथा मानसिक योग्यताओं का एक जटिल संयोजन सम्मिलित हैं जो विचित्र रूप से पिरोया गया है। योग्यताओं का विश्लेषण, पहचान और आकलन जो शैक्षिक उपलब्धि को बल व दिशा देते हैं। इस क्षेत्र में प्रतिदर्श के रूप में तैयार किए उपकरण शिक्षक के नैदानिक उपस्करों की एक महत्वपूर्ण इकाई का निर्माण करते हैं। कुछ ऐसे महत्वपूर्ण क्षेत्र हैं जिसमें नैदानिक परीक्षण और उपचारात्मक शिक्षण की विषयवस्तु शामिल है निम्नानुसार चर्चा की जा रही है :

(क) बुद्धि – किसी भी व्यक्ति की अधिगम या नई स्थितियों में अपने आप को ढालने की क्षमता या शक्ति के रूप में बुद्धि की परिभाषा को स्वीकारने से इसका आकलन और व्याख्या करने के लिए साधन पैदा करना अपेक्षाकृत आसान बन जाता है। बुद्धि परीक्षणों द्वारा इस योग्यता (क्षमता) का प्रत्यक्ष मापन जो प्रशिक्षण अथवा अनुभव से अप्रभावित हो, संभव नहीं है। वे न तो अधिगम की वास्तविक प्रक्रिया को मापती हैं और न ही अधिगम साधन की प्रत्यक्ष रूप से गुणवत्ता को, बल्कि ये कुछ दी गई अवस्थाओं में हुए अधिगम की मात्रा के आधार पर उपस्करों (साधनों) के बारे में निष्कर्ष निकालने का आधार प्रस्तुत करते हैं। उस बुद्धि परीक्षण का मूल्य ही, जिसे ध्यानपूर्वक प्रयोग में लाया गया है और जिसकी व्याख्या निवेचनात्मक ढंग से की गई है, इस (बुद्धि परीक्षण) को एक प्रभावी व उपयोगी साधन बनाता है।

(ख) व्यक्तित्व – इस अर्थ में कि किसी भी व्यक्ति का व्यक्तित्व उसके व्यवहार से प्रकट होता है, कक्षा मापन का यह पक्ष सभी कुछ सम्मिलित कर लेता है। कुछ संकीर्ण अर्थ में, व्यक्तित्व का संबंध व्यवहार के ऐसे रूपों, जैसे अभिवृतियां, रूचियां तथा भावात्मक समंजन से है जो सभी कक्षा स्थिति के संदर्भ में महत्वपूर्ण व विचारणीय विषय हैं। व्यक्तित्व प्रश्नावली तथा व्यक्तित्व मापनी के आधार पर प्राप्त तथ्य इस बात की साक्षी है कि व्यवहार संबंधी कुछ चीजें जिन्हें अध्यापक अपने विद्यार्थियों के मार्गदर्शन व समायोजन के लिए महत्वपूर्ण समझता है, बुद्धि परीक्षण अथवा उपलब्धि परीक्षण से पर्याप्त नहीं है।

(ग) विशेष विषयों में उपलब्धि – अंकगणित में पूर्णांकों, भिन्नों, दशमलवों, प्रतिशत, मापन, ब्याज और समस्या–समाधान के क्षेत्रों में व्यावहारिकता परिशुद्धता सहित उपलब्धि का मूल्यांकन करना और असफलताओं का निदान करना अब संभव है। इस विषय में विशिष्ट कौशलों का सुस्पष्ट विश्लेषण और पहचान की जा सकती है और इस प्रकार इसका निदान

संभव है। अन्य विषयों में जैसे कि भाषा में, इस प्रकार यथार्थ रूप में कौशलों की पहचान पूर्ण रूप से संभव नहीं हो पाई है यद्यपि इसके मुख्य कौशल क्षेत्रों में उपलब्धि को रेखांकित करने वाले कारकों के विश्लेषण में कुछ प्रगति हुई है। ऐसे परीक्षण जो व्यक्तिगत रूप से सही परिणामों के साथ निदान करने के लिए सक्षम हों कुछ पठन संबंधी कौशलों जैसे शब्दार्थ ,वाक्यार्थ, पैराग्राफ, बोध, पठन गति और लिखित भाषा के कुछ अतिरिक्त भौतिकीय तत्वों आदि के लिए उपलब्ध है। इन कौशलों का विश्लेषण किया जा चुका है और इन्हें पर्याप्त उपलब्धि के साथ मापा जा सकता है।

(घ) सामान्य शैक्षिक उपलब्धि – यद्यपि स्कूली उपलब्धियों के सामान्य पक्षों की अपेक्षा विशेष पक्षों के माप पर कुछ अधिक बल दिया गया है। तथापि सामान्य पक्षों के मापन के लिए भी विचारणीय मांग है। सामान्य सर्वेक्षण के प्रयोजनों के लिए, पाठ्यक्रम विषयवस्तु के मूल्यांकन के लिए और बाद में व्यक्ति के व्यापक निदान के लिए इस प्रकार की सामान्य उपलब्धि परीक्षण महत्वपूर्ण समझे जाते हैं।

प्रश्न 14. व्यापक और सतत् मूल्यांकन के प्रकार्यों का वर्णन कीजिए।

[June07, Q3(iii)][Dec07, Q3(vii)]

उत्तर – शिक्षण–अधिगम प्रक्रिया में मूल्यांकन के अंतर्गत शैक्षिक और गैर–शैक्षिक पहलुओं पर विशेष ध्यान दिया जाना अपेक्षित होता है। सतत और व्यापक मूल्यांकन के अंतर्गत आने वाले महत्वपूर्ण प्रकार्य निम्नलिखित है :

1) सतत मूल्यांकन से विद्यार्थी प्रगति की सीमा और स्तर के निर्धारण में नियमित सहायता मिलती है। (विशिष्ट शैक्षिक और गैर–शैक्षिक क्षेत्रों के संदर्भ में योग्यता और उपलब्धि)

2) सतत मूल्यांकन से कमजोरियों का निदान किया जा सकता है और इसकी सहायता से शिक्षक प्रत्येक अलग–अलग विद्यार्थियों की शक्ति, कमजोरियाँ और उसकी आवश्यकताओं का पता लगा सकता है। इससे शिक्षक को तात्कालिक प्रतिपुष्टि (फीडबैक) प्राप्त है जो इसके आधार पर यह निर्णय करता है कि क्या किसी इकाई विशेष के विषय का पूरी कक्षा में पुनः शिक्षण किया जाए अथवा क्या कुछ विद्यार्थियों को उपचारी अनुदेश दिए जाने चाहिए।

3) इससे शिक्षक को प्रभावी शिक्षा कार्यनीति तैयार करने में सहायता मिलती है।

4) बहुधा कुछ व्यक्तिगत कारणों से, पारिवारिक समस्याओं से या समायोजन संबंधी समस्याओं के कारण विद्यार्थी अपनी पढाई के प्रति लापरवाह होने लगते हैं। जिसके परिणामस्वरूप उनकी उपलब्धि में अचानक गिरावट आने लगती है। इन्हें जांचने के लिए सतत व व्यापक मूल्यांकन की आवश्यकता है।

5) सतत मूल्यांकन से विद्यार्थियों को अपनी शक्ति और कमजोरियों की जानकारी मिलती है। इससे विद्यार्थी को उसके अध्ययन के संबंध में स्पष्ट वास्तविक जानकारी मिलती है। इससे

विद्यार्थी को अपनी अच्छी अध्ययन आदतें विकसित करने, गलतियों को सुधारने तथा अपेक्षित लक्ष्यों की प्राप्ति के लिए प्रयासरत होने की प्रेरणा मिलती है। इससे प्रत्येक व्यक्ति को अनुदेश के विशेष क्षेत्रों का पता लगाने में सहायता मिलती है जिनकी ओर अधिक ध्यान दिया जाना अपेक्षित है।

6) सतत और व्यापक मूल्यांकन अभिक्षमता और अभिरूचि के क्षेत्रों को सुनिश्चित करता है। इससे अभिवृत्ति, चरित्र, मुख्य प्ररूप के स्वरूप में परिवर्तन का पता लगाने में सहायता मिलती है।

7) इससे भविष्य के लिए अध्ययन क्षेत्रों, पाठयक्रमों और व्यवसाय के चयन के संबंध में निर्णय लेने में सहायता मिलती है।

8) यह शैक्षिक और गैर–शैक्षिक क्षेत्रों में विद्यार्थी की प्रगति संबंधी सूचना/रिपोर्ट उपलब्ध कराता है और इस प्रकार शिक्षार्थी की भावी सफलता का अनुमान लगाने में सहायता मिलती है।

प्रश्न 15. कालांश और वार्षिक परीक्षण के क्या कार्य हैं?

उत्तर – कालांश परीक्षण – यदि शिक्षक यह जानना चाहता है कि उसके द्वारा पढाये गये पाठ या इकाई में छात्रों के किन कठिनाइयों का सामना करना पड़ रहा है, तो इस विधि कोक कालांश परीक्षण कहते हैं। जब प्रत्येक पाठ या इकाई के अन्त में कालांश परीक्षण संचालित किया जाता है तो उससे शिक्षक को यह स्पष्ट रूप से पता चल जाता है कि छात्र कहां है और वह कितनी उन्नति कर रहा है।

छात्र की क्षमताओं और कमजोरियों का यह ज्ञान शिक्षक के द्वारा प्रभावी अधिगम की योजना बनाने में सहायता करता है। कालांश परीक्षण के द्वारा अनवरत मूल्यांकन आसानी से किया जा सकता है। कभी– कभी अभिभावक अपने छात्रों की उन्नति के विषय में पूछते रहते हैं। कालांश परीक्षण के द्वारा बच्चों के माता–पिता को इस विषय में विस्तार से बताया जा सकता है। इसके द्वारा सम्पूर्ण कक्षा–कक्ष की भी जानकारी दी जा सकती है। इससे छात्र के व्यवहार परिवर्तन को भी ज्ञात किया जा सकता है। परन्तु इस प्रकार परीक्षणों को छात्रों के हित में ही करना चाहिए। ऐसा न हो कि परीक्षणों के कारण उसमें चिन्ता या भय व्याप्त न हो जाये।

कालांश परीक्षणों का निष्पादन – कालांश परीक्षणों का निष्पादन व्यवस्थित रूप से रिकार्ड करना चाहिए। वार्षिक परीक्षणों के साथ कालांश परीक्षणों को भी महत्व देना चाहिए और अन्तिम मूल्यांकन में अंकित करना चाहिए।

वार्षिक परीक्षण – छात्र ने क्या पढा? और जितना पढा उसमें कितना गलत या सही किया? यह जानने के लिए सत्र के अंत में वार्षिक परीक्षण संचालित किया जाता है। इस परिणाम का प्रयोग श्रेणीकरण, प्रोन्नति और मार्गदर्शन में किया जा सकता है। ये परीक्षण सत्र के अंत में होते हैं, इसलिए कक्षा–कक्ष शिक्षण या प्रभावकारी अधिगम के लिए नहीं किया जा सकता है।

4

विश्लेषण की सांख्यिकीय तकनीकें

प्रश्न 1. आंकड़े या दत्त क्या होते हैं? इसके प्रकारों का वर्णन कीजिए।

उत्तर – आंकड़े या दत्त का अर्थ – जिस तथ्य या सूचना के आधार पर निष्कर्ष निकाला जाता है उसे दत्त या आंकड़ा कहते हैं। प्रयोगों, सर्वेक्षणों, कक्षाओं, विद्यालयों एवं अनुसंधान आदि में जो आंकड़े या सूचनायें एकत्र की जाती हैं दत्त पद कहते हैं। डाटा अंग्रेजी का शब्द है और बहुवचन है। डाटा एक एकवचन डेटम होता है। तापमान, वर्षा, छात्रों की उपस्थिति, रोगी के शरीर तापमान आदि दत्त हैं। कक्षागत छात्रों की उपस्थिति सारणी में इस प्रकार दिखाया जा सकता है –

कक्षायें	उपस्थित छात्रों की संख्या
छठी	47
सातवीं	45
आठवीं	46
नवीं	40
दसवीं	41
ग्यारहवीं	37
बारहवीं	37
योग	286

दत्तों के प्रकार – दत्त प्रायः तीन प्रकार के होते हैं –

1) गुणात्मक एवं मात्रात्मक आंकड़े
2) अनवरत् और अव्यवस्थित आंकड़े
3) प्राथमिक एवं द्वितीयक आंकड़े

1) गुणात्मक एवं मात्रात्मक आंकड़े – गुणांकों को प्रकट करने वाले आंकड़ों को गुणात्मक आंकड़ा कहते हैं। इसे वर्गीकृत आंकड़े भी कहते हैं। निम्नलिखित सारणी में गुणात्मक आंकड़े व्यक्त किये गये हैं –

प्रबन्ध	विद्यालयों की संख्या
सरकारी	6
स्थानीय	10
प्राइवेट सहायता प्राप्त	12
प्राइवेट असहायता प्राप्त	4
कुल योग	32

यहाँ आंकड़े का गुण प्रबन्ध है।

मात्रात्मक आंकड़ों का सम्बन्ध गणना या मापन से होता है। इन आंकड़ों को निम्न सारणी से स्पष्ट किया जा सकता है।

नामांकन	विद्यालयों की संख्या
50 तक	6
51–100	15
101–200	12
201–300	8
300 से ऊपर	4
कुल योग	45

इस प्रकार के आंकड़े प्रायः समाचार पत्रों में और विज्ञापनों में नगरों के तापमान, क्रिकेट औसत, आय और खर्च के रूप में मिलते हैं।

2) अनवरत और अव्यस्थित आंकड़े – अनवरत आंकड़ों को अखण्डित आंकड़े भी कहते हैं। इसमें एक मद के स्थान पर एक वर्ग की आवृत्ति को व्यक्त किया जाता है। दूसरे शब्दों में इस प्रकार की श्रेणी में वर्गों के सामने उनकी आवृत्ति लिखी जाती है। उदाहरण के लिए 5 छात्रों ने 0 से 10 के बीच अंक प्राप्त किये, 8 विद्यार्थियों ने 10 से 20 के बीच अंक प्राप्त किये। इस श्रेणी को अखण्डित इसलिए कहा जाता है कि एक वर्ग दूसरे वर्ग से जुड़ा होता है यथा 0–10, 10–20 आदि।

अव्यवस्थित आंकड़ों को खण्डित आंकड़ा भी कहते हैं जिनमें प्रत्येक मद की अलग–अलग रूप से आवृत्ति दी जाती है। उदाहरण के लिए यदि 20 छात्रों की कक्षा में 5 छात्रों की आयु 8 वर्ष, 6 विद्यार्थियों की आयु 9 वर्ष और 9 छात्रों की आयु 10 वर्ष है। खण्डित आंकड़ों में यह व्यक्त किया जायेगा कि आयु 8 की आवृत्ति 5, आयु 9 की आवृत्ति 6 और 10 की

आवृत्ति 9 है –

आयु	छात्र की संख्या
8	5
9	6
10	10

3) प्राथमिक एवं द्वितीयक आंकड़े – शिक्षक या अनुसंधानकर्ता द्वारा अपने प्रयोग के लिए नये सिरे से पहली बार एकत्र किये गये आंकड़े या प्रदत्त प्राथमिक आंकड़े कहलाते हैं। ये कच्चे माल के समान होते हैं। उदाहरण के लिए छात्रों के खेल के मैदान में जाकर खेलने की आदत के विषय में जानकारी प्राप्त की जाती है तो प्राप्त आंकड़ा मौलिक या प्राथमिक समंग होंगे।

द्वितीयक आंकड़े वे दत्त हैं जो पहले से अस्तित्व में होते हैं और वर्तमान प्रश्नों के उत्तर देने के लिए नहीं बल्कि अन्य उद्देश्यों की पूर्ति हेतु एकत्रित किये जाते हैं। उदाहरण के लिए रिजर्व बैंक ने विभिन्न विनियोगों सम्बन्धी आंकड़े एकत्र कर प्रकाशित कर दिये और अनुसंधानकर्ता विनियोगकर्ताओं की प्रवृत्ति का अध्ययन करने के लिए प्रयोग करता है तो अनुसंधानकर्ता के लिए रिजर्व बैंक द्वारा प्रकाशित आंकड़े समंक माने जायेंगे।

प्रश्न 2. मापन के पैमाने पर टिप्पणी कीजिए।

उत्तर – माप का अर्थ स्वीकार्य तथा तर्कसंगत नियमों के अनुसार वस्तुओं और घटनाओं को समंक देना है। अंकों की बहुत–सी विशेषताएँ हैं जैसे–पहचान, क्रम और योगात्मकता। यदि हम न्यायसंगत ढंग से वस्तुओं और घटनाओं की व्याख्या करने के लिए उन्हें समंक देते हैं तो समंको की विशेषताएँ वस्तुओं और घटनाओं पर भी लागू होती है। हमें विभिन्न मापन पैमानों को जानना आवश्यक है, क्योंकि विशेषताओं की संख्या लागू होना मापन के पैमाने पर निर्भर होता है।

उदाहरण के लिए : एक कक्षा में 30 विद्यार्थियों की चार विभिन्न परिस्थितियों का अध्ययन करें।

– उन्हें बेतरतीब रूप से 1 से 30 तक क्रम संख्या दी गई है।

– छात्रों को एक पंक्ति में ऊँचाई/लम्बाई के अनुसार खड़े होने को कहा जाना और उन्हें अपनी–अपनी स्थिति के अनुसार 1 से 30 तक क्रमसंख्या दिया जाना।

– सभी छात्रों की ऊँचाई/लम्बाई और भार की माप करना और व्यक्तिगत विवरण तैयार किया जाना।

1) प्रथम अवस्था में क्रमसंख्या पूर्णतया स्वेच्छा से दी गई है। किसी भी छात्र को क्रमांक 1 दिया जा सकता था और किसी को भी क्रमांक 30 दिया जा सकता था। किन्हीं दो छात्रों को

किसी भी आधार पर दिए गए क्रमों के अनुसार तुलना नहीं का जा सकती। सभी छात्रों को 1 से 30 तक की क्रम संख्या उनकी पहचान के लिए दी गई है। यह मापनी नामित मापनी या पैमाना कहलाती है। यहाँ पहचान की विशेषता तो लागू होती है परन्तु क्रम और योगात्मक विशेषताएँ लागू नहीं होती।

2) दूसरी अवस्था में छात्रों को पंक्ति में ऊँचाई के अनुसार अपने अपने स्थान के लिए 1 से 30 तक क्रमसंख्या दी गई है। यहाँ क्रमसंख्या का आधार स्वेच्छा नहीं है। यहाँ छात्रों को लम्बाई के क्रम में क्रमसंख्या दी गई है। इसलिए छात्रों की तुलना लम्बाई के आधार पर की जा सकती है क्योंकि इस सम्बन्ध में यहाँ एक क्रम है। प्रत्येक छात्र ऊँचाई में स्वयं से पहले छात्र की तुलना में अधिक या कम ऊँचा है। यह मापनी क्रमवाचक/क्रमसूचक मापनी कहलाती है। यहाँ वस्तु की अपनी पहचान भी है और क्रम संख्या भी। चूंकि दो छात्रों की ऊँचाई का अन्तर ज्ञान नहीं है, इसलिए योगात्मक विशेषता क्रमवाचक मापनी में लागू नहीं होती है।

3) तीसरी अवस्था में छात्रों को एक उपलब्धि परीक्षण के आधार पर 0 से 50 समंक दिए गए हैं। तीन छात्रों के द्वारा प्राप्त समंकों पर विचार कीजिए जो कि क्रमशः 30, 20 और 40 है। यहाँ हम इस प्रकार व्याख्या कर सकते हैं कि प्रथम और द्वितीय छात्रों के समंकों में अन्तर प्रथम और तृतीय छात्रों के प्राप्तांकों में अन्तर के समान है। फिर भी, कोई यह नहीं कह सकता कि तृतीय छात्र के प्राप्तांक द्वितीय छात्र के प्राप्तांकों से दुगने हैं। ऐसा इसलिए है कि 0 अंक पाने वाले छात्र के लिए यह नहीं कहा जा सकता कि उसकी उपलब्धि शून्य है। इसे अन्तराल मापनी कहा जाता है। यहाँ पहचान, क्रम और योगात्मक विशेषताएँ लागू होती हैं।

4) चौथी अवस्था में सभी छात्रों के लम्बाई और भार के सही मान उपलब्ध है। यहां सभी मूल्य हर प्रकार से तुलना योग्य है। यदि दो छात्रों की लम्बाई क्रमशः 120 सेमी. और 140 सेमी. है तो उनकी लम्बाई का अंतर 20 सेमी. है और उनकी लम्बाइयों का अनुपात 6:7 है। इस मापनी को अनुपात मापनी कहा जाता है।

प्रश्न 3. सांख्यिकी का क्या अभिप्राय है? इसकी आवश्यकता और महत्व पर प्रकाश डालिए।

उत्तर – सांख्यिकी का अर्थ – संख्यिकी का अभिप्राय उस विधि से है जिसके द्वारा आँकडों का संकलन, प्रस्तुतीकरण तथा विश्लेषण, किसी विशेष उपयोगिता के लिए किया जाता है। स्टैटिसटक्स शब्द की उत्पति लैटिन भाषा के 'स्टेटस' (Status) अथवा इटैलियन के स्टैटिस्टा (Statista) नामक शब्दों से हुई है। इन शब्दों का अर्थ 'राजनैतिक स्थिति' है। वस्तुतः प्राचीनकाल में इस शब्द का प्रयोग राज्यों को राजनैतिक स्थिति के लिए किया जाता था। जनसंख्या, जन्म–मरण, संख्या, लगान, सरकारी आदि के आंकड़ों को एकत्रित करने के लिए सांख्यिकी का उपयोग किया जाता था, परन्तु आधुनिक युग में इसके उपयोग का बहुत अधिक विस्तार हो गया है।

सांख्यिकी के मुख्य कार्य –

1) सांख्यिकी विभिन्न तथ्यों को संख्यात्मक रूप प्रदान करती है।
2) यह जटिल तथ्यों को सरल एवं सुबोध रूप से उपस्थित करती है।
3) सांख्यकी तुलनात्मक अध्ययन की सुविधा प्रदान करती है।
4) यह बिखरे हुए तथ्यों के बीच सह–सम्बन्ध की मात्रा निश्चित करती है।
5) सांख्यिकी किसी समस्या निश्चयात्मकता प्रदान करती है।
6) यह समस्त विद्वानों के पुराने नियमों की परीक्षा एवं नवीन नियमों का निर्माण करती है।
7) सांख्यिकी प्राप्त आंकड़ों के आधार पर संभावित आंकड़ों का ज्ञान कराती है।

सांख्यिकी की आवश्यकता और महत्व – एक विद्वान व्यक्ति अपने क्षेत्र का साहित्य पढ़ना चाहता है। यहां तक कि अध्यापक को भी बहुत पढ़ना पड़ता है। साहित्य का अध्ययन करते समय उसके समक्ष सांख्यिकी के संकेत, संकल्पनाएँ और विचार आते हैं। अध्ययन करने वाले को सांख्यिकी के अध्ययन से अपने निजी विचार बनाने या तथ्यों से निष्कर्ष निकालने में सहायता मिलती है और उसे लेखक के निष्कर्षों को स्वीकार करने की आवश्यकता नहीं होती। अध्यापक होने के नाते आप अपने छात्रों के व्यवहार और उपलब्धि स्तर की जांच के लिए अनेक परीक्षाएं लेते हैं और अनेक उपकरण प्रयोग करते हैं। साधारण सांख्यकी विधियों से समंकों की व्याख्या और अधिक सार्थक हो जाती है। यदि अध्यापक अनुसंधान कार्य को समझने में रूचि रखता है तो उसे सांख्यिकीय विधियों में अधिक दक्षता की आवश्यकता होती है।

गणित और सांख्यिकी की भाषा द्वारा सर्वाधिक शुद्ध और सही वर्णन करना सम्भव होता है। ये विषय हमें अपनी चिन्तन तथा कार्यप्रणाली में निश्चित व परिशुद्ध होने के लिए बाध्य करते हैं। सांख्यिकी हमें अपने परिणामों को अर्थपूर्ण और सुविधाजनक ढंग से संक्षिप्त करने में सहायक होती है। ये हमें सामान्य रूप से स्वीकृत नियमों के अनुसार निष्कर्ष निकालने में सहायता करते हैं और हमें बताते हैं कि इन पर हम कितना निर्भर कर सकते हैं। सांख्यिकी हमें ज्ञात परिस्थितियों के आगे होने वाली घटनाओं की भविष्यकथन करने के योग्य बनाती है। यह हमें जटिल घटनाओं के सामान्य कारकों का विश्लेषण करने के भी योग्य बनाती है।

प्रश्न 4. नीचे 20 छात्रों के अंग्रेजी भाषा के समंक दिए गए हैं। इन्हें आरोही क्रम में लिखिये और निम्न प्रश्नों के उत्तर दीजिए :

65, 49, 39, 57, 70, 49, 33, 72, 61, 42, 38, 66, 75, 57, 45, 59, 60, 47, 55 और 68

(क) कितने छात्रों ने 60 या इससे अधिक अंक प्राप्त किए हैं?
(ख) कितने छात्रों के अंक 50 से कम हैं?
(ग) अधिकतम प्राप्तांक क्या है?

उत्तर – (क) 8 (ख) 8 (ग) 75

प्रश्न 5. आंकड़ों के लेखाचित्रीय निरूपण के प्रकारों का वर्णन कीजिए।

उत्तर – आंकड़ों के लेखाचित्रीय निरूपण के प्रकारों का वर्णन निम्नलिखित हैं :

1) स्तम्भ रेखाचित्र (Bar diagram or Bar graph)
2) आयत चित्र (Histogram)
3) आवृति चित्र (Frequency Polygon)
4) संचयी आवृति वक्र (Cumulative Frequency curve)
5) संचित प्रशित वक्र (Ogive)

1) स्तम्भ रेखाचित्र – इस रेखाचित्र के द्वारा खण्डित श्रृंखलाओं का स्तम्भ अक्षांश या बिन्दु रेखीय प्रदर्शन किया जाता है। मूल्य को X अक्षांश पर तथा आवृतियों को Y अक्षांश पर रखकर प्रत्येक मूल्य के बिंदु पर उसकी आवृत्ति के समान ऊँचाई को लंबवत् रेखा खींच दी जाती है।

उदाहरण– निम्नलिखित आंकड़ों को स्तम्भ रेखाचित्र द्वारा प्रदर्शित कीजिए।

अंक	10	20	30	40	50	60	70
छात्रों की संख्या	5	2	5	10	15	15	10

उत्तर –

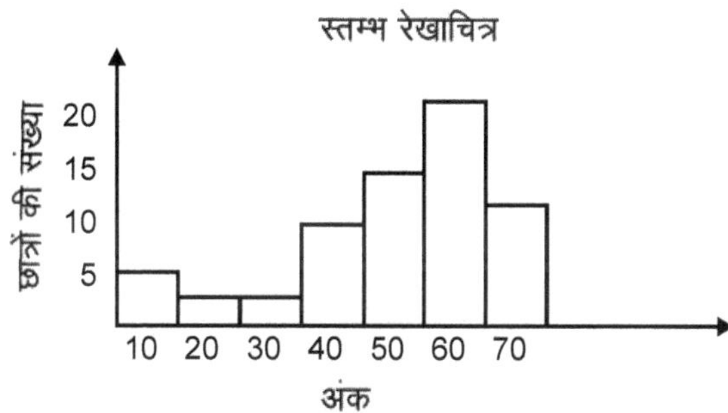

2) आवृत्ति आयत चित्र – आवृत्ति आयत–चित्र अखण्डित श्रृंखलाओं को प्रस्तुत करने का सबसे उत्तम और प्रचलित तरीका है। आवृत्ति आयत चित्र के अन्तर्गत विवरण की गई आवृत्तियों को खड़े हुए आयतों की पंक्ति के रूप में प्रस्तुत करते हैं। ये आयत आपस में सटे हुए होते हैं।

आवृति आयत–चित्र बनाते समय वर्गान्तर X अक्षांश पर तथा उन पर आवृत्तियाँ Y अक्षांश पर ली जाती हैं। यदि वर्गान्तर समान है, तो आयतों की चौड़ाई भी समान होगी, अन्यथा उनकी चौड़ाई में अंतर होगा। आयत की ऊँचाई वर्ग आवृति पर आधारित होगी। इस प्रकार आयतों की श्रृंखला–सी बन जायेगी।

आवृति आयत चित्र तथा दण्डचित्र में पर्याप्त अंतर होता है।

उदाहरण – दिये गये आवृत्ति वितरण के आधार पर आवृत्ति आयत चित्र बनाइए।

आकार	आवृत्ति
0–5	5
5–10	10
10–15	15
15–20	20
20–25	25
25–30	15
30–35	10
35–40	5

3) आवृत्ति बहुभुज – आवृत्ति बहुभुज को प्रायः आवृत्ति चित्र की सहायता से बनाया जाता है। आवृत्ति आयत चित्र की सहायता से बनाया जाता है। आवृत्ति बहुभुज खंडित तथा अखंडित दोनों ही आवृत्ति विवरणों पर बनाया जा सकता है। यदि किसी आवृत्ति पर बने आयत चित्र के आयतों के ऊपर लाइनों के मध्य बिन्दुओं को एक दूसरे से सीधी रेखा मिला दिया जाय तथा पहली अंतिम आयतों के मध्य बिन्दुओं को आधार रेखा के पास मध्य बिन्दुओं से मिला दिया जाए, तो आवृति बहुभुज बन जाता है। खंडित श्रृंखला में इसका निर्माण रेखा चित्र की चोटियों को सीधी रेखाओं से मिलाना होता है। बहुभुज का कुल क्षेत्रफल ठीक आवृत्ति आयत चित्र के क्षेत्रफल के बराबर होता है।

आवृति बहुभुज बनाने का ढंग

1) अखण्डित श्रृंखला के आधार पर पहले आवृति आयत चित्र बनाया जाता है। बाद में आयतों को ऊपरी लाइनों के मध्य बिन्दुओं को उनके पास के वर्गों के मध्य बिन्दुओं (जिनके आवृति शून्य होती है) से मिला दिया जाता है।

2) अखण्डित श्रृंखला में उनके मध्य बिन्दु ज्ञात करके (यह दी हुई हो सकती है) उनकी आवृति के आधार पर चित्र में बिन्दु ज्ञात कर लिये जाते हैं।

इस प्रकार बहुभुज बनाने पर पहले आवृति आयत चित्र बनाया जाता है।
उदाहरण – निम्नलिखित आंकड़ों से आवृति आयत चित्र और आवृति बहुभुज बनाइये।

आयु	बालकों की संख्या
10–20	10
20–30	15
30–40	20
40–50	25

50–60	15
60–70	10

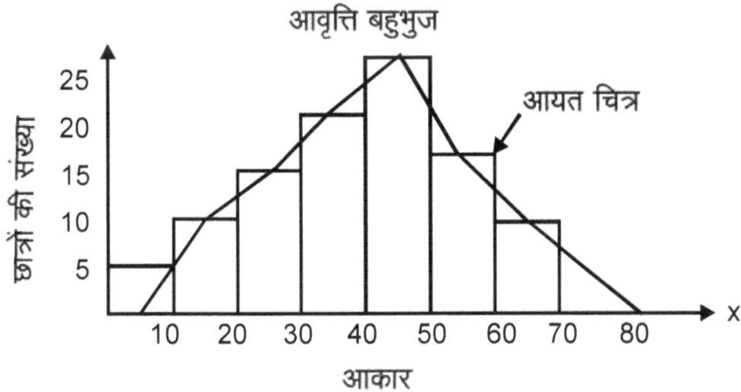

4) आवृत्ति वक्र – यह आवृत्ति बहुभुज का सरल रूप है। मुक्त हस्त द्वारा आवृत्ति बहुभुज कोणियता को इस ढंग से समाप्त किया जाता है कि उसका क्षेत्रफल पहले जितना ही रहे। वक्र के दोनों सिरे भुजाक्ष के मिला दिये जाते हैं।

बनाने की विधि – पहले आवृति बहुभुज बनाया जाता है। बाद में मुक्त हाथ से हल्के ढंग से बहुभुज के ऊपर रेखा इस ढंग से खींची जाती है जिससे बहुभुज के सभी कोने सरल हो जाए। उदाहरण – निम्न आवृति वितरण के आधार पर आवृत्ति बहुभुज और आवृत्ति वक्र बनाइये।

मध्य बिन्दु	आवृत्ति
5	0
15	10
25	15
35	20
45	22
55	15
65	10
75	0

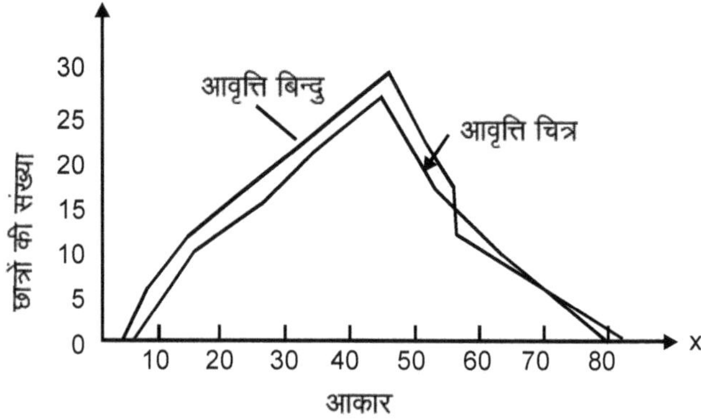

5) संचित प्रतिशत वक्र या ओगिव – जब संचित आवृतियों को प्रतिशत में बदलकर वर्गान्तरों की यथार्थ उच्च सीमाओं पर प्रदर्शित करते हुए रेखाचित्र बनाते हैं तो उसे संचित प्रतिशत वक्र कहा जाता है।

संचित प्रतिशत वक्र बनाने के लिए वर्गान्तरों को शुद्ध वर्गान्तरों में बदलते हैं तथा आवृत्तियों की संचित आवृत्तियों को ज्ञात कर लेते हैं। संचित आवृत्ति के समान यहां पर भी वर्गान्तरों को X अक्ष एवं संचित प्रतिशत आवृतियों को Y अक्ष पर प्रदर्शित किया जाता है।

उदाहरण – नीचे दिये गये आंकड़ों से संचित प्रतिशत आवृति वक्र या ओगिव बनाइये।

वर्गान्तर	शुद्ध वर्गान्तर	आवृति	संचितआवृति	संचित प्रतिशत आवृति
50–54	49.5–54.5	1	35	100
45–49	44.5– 49.5	3	34	97
40–44	39.5–44.5	6	31	89
35–39	34.5–39.5	10	25	71
30–34	29.5–34.5	8	15	43
25–29	24.5–29.5	5	7	20
20–24	19.5–24.5	2	2	6

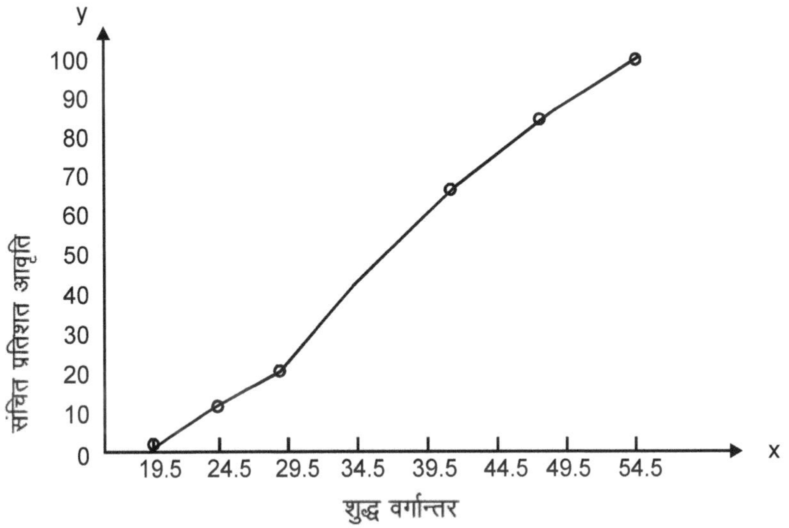

प्रश्न 6. बहुलक क्या है? इसका निर्धारण कैसे किया जा सकता है?

उत्तर – सांख्यिकी में प्रयुक्त मापन के पैमान के नाम – ये तीन पैमाने हैं जो निम्नलिखित हैं–

1) नामांकन पैमाना (Nominal Scale)

2) सामान्य पैमाना (Odinal Scale)

3) मध्यान्तर पैमाना (Interval Scale)

केन्द्रीय प्रवृति की मापों में नामांकन पैमाना बहुलक है।

बहुलक – बहुलक से अभिप्राय उस मूल्य से है जो आंकड़ों के समूह में सबसे अधिक बार आता है अर्थात् जिसकी आवृति सबसे अधिक हो। इसे बहुलांक या भूमिष्टक भी कहते हैं। गैरेट ने इसे परिभाषित करते हुए लिखा है – ''किसी भी आवृत्ति विवरण में बहुलक वह मान है जिनकी पुनरावृत्ति सबसे अधिक बार होती है।''

बहुलक का निधारण –

1) व्यक्तिगत श्रृंखला – बहुलक के निर्धारण के पहले व्यक्तिगत श्रृंखला को खण्डित श्रृंखला में बदल दिया जाता है और उस विधि का निर्धारण होता है। जैसे (क) निरीक्षण विधि एवं (ख) समूहन विधि

उदाहरण – 20 छात्रों के प्राप्तांक निम्नलिखित हैं –

10, 10, 12, 12, 15, 15, 15, 15, 18, 18, 18, 30, 30, 30, 30
30, 30, 35, 35, 35

यह श्रृंखला पहले निम्न ढंग से खण्डित श्रृंखला में परिवर्तित की जायेगी।

प्राप्ताक	टैली	आवृत्ति
10	||	2
12	||	2
15	||||	4
18	||||	3
30	|||||	6
35	|||	3

उपर्युक्त सारणी के निरीक्षण से स्पष्ट है कि सबसे अधिक छात्रों ने (6) ने 30 अंक प्राप्त किये हैं। इसलिए बहुलक 30 है।

2) **विखण्डित श्रृंखला** – इस श्रृंखला को दो विधियों द्वारा बहुलक को ज्ञात किया जाता है।
(क) निरीक्षण विधि
(ख) समूहन विधि

(क) निरीक्षण विधि – इस विधि के अनुसार श्रृंखला को देखकर यह पता लगा लिया जाता है कि जिस समूह की आवृति सर्वाधिक हे, वह बहुलक है। यह विधि उस श्रृंखला में प्रयोग की जाती है जिसमें आवृति आरम्भ में बढ़ने लगती है और बाद में घटने लगती है। नीचे समूहन विधि में दिये गये आंकड़े के समूह में 35 अंकों की आवृत्ति (16) सबसे अधिक है, इसलिए बहुलक 35 है।

(ख) समूहन विधि – इस विधि के अन्तर्गत समूहन करके बहुलक को ज्ञात किया जाता है। प्रायः इस विधि का प्रयोग उस समय किया जाता है जब आवृत्तियाँ अनियमित होती हैं। ध्यान रहे, यह आवश्यक नहीं कि सर्वाधिक आवृति वाला मूल्य ही बहुलक हो। बहुलक ज्ञात करते समय कम और अधिक मूल्यों को भी ध्यान में रखा जाता है। इसलिए समूहन विधि का प्रयोग किया जाता है।

समूहन विधि में तो तालिकायें बनायी जाती हैं। पहली तालिका में दो–दो या तीन–तीन आवृतियों का 6 स्तम्भों में जोड़ किया जाता है। दूसरी तालिका में विभिन्न स्तम्भों की आवृत्तियों का विश्लेषण किया जाता है। इस तालिका की विश्लेषण सारिणी कहते हैं।
उदाहरण–

मूल्य	15	27	35	40	55	60	70
आवृत्ति	6	10	16	14	10	5	2

सारणी–1
आवृत्ति का समूहन

प्रप्तांक	I	II	III	IV	V	VI	कुल योग
15	6						1
27	10	16		32			3
35	16		26				6
40	14	30		40			3
55	10		24			40	1
60	5	15		29			X
70	2		7		17		X

ऊपर तालिका में 6 स्तम्भ निम्न प्रकार से हैं –
1) प्रश्न में दी गयी आवृत्तियाँ यथावत् लिख दी जाती हैं।
2) आरम्भ में दो–दो आवृत्तियों के जोड़ लिखे जाते हैं।
3) आरम्भ से पहली आवृत्ति को छोड़कर दो–दो आवृत्तियों के योग लिखे जाते हैं।
4) आरम्भ में तीन–तीन आवृतियों के जोड़ लिख दिये जाते हैं।
5) आरम्भ में पहली आवृति को छोड़कर तीन–तीन आवृत्तियों के जोड़ लिख दिये जाते हैं।
6) आरम्भ में दो आवृत्तियों को छोड़ कर तीन–तीन आवृत्तियों के जोड़ लिख दिये जाते हैं।

सारणी–2
विश्लेषण सारणी

प्रप्तांक	I	II	III	IV	V	VI	कुल योग
15				3			1
27			3	3	3		3
35	3	3	3	3	3	3	6
40		3			3	3	3
55						3	1
60							X
70							X

उपर्युक्त सारिणी से स्पष्ट है कि सबसे अधिक (6) बार 35 मूल्य पाया गया है, इसलिए बहुलक 35 है।

3) अखण्डित श्रृंखला – इस श्रृंखला में बहुलक में बहुलक के निर्धारण में निम्नलिखित चरण शामिल है –
1) निरीक्षण या समूहन विधि द्वारा मॉडल ग्रुप को ज्ञात किया जाता है। मॉडल ग्रुप वह होता

है जिसमें बहुलक होता है।

2) मॉडल ग्रुप की सीमाओं में निम्न सूत्र का प्रयोग कर बहुलक को ज्ञात किया जाता है–

....

यहाँ

l_1 = मॉडल ग्रुप की निचली सीमा

i = मॉडल ग्रुप का वर्ग विस्तार अर्थात् $l_2 - l_1$

f_1 = मॉडल ग्रुप की आवृत्ति

f_0 = मॉडल ग्रुप से पहले वाले ग्रुप की आवृत्ति

f_2 = मॉडल ग्रुप से बाद वाले ग्रुप की आवृत्ति

उदाहरण – निरीक्षण विधि द्वारा निम्नलिखित श्रृंखला का बहुलक ज्ञात कीजिए।

आयु	आवृत्तियाँ
0–10	5
10–20	8 (f_0)
20–30	15 (f_1)
30–40	6 (f_2)
40–50	3
50–60	4
60–70	2
70–80	1

....

....

4) बहुलक का चित्र द्वारा निर्धारण : बहुलक को आवृति आयत चित्र द्वारा निर्धारित किया जाता सकता है। यह निम्न उदाहरण से स्पष्ट किया जा सकता है।

वर्ग अन्तराल	आवृत्ति
0–10	5
10–20	10
20–30	20
30–40	25
40–50	15
50–60	10

बहुलक को निम्नलिखित प्रकार से ज्ञात किया जाता है –

1) आवृत्ति वितरण पर आयत चित्र बनाया जाता है।

2) सबसे ऊँची आयत का वर्ग बहुलक होता है।

3) सबसे ऊँचा आयत के दाहिने कोने को उससे पहली वाली आयत के दाहिनी कोने से मिला दिया जाता है। इसी प्रकार ऊँची आयत के बाएं ऊपरी कोने को उससे अगली आयत के बायें ऊपरी कोने से मिला दिया जाता है। जहां ये दोनों रेखायें काटती हैं, वहां से X अक्षांश पर लम्ब गिरा दिया जाता है। जहां से लम्ब X अक्षांश पर मिला है, वह बहुलक होता है।

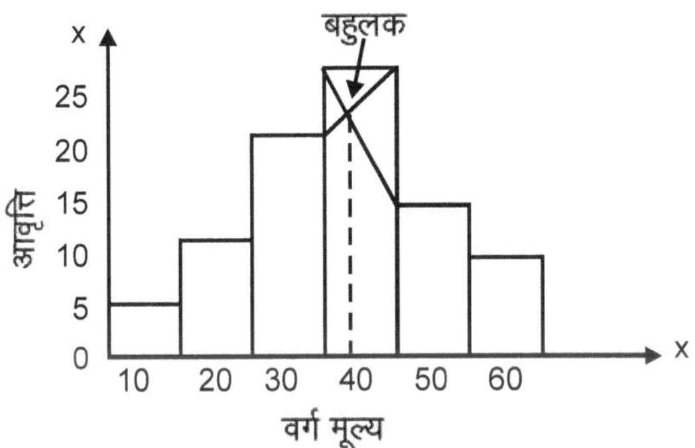

प्रश्न में दिये गये आंकड़ा समूह के आधार आयत चित्र बनाया गया है। ऊपर वर्णित विधि केक अनुसार बहुलक 34 है जो चित्र से स्पष्ट है।

बहुलक की उपयोगिता –

1) यह समझने में बहुत सरल है।

2) निरीक्षण से ही इसका अनुमान लगाया जा सकता है।

3) इसको रेखीय विधि द्वारा भी ज्ञात किया जा सकता है।

4) यह चरम मूल्यों से प्रभावित नहीं होता।

5) इसके निर्धारण के लिए सभी आंकड़ों का होना अनिवार्य नहीं है।

6) यह वितरण का सबसे अच्छा प्रतिनिधित्व करता है, क्योंकि यह वह मूलय है जो सबसे अधिक पाया जाता है।

बहुलक की सीमायें –

1) यह निश्चित नहीं है।

2) यह सभी मूल्यों पर आधारित नहीं है।

3) इसका गणित विवेचन सम्भव नहीं है।

4) यह चरम मूल्य से प्रशासित नहीं होता, इसलिए भार देने की स्थिति में यह ठीक नहीं रहता।

5) कई बार बहुलक का मूल्य निर्धारित ही नहीं हो पाता है।

प्रश्न 7. (क) केन्द्रीय प्रवृत्ति का कौन सा माप मापन के नामित पैमान से संबंध रखता है?

(ख) नीचे दिए गए प्राप्तांकों का बहुलक ज्ञात कीजिए।

12, 18, 19, 18, 18, 14, 18, 13, 12, 18

(ग) कुछ ऐसी अवस्थाएं बताएं जहां बहुलक का प्रयोग भलीभांति किया जा सकता है?

उत्तर – **(क)** बहुलक

(ख) 18

(ग) अ) यदि केन्द्रीय प्रवृत्ति के मोटे माप की तुरन्त आवश्यकता हो।

ब) यदि केन्द्रीय प्रवृत्ति के माप के रूप में एक प्रारूपिक मान की आवश्यकता हो।

स) यदि आंकड़े विकृत हों या बंटन विषम हो।

प्रश्न 8. वर्गीकृत दत्तों में माध्यिका कैसे ज्ञात की जाती है?

उत्तर – माध्यिका मापन पैमान पर वह बिन्दु है जिस के ऊपर और नीचे ठीक आधे–आधे 50–50 प्रतिशत प्राप्तांक (केस) आते हों। वर्गीकृत दत्तों के संदर्भ में माध्यिका ज्ञात करने के लिए यह मान लिया जाता है कि ऐसी अवस्था मे दिए गए किसी वर्ग अंतराल के बीच आने वाली बारम्बारताएं उस वर्गान्तराल में समान रूप से फैली हुई है।

उदाहरण के लिए – नीचे दिए गए बंटन की माध्यिका ज्ञात कीजिए।

वर्ग अंतराल	बारम्बारता	
45–49	3	13 = माध्यिका वाले वर्ग अंतराल से
40–44	4	ऊपर के प्राप्तांको की संख्या (fa) है।
35–39	6	
30–34	8	8= वे केस है माध्यिका वाले वर्ग अंतराल
25–29	7	(fm) में आने वाले सभी प्राप्तांको की
20–24	4	संख्या (fm) है।
15–19	5	19= माध्यिका वर्ग अंतराल से नीचे के
10–14	3	सभी प्राप्तांकों की संख्या (fb) है।
	N=40	

ऊपर दिए गए उदाहरण में कुल विद्यार्थियों की संख्या 40 हैं। हमें वह बिन्दु मालूम करना है जिसके ऊपर तथा नीचे 20–20 प्राप्तांक आते हैं। ऊपर के तीन वर्ग अंतरालों में कुल 13 प्राप्तांक आते हैं और नीचे के चार अंतरालों में 19 प्राप्तांक आते हैं। अतः सभी प्राप्तांकों को दो बराबर भागों में बांटने वाले बिन्दु अन्तराल 30–34 में होगा। इस अन्तराल में कुल 8 प्राप्तांक आते हैं। क्योंकि माध्यिका इसी अन्तराल में है, इसे माध्यिका वर्ग कहते हैं। यह माना जा सकता है कि सभी 8 प्राप्तांक इस वर्ग अंतराल में समान रूप से बंटे हुए हैं। इस वर्ग अंतराल की सही सीमाएं 29.5 से 34.5 तक है। अतः हमें वह बिन्दु ज्ञात करना हे जो 29.5 से एक प्राप्तांक ऊपर हो या जो 34.5 से 7 प्राप्तांक के नीचे हो। इस वर्ग अंतराल के 5 स्थान 8 प्राप्तांकों में बराबर बंटे हुए हैं। अतः एक प्राप्तांक के हिस्से में 5/8 स्थान

आता है। अतः माध्यिका = 29.5 + 1x5/8 = 29.5 + 0.625 = 30.13 (दो दशमलव स्थानों का स्थान लेते हुए)

प्रश्न 9. निम्नलिखित प्रश्नों के उत्तर दीजिए।

1) माध्य की परिभाषा दीजिए।

उत्तर – सभी मापों (मूल्यों) के योग को उनकी कुल संख्या से भाग देने पर प्राप्त मूल्य माध्य कहलाता है।

2) हमें माध्य का उपयोग किन किन अवस्थितियों में करना चाहिए?

उत्तर – अ) प्राप्तांक किसी केन्द्रीय बिन्दु की आवश्यकता होती हो।

ब) प्रतिदर्श के गुरूत्व केंद्र की आवश्यकता होती हो।

स) सर्वाधिक स्थायित्व सहित केन्द्रीय प्रवृत्ति के माप की आवश्यकता हो।

द) पूर्वानुमान संबंधी उद्देश्यों के लिए दूसरे सांख्यिकी मानों (मूल्यों) की आवश्यकता है।

3) माध्य किस अवस्था में भ्रामक हो सकता है?

उत्तर – जब कुछ माप (प्रेक्षण) या तो बहुत बड़े हों या बहुत छोटे हों।

4) किस अवस्था में माध्य, माध्यिका तथा बहुलक एक जैसे या समान होंगे?

उत्तर – जब बंटन पूर्णतया सममित तथा एक बहुलकीय हो।

प्रश्न 10. मानक विचलन की परिभाषा दीजिए और नीचे दिए गए समंकों के लिए मानक विचलन का परिकलन कीजिए।

15, 22, 17, 45, 32, 20, 35, 26, 40, 37

उत्तर – मानक विचलन, माध्य से सभी मूल्यों के वर्ग फलित विचलनों की औसत का वर्ग मूल है।

मानक विचलन = 9.82

2) नीचे दिए गए बारम्बारता बन्टन के लिए मानक विचलन की गणना कीजिए।

Cl:	25–34	35–44	45–54	53–64	65–74	75–84
f:	2	7	10	12	6	3

उत्तर – मानक विचलन = 12.835

प्रश्न 11. (क) चतुर्थक तथ चतुर्थक विचलन को परिभाषित करे।

(ख) वैषम्य की परिभाषा दें तथा दोनों प्रकार के विषम वक्रों के नाम लिखें।

उत्तर – (क) चतुर्थक किसी विचर के वे मूल्य होते हैं जो कुल बारम्बारता को चार बराबर भागों में बांट देते हैं। Q_1 निचला या प्रथम चतुर्थक होता है, तथा Q_2 ऊपर का या तृतीय चतुर्थक।

चतुर्थक विचलन अर्ध अन्तर–चतुर्थक परास होता है जिसे Q से निरूपित किया जाता है

$$Q = \frac{Q_3 - Q_1}{2}$$

(ख) वैषम्य इस बात का द्योतक है कि वक्र एक ओर अधिक झुका हुआ है। दो प्रकार की विषम वक्रताएँ हैं – (अ) धनात्मक रूप से विषम तथा (ब) ऋणात्मक रूप से विषम।

प्रश्न 12. सामान्य संभावना वक्र की परिभाषा दीजिए तथा इसके गुणों की विवेचना कीजिए।

उत्तर – सम्भावना अनुकूल घटनाओं का सम सम्भावनाओं वाली घटनाओं के साथ अनुपात है। सरल रूप में सम्भावना को निम्न प्रकार से परिभाषित किया जा सकता है–

''समान ढंगों से होने वाली अनेक घटनाओं में से किसी एक के घटने की सम्भावना उस घटना की अनुकूल परिस्थितियों की संख्या का समस्त सम्भाव्य परिस्थितियों की संख्या से अनुपात को सामान्य संभावना वक्र है।''

लैप्लेस के शब्दों में, ''सम्भावना यह अनुपात है, जोकि एक घटना के घटित होने की समस्त संख्या व न घटित होने की समस्त सम्भावित संख्याओं पर आधारित है।'' इस संभावना से सम्बद्ध वक्र को सामान्य संभावना वक्र कहते हैं। इस वक्र की आकृति घंटाकार होती है और यह दोनों और सममितीय होती है।

उदाहरण – एक शिक्षक द्वारा कक्षा नौंवी के 150 छात्रों के गणित के निष्पति परीक्षण से निम्न आवृति वितरण प्राप्त किया –

वर्ग अन्तराल	टैलीज	आवृत्ति
85–89	𝍷	1
80–84	𝍷𝍷	2
75–79	𝍷𝍷𝍷𝍷	4
70–74	𝍸 𝍷𝍷	7
65–69	𝍸 𝍸	10
60–64	𝍸 𝍸 𝍸 𝍷	16
55–59	𝍸 𝍸 𝍸 𝍸	20
50–54	𝍸 𝍸 𝍸 𝍸 𝍸	30
45–49	𝍸 𝍸 𝍸 𝍸	20
40–44	𝍸 𝍸 𝍸 𝍷	16
35–39	𝍸 𝍸	10
30–34	𝍸 𝍷𝍷	7
25–29	𝍷𝍷𝍷𝍷	4
20–24	𝍷𝍷	2
15–19	𝍷	1

उपरोक्त आवृत्ति वितरण से स्पष्ट है वितरण के मध्य में अधिक केन्द्रित है जहाँ आवृति 30 है। इसके ऊपर और नीचे आवृत्तियाँ कम होती जाती हैं।
इन आंकड़ों से निम्न प्रकार सामान्य सम्भावना वक्र बनता है।

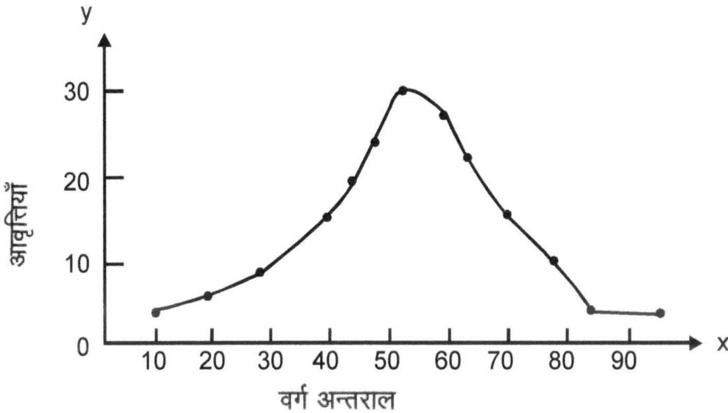

सामान्य सम्भावना वक्र के गुण –

1) सामान्य सम्भावना वक्र समरूप होती है। समरूपता से तात्पर्य यह है कि वक्र एक ओर का जैसा आकार, रूप और ढाल होता है, ठीक वैसा ही दूसरी और होता है।

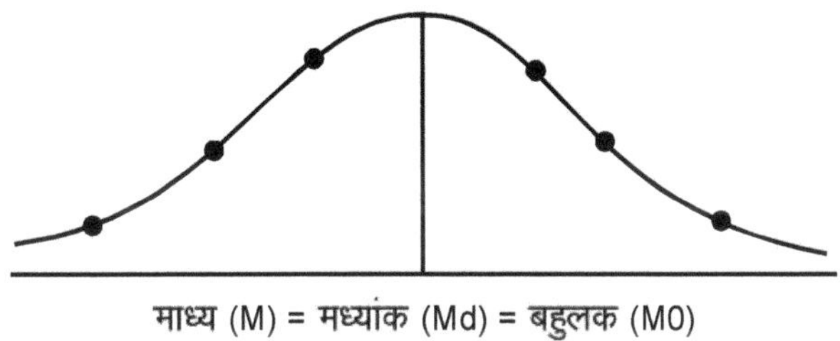

2) इसमें वक्र के मध्य में आवृत्ति की संख्या अधिक होती है तथा किनारे को बढ़ने पर आवृत्तियों की संख्या कम होती जाती है।

3) सामान्य सम्भावना वक्र के मध्य में माध्य होता है। इस वक्र में माध्य, मध्यांक तथा बहुलक एक बिन्दु पर स्थित होते हैं। इस प्रकार के वितरण में 50 प्रतिशत प्राप्तांक मध्यमान के ऊपर तथा 50 प्रतिशत प्राप्तांक नीचे की ओर होते हैं।

4) सामान्य वक्र के दोनों अंतिम छोर न तो X अक्ष को स्पर्श करते हैं और न इसके समांतर होते हैं।

5) सामान्य वक्र समरूप होने के साथ–साथ एक बहुलकी होती है। सामान्य वक्र कभी भी द्वि–बहुलकी नहीं होता है।

6) सामान्य संभावना वक्र के मध्य से लम्ब डालने पर यह वक्र दो समान भागों में बंट जाता

है तथा दोनों भागों का क्षेत्रफल भी समान ही होता है।

7) सामान्य वक्र के क्षेत्रफल का कुल प्रतिशत दो छोरों के मध्य निश्चित होता है। वक्र के क्षेत्रफल की लगभग 68.26 प्रतिशत माध्य से प्रामणिक विचलन इकाई के +1 की सीमा तक होता है।

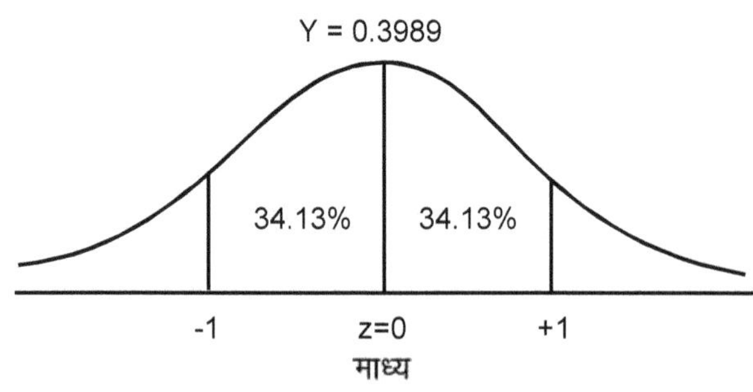

8) सामान्य सम्भावना वक्र में विषमता गुणांक शून्य होता है।

9) यह आवश्यक नहीं कि किसी बड़े अध्ययन प्रतिदर्श का वितरण वक्र सामान्य सम्भावना वक्र की हो, क्योंकि सामान्य सम्भावना वक्र सैद्धान्तिक कल्पना है।

10) वक्र में परिवर्तन का बिन्दु मध्यमान से ऊपर तथा नीचे की ओर एक प्रामणिक विचलन की सीमा से आरम्भ होता हे। अतः इन बिन्दुओं पर वक्र क्षैतिजिक अक्ष के सन्दर्भ में उन्नतोदर आकार में परिवर्तित हो जाती है।

11) सामान्य वक्र का कुल क्षेत्रफल 100 प्रतिशत सम्भावना तक विचार किया जा सकता है। माध्य और विचलन के किसी बिन्दु के बीच का क्षेत्र प्रामाणिक विचलन की दृष्टि से दी गयी दूरी समान होती है जो निम्नलिखित चित्र स्पष्ट है। इन दूरियों का प्रतिशत क्षेत्र ज्ञात होता है।

12) वक्र का प्रयोग मापन पैमाने के रूप में किया जाता है। इस पैमाने के मापन इकाई ....(प्रामाणिक विचलन की इकाई) है।

प्रश्न 13. प्रसामान्य वक्र में विचलन पैदा करने वाले कारकों का वर्णन करो।

उत्तर – वक्र में विचलन क्यों आता है इसके कारण बहुत से हैं एवं जटिल हैं, परन्तु आंकड़ों का सावधानीपूर्वक विश्लेषण इस असममितता पर कुछ प्रकाश डाल सकता है। कुछ सामान्य कारण इस प्रकार हैं :

1) प्रतिदर्श का चयन – विषयों (व्यक्तियों) का चयन बंटन में विषमता एवं ककुदता पैदा करता सकता है। यदि न्यायदर्श/प्रतिदर्श का आकार छोटा हो या न्यायदर्श अभिनत हो, तो प्रायः इस प्रकार के न्यादर्श से प्राप्त दत्तों के बंटन में विषमता आ जाती है। प्रायः छोटे एवं समांगी समूहों के समंकों पर आधारित बंटन लेप्टोकार्टिक होते हैं। बड़े एवं अधिक विजातीय समूहों के समंकों से प्राप्त बंटन को प्लेटीकर्टिक होते हैं।

2) अनुपयुक्त या अल्तनिर्मित परीक्षण – यदि प्रयोग में लाए जाने वाले परीक्षण उस समूह के लिए उचित नहीं है जिस पर उनको संचलित किया जा रहा हो, या उन्हें उचित ढंग से नहीं बनाया गया हो, तो इस प्रकार के समंकों के बंटन में असममिता आने की संभावना होती है। यदि परीक्षण बहुत ही सरल हो, तो समंको का जमाव पैमाने के ऊपर वाले सिरे (छोर) की तरफ होगा परंतु जब परीक्षण बहुत कठिन हो तो समंकों का जमाव पैमाने के निचले सिरे की तरफ होगा अर्थात् बहुत सरल परीक्षण ऋणात्मक विषमता तथा बहुत कठिन परीक्षणों घनात्मक विषमता उत्पन्न करते हैं।

3) मापे जाने वाले चर का अप्रसामान्य होना – विषमता या ककुदता तभी प्रकट होंगे जब मापे जाने वाला चर या विशेषक के बंटन में प्रसामान्यता का अभाव वास्तविक रूप से होगा। उदाहरण के लिए रूचियों या अभिवृत्तियों जैसे चरों का बंटन समष्टि में ही अप्रसामान्य होता है।

4) परीक्षण के निर्माण एवं संचालन में त्रुटियाँ – प्रयोग में लाए जाने वाले परीक्षणों का निर्माण यदि उचित ढंग से न हो तो वे समंकों के बंटन में असममिता ला देते हैं। इसी प्रकार परीक्षण के संचालन के समय, निर्देशन में त्रुटियाँ, समय का अभाव, समंकन कुंजी के प्रयोग में हुई त्रुटियाँ और परीक्षण को पूरा करने में अभिप्रेरणा का अभाव आदि बंटन में विषमता उत्पन्न कर देते हैं।

प्रश्न 14. (क) निम्नलिखित की परिभाषा दीजिए –
(अ) विषमता
(ब) ऋणात्मक एवं धनात्मक विषमता
(स) ककुदतर
(द) प्लेटीकर्टिक
(इ) लैप्टोकर्टिक
(ख) प्रसामान्य बंटन में ककुदता का क्या मान होना चाहिए।
(ग) एक स्कूल के अध्यापक के लिए विषमता और ककुदता के ज्ञान का क्या महत्व है।

उत्तर – (अ) विषमता – वह बंटन जिसमें माध्य और माध्यिका अलग–अलग बिंदुओं पर पड़ते हैं विषम बंटन कहलाता है।
(ब) ऋणात्मक एवं धनात्मक विषमता – वक्रता कर्टोसिस शब्द नुकीलेपन या बारंबारता बंटन के चपटेपन की ओर संकेत करता है।
(स) ककुदता – बंटन ऋणात्मक रूप से विषम या बांयी ओर झुके हुए उस समय कहे जाते हैं जब अधिकतर समंक पैमाने के ऊंचे सिरे की ओर संकलित हो जाते हैं। और बंटन घनात्मक रूप से विषम उस समय कहे जाते हैं जब समंक पैमाने के निचले सिरे पर संकलित हों।
(द) प्लेटीकर्टिक – प्रसामान्य की अपेक्षा अधिक चपटे बंटन को प्लेटीकर्टिक कहते हैं।
(इ) लैप्टोकर्टिक – प्रसामान्य की अपेक्षा अधिक नुकीले बंटन को लेप्टोकर्टिक कहते हैं।

ख) प्रसामान्य बंटन में ककुदता का क्या मान होना चाहिए?
उत्तर – प्रसामान्य बंटन की ककुदता का मान 0.263 है।

ग) एक स्कूल के अध्यापक के लिए विषमता और ककुदता के ज्ञान का क्या महत्व है?
उत्तर – यदि किसी अध्यापक द्वारा एकत्रित समंको का बंटन प्रसामान्य नहीं हैं, तो उस बंटन में विषमता एवं ककुदता के कारणों को ढूंढना होगा। एक कारण यह भी हो सकता है कि समूह के व्यक्ति प्रसामान्य से भिन्न हो या मापे जाने वाले गुण के स्वभाव के कारण भी ऐसा हो सकता है। अध्यापक को ज्ञान होना चाहिए कि शिक्षा का दूरगामी उद्देश्य समंकों का ऋणात्मक विषमता युक्त बंटन प्राप्त करना है।

प्रश्न 15. सहसम्बन्ध कितने प्रकार के होते हैं? **[June07, Q3(vi)]**
उत्तर – **द्विचरीय बंटन में सहसंबंध** – (1) घनात्मक, ऋणात्मक और शून्य हो सकता है। (2) सरल रेखीय व वक्र रेखीय हो सकता है।

1) घनात्मक, ऋणात्मक व शून्य सहसंबंध – जब एक चर (x) में वृद्धि के साथ– साथ दूसरे चर (y) में भी संगत वृद्धि हो तो ऐसे सहसंबंध को धनात्मक सहसंबंध कहा जाता है। घनात्मक सहसंबंध का परास या विस्तर 0 से +1 तक होता है। अधिकतम ऊपरी सीमा +1 संपूर्ण घनात्मक सहसंबंध का द्योतक है।

संपूर्ण घनात्मक सहसंबंध यह दर्शाता है कि किसी एक चर में एक इकाई वृद्धि के साथ–साथ दूसरे चर में उसी अनुपात में ही वृद्धि होती है। उदाहरण के लिए ''गर्मी'' व ''तापमान'' में संपूर्ण घनात्मक सहसंबंध है।

दूसरी ओर, यदि एक चर में वृद्धि (x) के साथ–साथ दूसरे चर (y) में उसी अनुपात में कमी आती है तो कहा जाता है सहसंबंध ऋणात्मक है। ऋणात्मक सहसंबंध का विस्तार 0 से –1 तक होता है, तथा निम्नतम सीमा संपूर्ण सहसंबंध दर्शाती है। संपूर्ण ऋणात्मक सहसंबंध यह दर्शाता है कि किसी एक चर में प्रत्येक इकाई वृद्धि के साथ–साथ दूसरे चर में उसी अनुपात में कमी आती है।

शून्य सहसंबंध का अर्थ है कि दोनों चरों में कोई आपसी सहसंबंध नहीं है, अर्थात एक चर (x) में परिवर्तन का दूसरे चर (y) पर कोई प्रभाव नहीं पड़ता। उदाहरणार्थ, शारीरिक भार व, बुद्धि, जूते की माप व मासिक आय आदि। शून्य सहसंबंध विस्तार –1 से +1 के बीच का बिन्दु है।

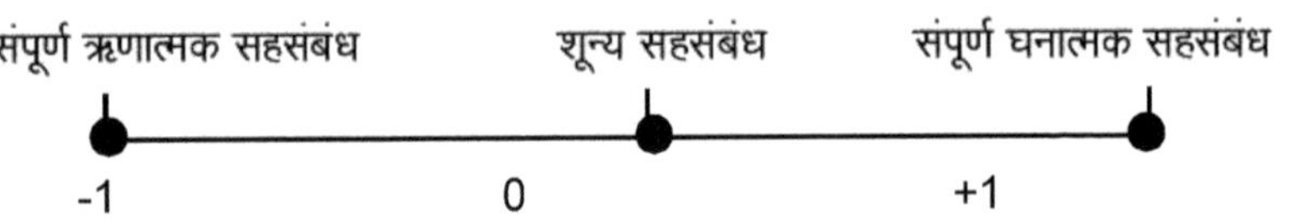

2) सरल रेखीय व वक्र सहसंबंध – सरल रेखीय सहसंबंध दो चरों में एक ही दिशा में या विपरीत दिशा में परिवर्तन या अनुपात है। और एक चर का दूसरे चर के साथ परिवर्तन को आलेखीय विधि द्वारा प्रदर्शन करें तो एक सरल रेखा प्राप्त होती है।

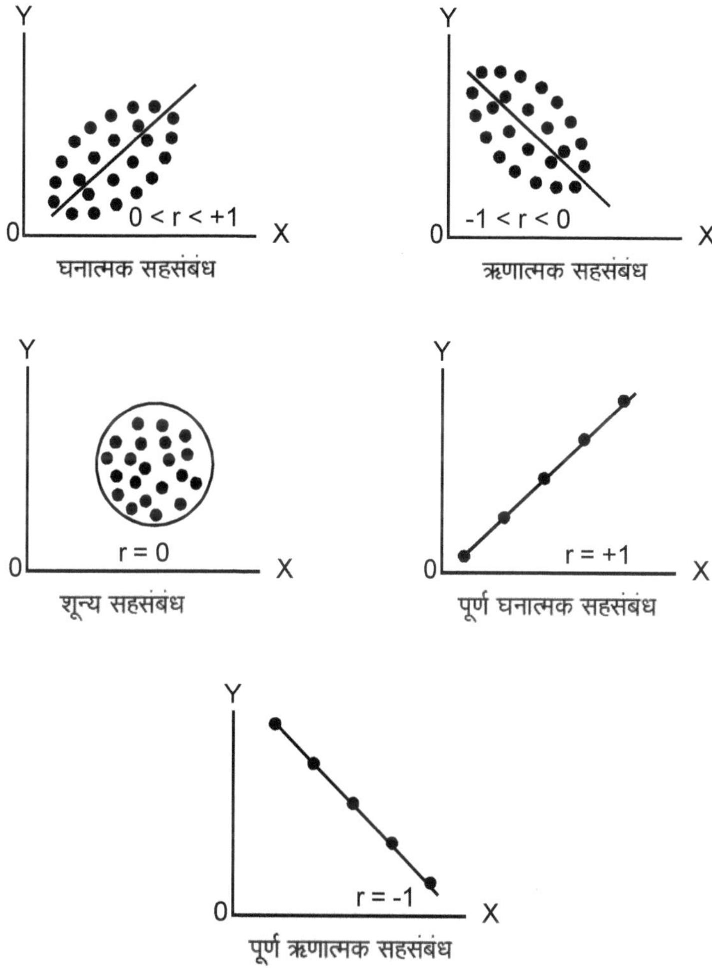

घनात्मक सहसंबंध

ऋणात्मक सहसंबंध

शून्य सहसंबंध

पूर्ण घनात्मक सहसंबंध

पूर्ण ऋणात्मक सहसंबंध

दूसरी परिस्थिति पर विचार कीजिए। पहले, एक चर में वृद्धि के साथ, दूसरे चर में भी उसी अनुपात में किसी बिंदु तक वृद्धि होती है, उसके बाद पहले चर में वृद्धि के साथ दूसरे चर में कमी आने लगती है। इसके आलेख में वक्र रेखा आती है। दो चरों में ऐसा संबंध वक्ररेखीय सहसंबंध कहलाता है।

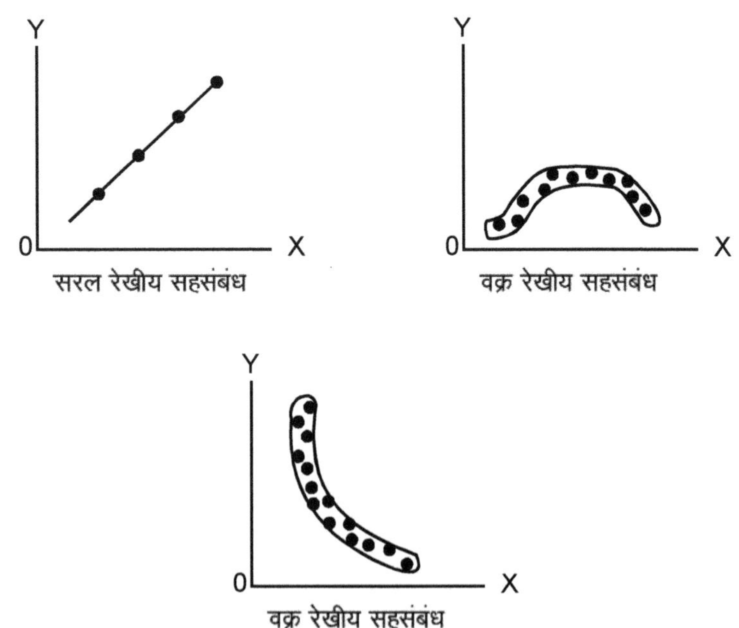

सरल रेखीय सहसंबंध

वक्र रेखीय सहसंबंध

वक्र रेखीय सहसंबंध

प्रश्न 16. स्पियरमैन का श्रेणी क्रम विधि का गुण परिधान विधि उदाहरण सहित समझाइये।

उत्तर – प्रो. चार्ल्स स्पीयरमैन ने व्यक्तिगत श्रेणी में सह–सम्बन्ध ज्ञात करने की एक सरल विधि का प्रतिपादन किया। इस विधि को स्पीयरमैन की श्रेणी क्रम विधि कहते हैं।

यह विधि सामान्य रूप से उन परिस्थितियों के लिए उपयुक्त है जहां तथ्यों का प्रत्यक्ष संख्यात्मक माप सम्भव न हो तथा उन्हें केवल एक निश्चित श्रेणी क्रम में व्यक्त किया जा सकता है। उदाहरण के लिए सुन्दरता, बुद्धिमता, स्वास्थ्य आदि गुणात्मक तथ्यों को अंकों के रूप में मापना कठिन है। इन्हें केवल श्रेणी क्रमों में व्यक्त किया जा सकता है। इन श्रेणी कर्मों के आधार पर ही श्रेणी अन्तर विधि द्वारा सह–सम्बन्ध गुणांक ज्ञात किया जाता है। यदि समंक श्रेणी में पद मूल्य ज्ञात न हों परन्तु उनका क्रम ज्ञात हो तो भी इस रीति द्वारा सह–सम्बन्ध गुणांक ज्ञात किया जा सकता है।

श्रेणी अन्तर विधि द्वारा सह–सम्बन्ध की गणना – इस विधि द्वारा सह–सम्बन्ध ज्ञात करने के लिए सर्वप्रथम दोनों समूहों के प्राप्तांकों को अलग–अलग क्रम दिये जाते हैं। अन्त में सबसे कम प्राप्तांक वही क्रम प्राप्त करता है जितनी कुल संख्या (N) होती है। तत्पश्चात दोनों समूहों के क्रमों का अन्तर $R_1 - R_2$ ज्ञात किया जाता है जिसे 'D' स्तम्भ के अन्तर्गत रखते हैं। दोनों समूहों के मध्यक्रमों का अन्तर ज्ञात करते समय + अथवा – चिन्हों का कोई महत्व नहीं होता। 'D' के मानों का वर्ग करके D^2 की गणना करते हैं और उसका योगफल (D^2) ज्ञत करते हैं। अब निम्नलिखित सूत्र की सहायता से सह–सम्बन्ध की गणना करते हैं –........

....

यहाँ पर

श्रेणी क्रम विधि द्वारा प्राप्त सह–सम्बन्ध गुणांक

क्रमों के अन्तरों के वर्गों का योग

N = आवृतियों की कुल संख्या

उदाहरण – निम्नलिखित आंकड़ों से कोटिक्रम विधि द्वारा सह सम्बन्ध गुणांक की गणना तथा व्याख्या कीजिए।

छात्र	**परीक्षण ए**	**परीक्षण ए श्रेणी (R_1)**	**परीक्षण बी श्रेणी (R_2)**	**कोटि अन्तर $D=R_1-R_2$**	**वर्ग अन्तर D^3**
1	35	55	3	1	1
2	40	75	1	2	4
3	60	65	2	1	1
4	20	17	7	1	1
5	10	15	8	0	0
6	50	45	4	2	4
7	25	30	5	0	0
8	18	25	6	1	1
					12

इस प्रश्न में,

....

प्राप्त हुए इन मूल्यों को सूत्र में रखने पर

....

....

परिणाम का निर्वचन – परीक्षण ए और बी के बीच श्रेणीक्रम सह–सम्बन्ध का मान.86 है। यह सह–सम्बन्ध उच्च एवं घनात्मक है। अतः कहा जा सकता है कि छात्रों की परीक्षण ए की योग्यता के साथ परीक्षण बी से सम्बन्धित योग्यता के बढ़ने की प्रवृत्ति है।

प्रश्न पत्र

ई.एस.–333: शैक्षिक मूल्यांकन
जून, 2002

नोट : (i) सभी चारों प्रश्न हल करने हैं।
(ii) प्रत्येक प्रश्न की भारिता समान है।

1. निम्नलिखित प्रश्न का उत्तर लगभग 600 शब्दों में दीजिए।
अध्यापन–अधिगम प्रक्रिया का वर्णन करें तथा इसमें मूल्यांकन की भूमिका का विश्लेषण करें।

अथवा

संकलनात्मक तथा रचनात्मक (निर्माणात्मक) मूल्यांकन के मध्य भेद स्पष्ट करें। इन दो प्रकार के मूल्यांकनों की कक्षा में श्रेष्ठताओं की व्याख्या करें।

2. निम्नलिखित प्रश्न का लगभग 600 शब्दों में उत्तर दें।
शैक्षिक तथा अनुदेशात्मक (शैक्षणिक) उद्देश्यों से क्या अभिप्राय है? उपयुक्त उदाहरण देते हुए उन विभिन्न क्षेत्रों को स्पष्ट करें जिनके साथ शैक्षणिक उद्देश्यों को संबंधित किया जा सके।

अथवा

निकष (मानदंड) संदर्भित परीक्षणों से क्या अभिप्राय है? किसी निकष–संदर्भित परीक्षण के निर्माण में निहित चरणों को स्पष्ट करें।

3. निम्नलिखित प्रश्नों में से किन्हीं पाँच पर संक्षिप्त टिप्पणियाँ लिखें। प्रत्येक टिप्पणी की शब्द संख्या लगभग 120 शब्द हो:
(i) समाज–आलेख – समूह–व्यवहार को समझने में इसका महत्त्व
(ii) किसी परीक्षण को प्रभावित करने वाले कारक
(iii) कठिनाई स्तर – परीक्षण निर्माण में इसका महत्त्व
(iv) मूल्यांकन में श्रेणीकरण प्रणाली – इसकी श्रेष्ठताएँ
(v) प्रश्न कोष (प्रश्न बैंक) तथा इसके लाभ
(vi) मापन स्केल तथा इनके प्रकार
(vii) माध्यिका – उसके लाभ तथा सीमाएँ
(viii) प्रसामान्य बंटन का अर्थ तथा महत्त्व

4. इस प्रश्न का उत्तर लगभग 600 शब्दों में दीजिए।

उन अधिगम कठिनाइयों से संबंधित जो आपने अपने अध्यापन के दौरान देखी हैं कम से कम दो अवधारणाओं/विचारों की सूची बनाएँ। स्पष्ट करें कि इन कठिनाइयों की पहचान आपने कैसे की तथा यह भी बताएँ कि इनके निवारण के लिए आपने क्या उपचारात्मक कदम उठाए।

ई.एस.–333: शैक्षिक मूल्यांकन
दिसम्बर, 2002

नोट : (i) सभी चारों प्रश्न हल करने हैं।
(ii) प्रत्येक प्रश्न की भारिता समान है।

1. निम्नलिखित प्रश्न का उत्तर लगभग 600 शब्दों में दीजिए।
मूल्यांकन अवधारणा को उपयुक्त उदाहरणों सहित स्पष्ट करें। इसके साथ–साथ मूल्यांकन के मूल्य–निर्धारण (आकलन) तथा मापन के साथ संबंध को भी स्पष्ट करें।

अथवा

अधिगम–अध्यापन प्रक्रिया में मूल्यांकन की भूमिका पर प्रकाश डालते हुए मूल्यांकन की आवश्यकता तथा इसके महत्त्व को स्पष्ट करें।

2. निम्नलिखित प्रश्न का उत्तर लगभग 600 शब्दों में दीजिए।
आकलन (मूल्य–निर्धारण) अंतः निर्धारकों द्वारा किया जाना चाहिए अथवा बाह्य निर्धारकों द्वारा? अंतः और बाह्य आकलन के लाभ और हानियों पर प्रकाश डालते हुए अपने उत्तर का औचित्य सिद्ध कीजिए।

अथवा

उपयुक्त उदाहरण देते हुए एक अच्छी मूल्यांकन–प्रविधि के विभिन्न लक्षणों या विशेषताओं की विवेचना करें।

3. निम्नलिखित में से किन्हीं पाँच पर संक्षिप्त टिप्पणियाँ लिखें। प्रत्येक टिप्पणी लगभग 120 शब्दों में हो।
(क) निकष–संदर्भित परीक्षण
(ख) समाकलनात्मक मूल्यांकन
(ग) समाजमिति तथा इसके उपयोग
(घ) प्रक्षेपी तकनीक – मूल्यांकन में इसका उपयोग
(ड.) किसी परीक्षण की विश्वसनीयता को प्रभावित करने वाले कारक
(च) सुसाध्यता गुणांक तथा इसके उपयोग
(छ) गति परीक्षण तथा इसके उपयोग
(ज) निदानात्मक परीक्षण

4. अपने विषय–क्षेत्र से एक प्रकरण चुनिए तथा इस प्रकरण के मूल्यांकन के लिए प्रश्न–पत्र तैयार करने के लिए एक श्रेष्ठ ब्लूप्रिंट निर्मित कीजिए। इस ब्लूप्रिंट को आधार मानते हुए ज्ञान, बोध तथा अनुप्रयोग स्तरों को निर्धारित करने के लिए प्रत्येक पक्ष के लिए तीन–तीन वस्तुगत परीक्षण मदों की रचना कीजिए तथा औचित्य सिद्ध कीजिए कि ये परीक्षण मद किस भाँति ज्ञान, बोध तथा अनुप्रयोग स्तरों का आकलन करते हैं।

ई.एस.–333: शैक्षिक मूल्यांकन
जून, 2003

नोट : (i) सभी चारों प्रश्न हल करने हैं।
(ii) प्रत्येक प्रश्न की भारिता समान है।

1. निम्नलिखित का उत्तर लगभग 600 शब्दों में दीजिए।
मूल्यांकन की सर्वाधिक सामान्य रूप से प्रयुक्त होने वाली तकनीकें कौन–कौन सी होती हैं? निम्नलिखित तकनीकों में से किसी एक तकनीक की अवधारणा, महत्त्व तथा व्यवहार्यता की व्याख्या करें:

(i) आत्म–प्रतिवेदनीय तकनीक
(ii) प्रेक्षण तकनीक

2. निम्नलिखित का उत्तर लगभग 600 शब्दों में दीजिए।
उपयुक्त उदाहरण देते हुए 'निर्माणात्मक मूल्यांकन' तथा 'समाकलनात्मक मूल्यांकन' का भेद स्पष्ट करें। अध्यापन–अधिगम प्रक्रिया में इनके महत्त्व का आलोचनात्मक परीक्षण करें।

अथवा

अध्यापक द्वारा निर्मित तथा मानकीकृत परीक्षणों का भेद उपयुक्त उदाहरणों सहित स्पष्ट करें। शिक्षण–अधिगम प्रक्रिया में उनकी अनुगत उपयोगिता को भी स्पष्ट करें।

3. निम्नलिखित में से किन्हीं पाँच के उत्तर दीजिए। प्रत्येक उत्तर लगभग 120 शब्दों का हो:
(क) वृतांत अभिलेख
(ख) वैधता – अवधारणा तथा प्रकार
(ग) श्रेणीयन – निरपेक्ष तथा तुलनात्मक
(घ) प्रसामान्य प्रायिकता वक्र – इसकी अवधारणा तथा अनुप्रयोग
(ङ.) सहसंबंध – प्रकार तथा मूल्यांकन में उपयोग
(च) शततमक – अवधारणा तथा उपयोग
(छ) निदानात्मक परीक्षण
(ज) व्यक्तित्व के गैर–शैक्षणिक पक्षों का परीक्षण

4. निम्नलिखित का उत्तर लगभग 600 शब्दों में दीजिए।

अपने विषय क्षेत्र से कोइ एक प्रकरण चुनिए तथा श्रेष्ठ लघु प्रश्न–पत्र तैयार कीजिए जिसमें दस परीक्षण मद हों तथा जो ज्ञान, बोध तथा अनुप्रयोग स्तरों से संबंधित हों। एक श्रेष्ठ प्रश्न–पत्र के निर्माण के लिए निर्धारित मानदंडों के आधार पर अपने प्रश्न–पत्र की गुणता का औचित्य सिद्ध करें।

ई.एस.–333: शैक्षिक मूल्यांकन
दिसम्बर, 2003

नोट : (i) सभी चारों प्रश्न हल करने हैं।
(ii) प्रत्येक प्रश्न की भारिता समान है।

---

1. निम्नलिखित का उत्तर लगभग 600 शब्दों में दीजिए।

'मूल्यांकन' से आपका क्या अभिप्राय है? किसी अच्छे मूल्यांकन उपकरण की विशेषताओं की विवेचना करें।

अथवा

उपयुक्त उदाहरण देते हुए 'अध्यापक निर्मित परीक्षण' तथा 'मानकीकृत परीक्षण' में अंतर स्पष्ट करें। अध्यापन–अधिगम प्रक्रिया में इनकी उपयोगिता को भी स्पष्ट करें।

2. निम्नलिखित का उत्तर लगभग 600 शब्दों में दीजिए।

अध्यापन–अधिगम प्रक्रिया में सतत् एवं व्यापक मूल्यांकन' की आवश्यकता तथा इसके महत्त्व की व्याख्या करें। विद्यार्थियों के निष्पादन संबंधी सतत् एवं व्यापक मूल्यांकन में दत्त–कार्यों की भूमिका का विवेचन करें।

अथवा

'निदान' तथा 'पूर्वानुमान' पदों को उपयुक्त उदाहरण देकर स्पष्ट करें तथा मूल्यांकन में इनके महत्त्व को भी समझाइए।

3. निम्नलिखित में से किन्हीं पाँच पर संक्षिप्त टिप्पणियाँ लिखिए। प्रत्येक टिप्पणी लगभग 120 शब्दों की हो:

(क) प्रगति रिपोर्ट – इसका महत्त्व तथा उपयोग

(ख) वैधता – अवधारणा तथा इसके प्रकार

(ग) उपलब्धि तथा निदानात्मक परीक्षणों में अंतर

(ड.) गति और शक्ति परीक्षण तथा इनके उपयोग

(च) सह–संबंध गुणांक – व्याख्या तथा इसका शैक्षिक मूल्यांकन में उपयोग

(छ) प्रसामान्य संभाव्यता वक्र – इसकी अवधारणा तथा उपयोग

(ज) श्रेणीकरण – निरपेक्ष तथा तुलनात्मक श्रेणीकरण

4. निम्नलिखित का उत्तर लगभग 600 शब्दों में दीजिए।

अपने अध्यापन विषय से आप तीन कठिन अवधारणाओं/विषय–क्षेत्र की सूची बनाएँ। बताएँ कि आपने इन अवधारणाओं या विषय–क्षेत्रों का निदान किस प्रकार किया? इनकी उपचारीकरण संबंधी उस प्रक्रिया को समझाएँ जिसका प्रयोग आपने विद्यार्थियों को इन अवधारणाओं/विषय–क्षेत्र की अधिगम संबंधी कठिनाइयों को दूर करने योग्य बनाने के लिए किया हो।

ई.एस.–333: शैक्षिक मूल्यांकन
दिसम्बर, 2004

नोट : (i) सभी **चारों** प्रश्न हल करने हैं।
(ii) प्रत्येक प्रश्न की भारिता समान है।

1. निम्नलिखित प्रश्न का उत्तर लगभग 600 शब्दों में दें।

अध्यापन–अधिगम प्रक्रिया में मूल्यांकन की आवश्यकता तथा महत्त्व को स्पष्ट करें।

अथवा

'बाह्य' तथा 'आंतरिक' मूल्यांकन से आपका क्या अभिप्राय है? इन दोनों प्रकार के मूल्यांकन की श्रेष्ठताएँ तथा त्रुटियों की विवेचना करें। उपयुक्त उदाहरणों द्वारा अपने उत्तर की पुष्टि करें।

2. निम्नलिखित प्रश्न का उत्तर लगभग 600 शब्दों में लिखें।

मूल्यांकन की 'प्रेक्षण तकनीक' से आप क्या समझते हैं? उपयुक्त उदाहरण देते हुए प्रेक्षण के प्रकारों तथा इसकी निर्धारण प्रक्रिया पर वर्णन करें।

अथवा

किसी परीक्षण के संदर्भ में, अपने विषय से उपयुक्त उदाहरणों की मदद से परीक्षण के 'मद विश्लेषण', 'कठिनाई स्तर' तथा 'विभेदकारी शक्ति' पदों की व्याख्या करें। एक अच्छा परीक्षण तैयार करने में इन पदों के महत्त्व को समझाएँ।

3. निम्नलिखित में से किन्हीं पाँच पर टिप्पणियाँ लिखें। प्रत्येक टिप्पणी लगभग 120 शब्दों में हो:

(i) मानक–संदर्भित परीक्षण

(ii) नैदानिक परीक्षण

(iii) निरपेक्ष तथा तुलनात्मक श्रेणीकरण

(iv) उपाख्यानात्मक (अनैक्डोटल) रिकॉर्ड

(v) कक्षा मूल्यांकन में शतमकों का उपयोग

(vi) स्वप्रतिवेदन तकनीक तथा कक्षा में इसके अनुप्रयोग

(vii) अध्यापक–निर्मित परीक्षणों के लाभ तथा हानियाँ

(viii) वैधता तथा इसके प्रकार

4. निम्नलिखित का उत्तर लगभग 600 शब्दों में दें।

अपने विद्यालय में पढ़ाते समय, आपने अधिगम के शैक्षिक तथा गैर–शैक्षिक पक्षों का मूल्यांकन किया होगा। कोई चार गैर–शैक्षिक गुणों का जिक्र करें जिनका मूल्यांकन आपने अपने विद्यालय में किया हुआ होगा। इनके मूल्यांकन में जिन उपकरणों तथा तकनीकों का उपयोग किया होगा उनकी भी व्याख्या करें।

ई.एस.–333: शैक्षिक मूल्यांकन
जून, 2005

नोट : (i) सभी **चारों** प्रश्न हल करने हैं।
(ii) प्रत्येक प्रश्न की भारिता समान है।

1. निम्नलिखित का उत्तर लगभग 600 शब्दों में दें।
'मूल्यांकन' को परिभाषित करें तथा उपयुक्त उदाहरण देते हुए 'मापन' व 'निर्धारण' के साथ मूल्यांकन के सम्बन्ध की विवेचना करें।

अथवा

'प्रसमा–संदर्भित' तथा 'निकष–संदर्भित' परीक्षण का भेद उपयुक्त उदाहरण प्रस्तुत करते हुए स्पष्ट करें।

2. निम्नलिखित का उत्तर लगभग 600 शब्दों में लिखें।
मूल्यांकन की "स्व–प्रतिवेदन" तकनीक की अवधारणा तथा इसके महत्त्व की व्याख्या करें। अधिगम निष्पत्तियों के मूल्यांकन के लिए इस तकनीक का प्रयोग करते समय जिन विभिन्न सुझावों व सावधानियों को ध्यान में रखना चाहिए उनका सविस्तार वर्णन करें।

अथवा

'विश्वसनीयता' शब्द को परिभाषित करें। उपलब्धि परीक्षण की विश्वसनीयता का आकलन करने के लिए किन्हीं तीन उपागमों का वर्णन करें।

3. निम्नलिखित में से किन्हीं पाँच पर टिप्पणियाँ लिखें। प्रत्येक टिप्पणी लगभग 120 शब्दों में हो।
(क) समाज–आरेख तथा इसके उपयोग
(ख) मानकीकृत परीक्षणों के लाभ तथा हानियाँ
(ग) "पूर्वानुमान" का महत्त्व तथा इसके उपयोग
(घ) प्रसामान्य प्रायिकता वक्र की अवधारणा तथा इसके अनुप्रयोग
(ड.) कक्षा मूल्यांकन में माध्य, माध्यिका तथा बहुलक के उपयोग तथा सीमाएँ
(च) शैक्षणिक उद्देश्यों का महत्त्व तथा इनके प्रकार
(छ) ब्लू–प्रिंट की अवधारणा तथा महत्त्व
(ज) प्रक्षेपी तकनीकें तथा कक्षा अनुदेश (शिक्षण) में इनका उपयोग

4. निम्नलिखित प्रश्न का उत्तर लगभग 600 शब्दों में दें।

अपने अध्यापन विषय से ऐसी चार अवधारणाएँ/अधिगम क्षेत्रों को चुनें जिनका बच्चों को स्पष्ट बोध कराने के लिए उपचारात्मक पाठ्यसामग्री की आवश्यकता पड़ती हो। उपचारात्मक सामग्री की प्रकृति की व्याख्या करें तथा ऐसी उपचारात्मक सामग्रियों के निर्माण में जिन सोपानों की आवश्यकता पड़ती है उनका वर्णन करें। अपना उत्तर उपयुक्त उदाहरणों सहित स्पष्ट करें।

ई.एस.–333: शैक्षिक मूल्यांकन
दिसम्बर, 2005

नोट : (i) सभी **चारों** प्रश्न हल करने हैं।
(ii) प्रत्येक प्रश्न की भारिता समान है।

---

1. निम्नलिखित प्रश्न का उत्तर लगभग 600 शब्दों में दें।

अध्यापन–अधिगम प्रक्रिया की व्याख्या करें तथा उपयुक्त उदाहरण देते हुए इस प्रक्रिया में मूल्यांकन की भूमिका की विवेचना करें।

अथवा

संकलनात्मक तथा रचनात्मक मूल्यांकन से क्या अभिप्राय है? इन दोनों प्रकार के मूल्यांकनों के चार महत्त्वपूर्ण अंतर बताइए। अपने उत्तर की पुष्टि उदाहरण देकर करें।

2. निम्नलिखित प्रश्न का उत्तर लगभग 600 शब्दों में दें।

मानक–संदर्भित तथा निकष–संदर्भित परीक्षणों की व्याख्या करें। अध्येता निष्पादन के मूल्यांकन में इनकी उपयोगिता की चर्चा उपयुक्त उदाहरण देकर करें।

अथवा

उपयुक्त उदाहरण देकर 'प्रक्षेपी तकनीकों' की अवधारणा, प्रकार तथा उनके उपयोग की व्याख्या करें।

3. निम्नलिखित में से किन्हीं चार पर संक्षिप्त टिप्पणियाँ लिखें। प्रत्येक टिप्पणी लगभग 150 शब्दों की हो।

(i) एक परीक्षण का कठिनाई स्तर तथा उसकी विभेदन शक्ति
(ii) अध्यापन–निर्मित परीक्षण: लाभ तथा हानि
(iii) निरपेक्ष तथा तुलनात्मक श्रेणीकरण
(iv) प्रतिशतता – अवधारणा तथा कक्षा मूल्यांकन में इसका उपयोग
(v) परीक्षण की रूपरेखा – अवधारणा तथा प्रश्न–पत्र बनाने के लिए इसका उपयोग
(vi) निर्धारण मापनी: प्रकार तथा उपयोग

4. निम्नलिखित प्रश्न का उत्तर लगभग 600 शब्दों में दें।

अपने अध्यापन विषय से किसी उपविषय (टॉपिक) का चयन करें। रूपरेखा (ब्लू–प्रिंट) के

आधार पर इस उपविषय पर एक उपलब्धि प्रश्न–पत्र का निर्माण करें। इस प्रश्न–पत्र में 9 मद (आइटम) होने चाहिए जिनका विभाजन निम्न प्रकार हो:

ज्ञान परीक्षण = 3 मद

बोध परीक्षण = 3 मद

अनुप्रयोग परीक्षण = 3 मद

ई.एस.–333: शैक्षिक मूल्यांकन
जून, 2006

नोट : (i) सभी **चारों** प्रश्न हल करने हैं।
(ii) प्रत्येक प्रश्न की भारिता समान है।

---

1. निम्नलिखित प्रश्न का उत्तर लगभग 600 शब्दों में दीजिए।
उपयुक्त उदाहरण देते हुए 'मूल्यांकन' के विभिन्न घटकों की व्याख्या करें तथा मूल्यांकन को परिभाषित करें।

उत्तर – मूल्यांकन किसी भी साधारण अथवा कठिन परिस्थिति में चाहे वह पाठशाला में हो अथवा इससे संबधित किसी अन्य क्रिया में किसी भी प्रकार के निर्णय लेने हो तो मूल्यांकन अनिर्वाय है। शिक्षक जब उद्देश्यों के लिए अधिगम परिस्थितियों का सावधानी से निर्धारण कर लेता है तब मूल्यांकन के लिये परीक्षा का निर्माण किया जाता है। इस परीक्षा से यह निश्चय किया जाता है कि इन उद्देश्यों की प्राप्ति कहाँ तक हो सकी है। **मेगर** का कथन है कि इस सोपान में शिक्षक नियोजन, शिक्षण–विधियों, प्रविधियों, अनुदेशन तथा अन्य शिक्षण सहायक सामग्री की उपयोगिता का मूल्यांकन करता है, जिससे उनमें सुधार तथा विकास के लिए शिक्षक को प्रोत्साहन मिलता है। उसके आधार पर शिक्षक उत्तम साधनों तथा स्रोतों का प्रयोग अधिगम के लिए करता है जिससे उसके शिक्षण कौशल का विकास होता है। इसके लिए शिक्षक मानदण्ड–परीक्षा की रचना करता है।

निष्पत्ति – परीक्षा तथा मानदंण्ड–परीक्षा में अक्सर भ्रम हो जाता है। इन दोनों में अन्तर होता है। मानदण्ड परीक्षा उद्देश्यों के मूल्यांकन पर बल देती है जबकि निष्पत्ति परीक्षा पाठ्यवस्तु के मापन को महत्व देती है।

मूल्यांकन का अर्थ – मूल्यांकन एक प्रक्रिया है जिसके द्वारा अधिगम–परिस्थितियों तथा सीखने के अनुभवों के लिए प्रयुक्त की जाने वाली सभी विधियों एवं प्रविधियों की उपादेयता की जांच की जाती है। मूल्यांकन शब्द शिक्षा मनोविज्ञान में विभिन्न अर्थों में प्रयुक्त किया गया है तथा इसको कई प्रकार से परिभाषित भी किया गया है। **क्वालेन तथा हन्ना** की परिभाषा अधिक सार्थक प्रतीत होती है। उनके अनुसार विद्यालय में हुए छात्रों के व्यवहार परिवर्तन के सम्बन्ध में प्रदत्तों के संकलन तथा उनकी व्याख्या करने की प्रक्रिया को मूल्यांकन कहते हैं।

मूल्यांकन का महत्व –
मूल्यांकन की अधोलिखित विशेषताये हैं :–

1) शिक्षण–आव्यूह में सुधार तथा विकास किया जाता है तथा अनावश्यक अधिगम– स्रोतों को हटाया भी जा सकता है।

2) कक्षा में छात्रों के उद्देश्यों की प्राप्ति के अनुसार स्तरीकरण किया जा सकता है।

3) मूल्यांकन प्रक्रिया से यह भी निश्चित किया जाता है कि किन विशिष्ट उद्देश्यों की प्राप्ति नहीं हो सकी है ताकि समुचित उपचारात्मक अनुदेशन दिया जा सके।

4) शिक्षण की विधियां तथा प्रविधियों की उपादेयता और उनकी कमजोरियों को भी ज्ञात किया जाता है।

5) मूल्यांकन द्वारा यह मालूम किया जाता है कि उद्देश्यों की प्राप्ति कहां तक हो सकी है।

6) मूल्यांकन–प्रक्रिया शिक्षक तथा छात्र दोनों के लिए पुनर्बलन का कार्य करती है।

इस प्रक्रिया में मानदण्ड–परीक्षा का महत्वपूर्ण कार्य होता है जिससे छात्रों में व्यवहार–परिवर्तन की जांच होती है, जिसके आधार पर शिक्षक को अपनी क्रियाओं के सुधार तथा विकास के लिये दिशा मिलती है।

मूल्यांकन की प्रविधियाँ – मूल्यांकन की प्रक्रिया ज्ञानात्मक, भावात्मक तथा क्रियात्मक उद्देश्यों की प्राप्ति के सम्बन्ध में प्रदत्तों का संकलन करती है। परम्परागत परीक्षाओं से ज्ञानात्मक उद्देश्यों का ही मापन किया जाता है। मूल्यांकन की प्रक्रिया का क्षेत्र अधिक व्यापक होता है। इसमें अनेक प्रकार की प्रविधियाँ प्रयुक्त की जाती है।

1) ज्ञानात्मक उद्देश्यों के लिए मौखिक, लिखित, निबन्धात्मक परीक्षायें तथा वस्तुनिष्ठ परीक्षायें उपयोग में लाई जाती हैं। निरीक्षण प्रविधि का भी प्रयोग करते हैं।

2) भावात्मक उद्देश्यों के लिए अभिरूचि सूची, रेटिंग सकेल तथा मूल्यों की परीक्षा आदि प्रयुक्त किये जाते हैं। निबन्धात्मक परीक्षायें भी आंशिक रूप से प्रयुक्त की जा सकती हैं। निरीक्षण–प्रविधि को भी प्रयोग में लाया जाता है।

3) क्रियात्मक उद्देश्यों के लिए प्रयोगात्मक परीक्षा अधिक उपयोगी मानी जाती है। इसमें छात्रों को कुछ क्रियाएं करनी पड़ती हैं और उनके कौशल का मूल्यांकन किया जाता है।

मूल्यांकन में मानदण्ड परीक्षा को विशेष महत्व दिया जाता है। इसकी तीन प्रमुख विशेषतायें होती हैं :

1) **समुचितता** – मानदण्ड परीक्षा समुचित मानी जाती है क्योंकि इसमें उद्देश्यों को विशेष

महत्व दिया जाता है। परीक्षा के प्रश्न विशिष्ट उद्देश्यों की प्राप्ति का साधन है।

2) प्रभावशीलता – मानदण्ड परीक्षा के मापन का कार्य भली प्रकार करना चाहिए। परीक्षा विश्वसनीय तथा वैध होनी चाहिए।

3) व्यावहारिकता – मानदण्ड परीक्षा का प्रशासन सरल होना चाहिये। अंकन भी सरल हो तथा प्रदत्तों का अर्थापन सार्थक होना चाहिए। परीक्षा छात्रों तथा शिक्षकों को मान्य होनी चाहिए।

शिक्षण अनुदेशन के मूल्यांकन में प्रमुख रूप से मानदण्ड परीक्षा को प्रयुक्त किया जाता है। यदि मानदण्ड परीक्षा में छात्रों को अच्छे अंक (90/90 मानदण्ड) नहीं प्राप्त हुये तो यह इस बात का सूचक है कि अधिगम प्रक्रिया प्रभावशाली नहीं है। इसमें परिवर्तन तथा सुधार लाना चाहिये। इस प्रकार अनुदेशन अभिक्रमित की प्रभावशीलता के सम्बन्ध में निर्णय लिया जा सकता है। छात्रों की प्रतिक्रियाओं को एवं उनकी कमजोरियों को जानने के लिये भी मानदण्ड परीक्षा प्रयुक्त कर सकते हैं और उनमें सुधार ला सकते हैं।

मूल्यांकन प्रविधियों का वर्गीकरण :– विद्यालयों में प्रयुक्त की जाने वाली सभी मूल्यांकन प्रविधियों को प्रमुख रूप से दो वर्गों में विभाजित किया जाता है।

(अ) परिमाणात्मक प्रविधि तथा
(ब) गुणात्मक प्रविधि

(अ) परिमाणात्मक परीक्षाएँ – मूल्यांकन में इस प्रकार की प्रविधियाँ अधिक उपयोगी, विश्वसनीय तथा वैध होती हैं। यह तीन प्रकार की होती है –
1) मौखिक परीक्षा
2) लिखित परीक्षा
3) प्रयोगात्मक परीक्षा।

1) मौखिक परीक्षा – इसमें मौखिक प्रश्न, वाद–विवाद प्रतियोगिता तथा नाटक आदि को प्रयुक्त किया जाता है।

2) लिखित परीक्षा – इसमें प्रश्न लिखित रूप में पूछे जाते हैं, छात्रों को उनका उत्तर लिखना होता है। लिखित परीक्षायें दो प्रकार की होती हैं –
(क) निबन्धात्मक परीक्षायें तथा
(ख) वस्तुनिष्ठ परीक्षायें।

3) प्रयोगात्मक परीक्षा – इसमें छात्रों को कोई निर्धारित कार्य पूरा करना होता है। विज्ञान,

भूगोल, कला, क्राफ्ट आदि विषयों में इन्हें प्रयुक्त किया जाता है।

(ब) गुणात्मक परीक्षाएं – विद्यालय में गुणात्मक परीक्षाओं का उपयोग आन्तरिक मूल्यांकन के लिए किया जाता है। यह साधारण: पांच प्रकार की होती हैं –

1) संचयी आलेख (Cumulative Records)
2) एनेकडोटल आलेख (Anecdotal Records)
3) निरीक्षण (Check list)
4) जांच सूची (Rating Scale)
5) अनुस्थिति मापनी

(1) संचयी आलेख – विद्यालयों में प्रत्येक छात्र के सम्बन्ध में सूचनाओं को क्रमबद्ध रूप में व्यवस्थित किया जाता है। इसमें शैक्षिक प्रगति, मासिक परीक्षा–फल, उपस्थिति, योग्यता तथा अन्य विद्यालयों की क्रियाओं में भाग लेने आदि का आलेख प्रस्तुत किया जाता है। छात्र की प्रगति तथा जानकारी को जानने के लिए अभिभावकों, शिक्षकों तथा प्रधानाचार्य के लिए यह अधिक उपयोगी आलेख होता है।

(2) एनेकडोटल आलेख – इनमें बालकों के व्यवहार के सम्बन्धित महत्वपूर्ण घटनाओं तथा कार्यों का वर्णन किया जाता है। इन कार्यों तथा घटनाओं का आलेख सही रूप में किया जाता है। निरीक्षण करने वाले छात्र की रूचियों तथा झुकावों को उत्पन्न करने वाले घटकों का भी उल्लेख करता है, इनके आधार पर छात्र के सम्बन्ध में सामान्यीकरण किया जा सकता है और निर्देशन में इसे प्रयुक्त करते हैं।

(3) निरीक्षण – इसका प्रयोग विशेष रूप से छोटे बालकों के मूल्यांकन के लिये किया जाता है क्योंकि उनको अन्य कोई परीक्षा नहीं दी जा सकती है और उनके व्यवहार में वास्तविकता होती है। इसका प्रयोग उनकी योग्यता तथा व्यवहारों के सम्बन्ध में किया जाता है। उच्च कक्षाओं में छात्र स्वयं आत्मनिरीक्षण के लिए भी इसे प्रयोग करता है।

(4) जाँच सूची – लिखित तथा मौखिक परीक्षायें छात्रों के ज्ञानात्मक पक्ष की परीक्षा करती है और प्रयोगात्मक कौशल तथा क्रियात्मक पक्ष की जांच करती है। जांच सूची का प्रयोग अभिरूचियों, अभिवृत्तियों तथा भावात्मक पक्ष के लिये किया जाता है। इसमें कुछ कथन दिये जाते हैं। उन कथनों के सम्बन्ध में छात्रों को हाँ अथवा नहीं में उत्तर अंकित करना होता है।

इस प्रकार के कथनों की सूची की रचना करते समय उद्देश्य स्पष्ट होने चाहिए। प्रत्येक कथन को किसी विशिष्ट उद्देश्य का मापन करना चाहिए। जैसे –
(i) आपको शिक्षण–सोपानों का स्मरण करने में रूचि है। हाँ/नहीं
(ii) आप पाठ–योजना की रचना करने में रूचि लेते हैं। हाँ/नहीं

(iii) आपको कक्षा–शिक्षण के प्रस्तुतीकरण में आनन्द मिलता है। हाँ/नहीं
(iv) आपको छात्रों के कार्यों की प्रशंसा करना अच्छा लगता है। हाँ/नहीं
इस जाँच सूची से छात्राध्यापकों की शिक्षण में रूचि का मूल्यांकन किया जा सकता है।

(5) अनुस्थिति मापनी – इसमें कुछ कथन दिये जाते हैं, उनका तीन, पाँच, सात बिन्दुओं तक सापेक्ष निर्णय करना होता है। इसका उपयोग उच्च कक्षाओं के छात्रों के लिये ही किया जा सकता है क्योंकि निर्णय लेने की शक्ति छोटी आयु में छात्रों में नहीं होती है। शिक्षक भी प्रत्येक छात्र के मापने के लिए इसका प्रयोग करता है, परन्तु शिक्षक को प्रत्येक छात्र से भली प्रकार परिचित होना चाहिये। अनुस्थिति मापनी के कथन स्पष्ट तथा विशिष्ट व्यवहारों से सम्बन्धित होना चाहिये।

अथवा

मूल्यांकन की 'स्व–प्रतिवेदन' तकनीक से क्या अभिप्राय है? किन्हीं चार स्व–प्रतिवेदन तकनीक के माध्यम से बच्चों का मूल्यांकन करते समय आप किन–किन सावधानियों को ध्यान में रखेंगे? [June05, Q2]

उत्तर – स्व–प्रतिवेदन विधियों में उत्तरवादी की आवश्यकता होती है जो अपने से सम्बद्ध व्यवहार या लक्षणों के पदों से प्रतिक्रिया करे। पदों को सामान्य रूप से अभिव्यक्ति यथा–पसंद, नापसंद, भय, आशा, धार्मिक विचार, आदर्श की आवश्यकता होती है जिसमें व्यक्ति अपनी आवश्यकताओं और परिवेश की मांग से कैसे निपटता है इस बात को दर्शाता है।

स्व–प्रतिवेदन विधियों का प्रयोग प्रायः रूचि, समंजन अभिवृत्ति और व्यक्तित्व आदि सम्बन्धित लक्षणों को मापने के लिए किया जाता है। कभी–कभी यह परीक्षण केवल लक्षण यथा सुरक्षा–असुरक्षा, अति चिंता–कम चिंता की माप करता है। इसके लिए अनेक लक्षणों को एक साथ मापने के लिए भी विकसित किया जा सकता है। उदाहरण के कटेल के प्रयोग 16 विभिन्न प्रकार के प्राप्तांक प्राप्त किये जा सकते हैं। स्व–प्रतिवेदन जांच सूची प्रश्नावली या रेटिंग स्केल फार्मेट से प्राप्त किया जा सकता है। स्व–प्रतिवेदन के कुछ महत्वपूर्ण उपकरण निम्नलिखित है :

1) वुडवर्थ का व्यक्तिगत डाटाशीट (Woodworth Personal Datasheet)
2) मीनेसोता मल्टीफेजिक पर्सनालीटी इनवेंटरी (MMPI) (Minnesota Multiphase Personality Inventory)
3) एडवर्ड पर्सनल प्रोफरेंस सीड्यूल (Edwards Personal Preference Schedule)
4) मीनेसोटा टीचन ऐटीच्यूड इनवेंटरी (Minnesota Teacher Attitude Inventory)

स्व–प्रतिवेदन द्वारा मूल्यांकन – यद्यपि स्व–प्रतिवेदन विधियों में अनेक कमियां हैं परन्तु इसके द्वारा व्यक्तियों से सम्बन्धित विभिन्न लक्षणों या अभिवृत्तियों का बड़े पैमाने पर मापन किया जाता है। ये आत्मनिष्ठ विधियों के अन्तर्गत आती हैं, क्योंकि उत्तरवादी के पूर्वाग्रह को हटाना बहुत कठिन होता है, तथापि व्यक्ति में छिपे जटिल–व्यवहार और व्यक्तित्व के पक्षों को

इससे उजागर किया जा सकता है।

सुझाव –

1) प्रमापीकृत उपकरणों का प्रयोग करना चाहिएं
2) एक से अधिक प्रश्नावली सूची का प्रयोग करना चाहिए,
3) पदों के क्रम को बदलकर परीक्षण को दो बार करें,
4) लाई (lie) मापनी का प्रयोग करें,
5) स्थानीय जनसंख्या के मानक स्थापित करें।

सावधानियाँ –

1) इस प्रकार के उपकरणों का थोड़े समय का विश्वास रखें,
2) जिन प्रविधियों में प्रशिक्षण नहीं प्राप्त किया गया है, उनका प्रयोग न करें। उदाहरण के लिए एम.एम.पी.आई. (MMPI) विधि शिक्षक के लिये वर्जित है।
3) विधि के प्रशासन और स्पष्टीकरण में प्रशिक्षित विशेषज्ञों की सहायता ली जाये।

2. निम्नलिखित प्रश्न का उत्तर लगभग 600 शब्दों में दीजिए।
शैक्षिक रोग निरूपण (निदान) के अर्थ तथा महत्त्व की व्याख्या करें। नैदानिक परीक्षणों के प्रयोजन तथा उपयोगिता की विवेचना करें।

उत्तर – उपकरण अध्यापन अधिगम प्रक्रिया में सहायक होते है। विद्यालयों में दो परीक्षणों को प्रयोग में लाया जाता है। वे है : निदानात्मक परीक्षण तथा उपलब्धि परीक्षण।

(1) निदानात्मक परीक्षण – निदानात्मक परीक्षण में उन मदों को रखा जाता है जो सफल कार्य–निष्पादन में निहित निर्दिष्ट कौशलों के विस्तृत विश्लेषण पर आधारित हों तथा छात्रों द्वारा की जाने वाली सर्वाधिक सामान्य अशुद्धियों के अध्ययन के आधार पर बनाए गए हों। अतः एक अच्छा निदानात्मक परीक्षण छात्र का मापन करने वाले कौशलों के सभी पहलुओं को प्रदर्शित करने का अवसर प्रदान करेगा और छात्र द्वारा की गई अशुद्धियों के प्रारूपों को भी बताएगा।

निदानात्मक परीक्षण विभिन्न विषयों के लिए उपलब्ध है। निदानात्मक परीक्षण का चयन तथा प्रयोग करते समय कुछ बातें ध्यान में रखनी चाहिए, जो इस प्रकार हैं:

1) किसी भी परीक्षण का चयन करते समय विशिष्ट प्रकार की वांछित सूचना के संदर्भ में निदानात्मक प्रविधियों का मूल्यांकन किया जाना चाहिए।

2) निदानात्मक परीक्षण उन छात्रों के लिए तैयार किऐ जाते हैं जिनका निष्पादन किसी विषय विशेष में औसत से कम रहता हो। अतः ये परीक्षण अधिगम में पाई जाने वाली कमजोरियों को अभिचिहिन्त करने में उपयोगी हैं, न कि प्रवीणता का स्तर दर्शाने के लिए।

3) निदानात्मक परीक्षण उन विशिष्ट त्रुटियों की ओर संकेत करता है जो छात्रों से प्रायः होती है। किंतु यह त्रुटियों के कारणों को इंगित नहीं करता। कुछ कारणों का तो की गई गलती के प्ररूप से या छात्र के इस स्पष्टीकरण से कि वह उस उत्तर तक कैसे पहुंचा, आसानी से अनुमान लगाया जा सकता है।

4) निदानात्मक परीक्षण छात्र की कठिनाई के निदान के लिए केवल आंशिक रूप में जानकारी प्रदान करते हैं। इस जानकारी के पूरक या अनुपूरक रूप में प्रेक्षण जैसी अन्य पद्धतियों का प्रयोग करना होगा।

5) विशिष्ट अधिगम कठिनाइयों के बारे में निदानात्मक परीक्षणों से प्राप्त परिणामों की विश्वसनीयता कम होती है, क्योंकि अपेक्षाकृत ऐसी बहुत कम मदें हो सकती हैं जो प्रत्येक प्रकार की अशुद्धि का मूल्यांकन कर सकें। अतः किसी छात्र विशेष की विशिष्ट शक्तियाँ या दुर्बलताओं से संबंधित निष्कर्षों के आधार पर संकेत पाकर उन्हें अन्य वस्तुनिष्ठ साक्ष्य के संदर्भ में तथा नियमित कक्षा–प्रेक्षण द्वारा सत्यापित किया जाना चाहिए।
सारांश रूप में यह कहा जा सकता है कि निदानात्मक परीक्षण अधिगम संबंधी कठिनाइयों के विश्लेषण के लिए एक उपयोगी साधन है।

(2) **उपलब्धि परीक्षण** – उपलब्धि परीक्षण को प्रायः अध्यापक–निर्मित परीक्षणों और मानकीकृत परीक्षणों के रूप में वर्गीकृत किया जाता है। विद्यालयों में हम सामान्यतः अध्यापक–निर्मित परीक्षण प्रयोग में लाते हैं। इनके परिणाम किसी विद्यालय में दिए जाने वाले शिक्षण के संबंध में छात्र की उपलब्धि को दर्शाते हैं। अध्यापन–अधिगम प्रक्रिया को बेहतर बनाने में इनके परिणाम अत्यंत उपयोगी होते हैं। ये छात्रों को समझने में, अपने अध्यापन के संबंध में समुचित निर्णय लेने में तथा अपने अध्यापन की प्रभाविता की जांच करने में अध्यापकों की सहायता करते हैं। ये छात्रों को आगे और अधिगम के लिए तथा अध्यापकों को स्व–मूल्यांकन की दिशा में अभिप्रेरित करते हैं।

अथवा

उपचारात्मक सामग्री की आवश्यकता तथा महत्त्व क्या है? उपयुक्त उदाहरण देते हुए उपचारात्मक सामग्री की निर्माण प्रक्रिया तथा इस के उपयोग की व्याख्या करें।

यदि उपचारात्मक कार्य को प्रभावी बनाना है तो उस प्रत्येक विशिष्ट कौशल के लिए स्थापित वेधता वाले अभ्यास प्राप्त कराए जाने चाहिए जो उपलब्धि को प्रभावित करते हैं। अभ्यास सामग्री की वैधता अधिकांशतः इस बात पर निर्भर करती हैं कि क्या कौशलों का विश्लेषण परिशुद्ध व संपूर्ण है अथवा नहीं। विषय इकाइयों की कठिनाइयों, जिनकी पहचान केवल अस्पष्ट तरीके से की जा सकती है, मात्र आकस्मिक ही हो सकती है। किसी अन्य तरीके से उपचार नहीं किया जा सकता। अभ्यास की मात्रा और गुणवत्ता उन कौशलों के अनुरूप हो जिनका उपचार किया जाना है। उदाहरणार्थ, यदि प्रभावी मौनपठन बोध के लिए कुछ न्यूनतम शब्द–संग्रह में प्रवीणता की आवश्यकता है तो उन विशेष–शब्दों का अभ्यास कराया जाना

चाहिए जिनके कारण विशेष कमजोरी होती है। इन विशेष शब्दों के यह अभ्यास अन्य शब्दों के अभ्यास से पहले होना चाहिए।

सिद्धांत रूप में, विशेष क्षेत्र में सभी संभव मूल तथ्यों और कौशलों के 100 प्रतिशत प्रतिदर्श लेने से ही अभ्यास सामग्री की पूर्ण वैधता प्राप्त की जा सकती है। अर्थात् किसी भी तथ्य अथवा कौशल को पूर्ण अभ्यास के बिना छोड़ा नहीं जा सकता। अलग–अलग विषय क्षेत्रों में इस प्रकार का प्रतिदर्श लेने की दृष्टि से काफी भिन्नता पाई जाती है। पठन या भाषा जैसे क्षेत्रों में एक संपूर्ण प्रतिदर्श प्राप्त करना लगभग असंभव है।

यदि उपचारात्मक और सुधारात्मक अभ्यास सामग्री उपयुक्त ढंग से तैयार की गई है तो उन कौशलों पर समय नष्ट करने की आवश्यकता नही जिनके लिए अभ्यास की जरुरत नहीं हो। जिन उपचारात्मक अभ्यासों में, मूल कौशलों पर अभ्यास के वितरण पर नियंत्रण रखा जाता है वे यादृच्छिक अभ्यास की तुलना में लगभग निश्चित रूप से अधिक प्रभावी हैं, भले ही दोनों मामलों में यह सही हो कि सुधार के लिए उचित अभिप्रेरणा दे दी गई है। वह अभ्यास निश्चित रूप से अत्यधिक प्रभावी होगा जिसमें उन मूल महत्त्व के कौशलों को सम्मिलित किया गया हो जो उस विषय में उपलब्धि प्राप्ति के लिए अनिवार्य हों। अव्यवस्थित ढंग से किए गए अभ्यास सभी संभव कमियों को दूर कर भी सकते हैं या नहीं कर सकते। परन्तु उन अभ्यासों से लगभग निश्चित रूप से उन कौशलों पर समय व्यर्थ जाएगा। जिनका अभ्यास करने की कोई जरूरत नहीं है।

अभ्यास की वैधता उस मात्रा पर निर्भर करती है जिसके द्वारा इस प्रतिदर्श के अंतर्गत सभी मूल या मौलिक कौशल शामिल हो जाते हैं और उस मात्रा पर भी जिस में अभ्यास के द्वारा वास्तव में स्वयं उन कौशलों का विकास होता है जिनका विकास करना चाहते हैं। समुचित रूप से तैयार की गई उपचारात्मक सामग्री न केवल उपयुक्त कौशल पर एक समान वैध अभ्यास प्रदान करेगी बल्कि इसमें कौशल के सभी मूल पक्ष भी शामिल होंगे। इसके अतिरिक्त प्रत्येक स्थिति के अत्यंत महत्त्वपूर्ण रूप भेदों से बच्चा परिचित होना चाहिए।

प्रभावी उपचारात्मक सामग्री में अनिवार्यतः न केवल वे सभी मूल या मुख्य कौशल एक वैध तरीके से शामिल होने चाहिए जिन पर उपलब्धि निर्भर करती है बल्कि इनके द्वारा इन घटक तत्त्वों का पूर्ण कार्य में एकीकरण होना चाहिए।

3. निम्नलिखित में से किन्हीं चार का संक्षिप्त उत्तर दें। प्रत्येक उत्तर लगभग 150 शब्दों का हो:

(i) एक उत्तम मूल्यांकन उपकरण की विशेषताएँ

Refer to Chapter-1, Q.No.-3

(ii) मद विश्लेषण – अवधारणा तथा उपयोग

मद विश्लेषण किसी परीक्षण में शामिल विभिन्न प्रश्नों की प्रभावशीलता निर्धारित करती है। प्रश्नों को लिखने, उनकी समीक्षा करने, सावधानीपूर्वक सम्पादन करने और उनकी परीक्षण लेने के बाद उन्हें एक ऐसी प्रविधि से गुजारा जाता है जिसे "प्रश्न विश्लेषण" कहा जाता है। प्रश्न विश्लेषण यह बताता है कि संपूर्ण परीक्षण कोई एक प्रश्न किस प्रकार कार्य करता है। यह

एक ऐसी तकनीक है जो निश्चित करती है कि दिया गया प्रश्न बहुत सरल है यह या बहुत कठिन है, और अधिक और कम उपलब्धि वाले विद्यार्थियों में विभेद कर सकता है अथवा नहीं।

मद/प्रश्न–विश्लेषण के सूचकांक

प्रश्न विश्लेषण के दो सूचकांक हैं :

1. कठिनाई स्तर और
2. विभेदीकरण शक्ति

(इसे प्रश्न/मद की वैधता भी कहते हैं)

कठिनाई स्तर

कठिनाई स्तर की गणना करना:

किसी प्रश्न का कठिनाई स्तर उन छात्रों के प्रतिशत में व्यक्त किया जाता है, जिन्होंने प्रश्न को सही प्रकार हल किया हो। इसलिए प्रश्न का कठिनाई स्तर निम्न सूत्र द्वारा से ज्ञात किया जा सकता है:

$$\text{कठिनाई स्तर} = \frac{R}{N} \times 100$$

जहाँ $R =$ उन छात्रों की संख्या जिन्होंने प्रश्न का सही उत्तर दिया,

$N =$ उन सभी छात्रों की संख्या जिन्होंने प्रश्न को हल करने का प्रयास किया,

कुछ विशेष परिस्थितियों में जब कुछ छात्र प्रश्न का उत्तर ही नहीं देते हैं तो नीचे दिए गए सूत्र का प्रयोग करते हैं।

$$\text{कठिनाई स्तर} = \frac{R}{N - NR} \times 100$$

जबकि $R =$ छात्रों की संख्या जिन्होंने प्रश्न का उत्तर सही दिया,

$N =$ कुल छात्रों की संख्या जिन्होंने प्रश्न को हल करने का प्रयास किया,

$NR =$ उन छात्रों की संख्या जिन्होंने प्रश्न का उत्तर नहीं दिया।

विभेदक शक्ति

विभेदक शक्ति – वह सीमा जिस तक परीक्षण का कोई प्रश्न, उच्च और निम्न उपलब्धि वाले छात्रों में अंतर कर सके।

किसी प्रश्न की विभेदक शक्ति का आशय उस शक्ति से जाता है जिसके द्वारा वह उच्च तथा कम उपलब्धि वाले विद्यार्थियों में भेद कर सके। यदि कोई प्रश्न अधिक प्रभावशाली है तो उससे उच्च उपलब्धि वाले छात्र, निम्न उपलब्धि वालों की अपेक्षा, अधिक संख्या में सही हल करेंगे।

इसे ज्ञात करने के लिए निम्न सूत्र का प्रयोग किया जाता है:

विभेदक शक्ति = $\dfrac{RU - RL}{\frac{1}{2}T}$

जहाँ RU = उच्चवर्ग के छात्रों की संख्या जो प्रश्न को सही करते हैं।

RL = निम्नवर्ग के छात्रों की संख्या जो प्रश्न को सही हल करते हैं।

$\frac{1}{2}T$ प्रश्न को हल करने वाले कुल छात्रों की संख्या का आधा।

(iii) बाह्य मूल्यांकन – लाभ तथा हानियाँ

उत्तर – आंतरिक मूल्यांकन और बाह्य मूल्यांकन का संक्षिप्त वर्णन निम्नलिखित हैं :

बाह्य मूल्यांकन – जब किसी विद्यालय या संस्था के बजाय परीक्षायें किसी एजेंसी द्वारा आयोजित की जाती हैं तो उसे बाह्य मूल्यांकन कहते हैं। इसमें एजेंसी द्वारा ही छात्रों को अनुदेशन दिये जाते हैं और संस्थाओं के समूह के छात्र एजेंसी के अधीन होते हैं। हमारे देश में सार्वजनिक परीक्षायें किसी विशेष विद्यालय बोर्ड द्वारा मूल्यांकन के लिए चलायी जाती हैं। इस प्रकार की परीक्षाओं में छात्रों से सम्बद्ध शिक्षक प्रत्यक्षरूप से मूल्यांकन में शामिल नहीं होते। सामान्यतः इस प्रकार की परीक्षायें किसी विशेष उद्देश्य को लेकर नहीं संचालित की जाती हैं। इस प्रकार सार्वजनिक परीक्षा संचालित की जा सकती है और इससे प्राप्त परिणामों का प्रयोग कई कार्यों के लिए किया जाता है। वास्तविक परीक्षण एक परीक्षार्थी के द्वारा एक प्रश्न पत्र या कई प्रश्न पत्रों के उत्तर देने तक सीमित होता है। इसमें समय भी सीमित होता है।

आंतरिक मूल्यांकन – वर्तमान समय में बाह्य परीक्षाओं के रूप में सार्वजनिक परीक्षायें ही हैं जो केवल छात्रों के प्रमाणीकरण का आधार बनती हैं। अन्य सभी परीक्षायें जो विद्यालय द्वारा संचालित की जाती हैं, आंतरिक परीक्षायें कहलाती हैं। इनका कार्य परीक्षायें चलाने वाली एजेंसी पर निर्भर करता है।

इससे पता चलता है कि विद्यालय में होने वाली परीक्षायें आंतरिक परीक्षायें होती हैं, चाहे ये बाहरी व्यक्ति या शिक्षक द्वारा लिया जाये जो विशेष रक्षा या वर्ग से सम्बन्धित हो। यह विचार आधार नहीं हो सकता क्योंकि इन सभी दशाओं में परीक्षक परीक्षा देने वाले छात्रों के अनुदेशात्मक प्रक्रिया से सम्बन्धित नहीं होता। वास्तव में कसौटी मूल्यांकनकर्ता का ज्ञान होता है, जो क्या पढाया है और कैसे पढाया है, इस तथ्य को विषय को बढाने वाला कक्षा अध्यापक ही जानता हैं यदि एक परीक्षक यूनिट से अनभिज्ञ है, निश्चित उद्देश्यों को नहीं जानता और छात्रों को दिया जाने वाले अधिगम अनुभवों से भी परिचित नहीं है, तो वह उचित ढंग से मूल्यांकन नहीं कर सकता। इसलिए आंतरिक मूल्यांकन में उसी शिक्षक को भाग लेना चाहिए जो छात्रों को पढ़ाता है। वे सभी प्रकार के मूल्यांकन जो सार्वजनिक रूप से या विद्यालयों में या विद्यालय के बाहर या अन्दर उसी स्कूल या दूसरे विद्यालय के शिक्षक द्वारा लिया जाता है, बाह्य परीक्षायें हैं।

इस प्रकार आंतरिक मूल्यांकन के लिए तीन कसौटियाँ हैं–

1) कक्षा के शिक्षण अधिगम क्रियाओं से प्रत्यक्ष सम्पर्क,

2) उस कक्षा के कक्षाध्यापक द्वारा प्रश्नपत्र की रचना,

3) स्वयं उस शिक्षक द्वारा परीक्षा का संचालन अर्थात् उत्तर पुस्तिकाओं की जांच।

यदि ये सभी शर्तें जहाँ पूरी नहीं होती, तो वह परीक्षा बाह्य परीक्षा होगी।

आंतरिक परीक्षा के लाभ और हानियाँ – सम्बन्धित अध्यापक छात्र का सबसे अच्छा मूल्यांकनकर्ता माना जाता है। उस सिद्धान्त के आधार पर छात्रों का आंतरिक मूल्यांकन सम्बन्धित शिक्षा संस्था के अध्यापक द्वारा हमारे देश में और अन्य स्थानों पर अपनाया गया है। आंतरिक मूल्यांकन में विभिन्न प्रकार के परीक्षणों और सांख्यिकीय आंकड़ों को छात्र की क्षमता जानने के लिए शामिल करना आवश्यक है। फिर कभी–कभी ऐसी स्थितियाँ आती हैं कि छात्र परीक्षा देने के स्थिति में नहीं होता। ऐसी स्थिति को देखते हुए छात्रों को वास्तविक मूल्यांकन करने के लिए उसके उपलब्धियों का आंकड़ा एक लम्बी अवधि 2 या 3 वर्ष तक एकत्र करना है और इसका औसत मापन लेना चाहिए। इसलिए एक छात्र के उच्चतम माध्यमिक ग्रेडिंग को उसके दो वर्ष की उपलब्धियों के आधार पर गणना करना चाहिए। आंतरिक मूल्यांकन से संबंधित इसी प्रकार की अन्य समस्यायें भी हो सकती हैं। उदाहरण के लिए किसी कक्षा के चार भाग हैं और प्रत्येक भाग को अलग–अलग शिक्षक पढा रहे हैं। ऐसी स्थिति में विधियों में एकरूपता कैसे लायी जा सकती है। उसके मूल्यांकन में एकरूपता लाने की समस्या उत्पन्न हो जाती है। यहाँ यह प्रश्न उठता है कि एकरूपता आवश्यक है। इस प्रकार आंतरिक मूल्यांकन की वैधता और विश्वसनीयता के सम्बन्ध में शोध की आवश्यकता है तभी इन दोषों को दूर किया जा सकता है।

यदि आंतरिक मूल्यांकन सामान्य उद्देश्यों को लेकर किया जाता है तो एक संस्था के परिणाम का दूसरे संस्था के परिणाम से तुलना करना आवश्यक है। ऐसे करके एकरूपता स्थापित करने का प्रयास हो सकता है। ऐसे प्रयास में बाह्य संशोधन के लिए विधियों को विकसित किया जाता है। प्रायः यह अनुभव किया गया है कि इस प्रकार संशोधनों द्वारा परिणामों को सार्वजनिक परीक्षाओं की अपेक्षा अधिक संतोषजनक बनाया जा सकता है। इस सम्बन्ध में एक दूसरा दृष्टिकोण भी दिया गया है आंतरिक मूल्यांकन और सार्वजनिक परीक्षायें दोनों विभिन्न प्रकार के प्रश्नों के आधार पर निर्मित प्रश्नपत्रों से किया जाता है और दोनों से छात्रों के परिणाम ज्ञात होते हैं। दूसरे दृष्टिकोण के समर्थकों का कहना है कि सभी छात्रों का दोनों प्रकार की परीक्षा ली जानी चाहिए और दोनों का परिणाम देना चाहिए और प्रमाणपत्र में दोनों का अलग–अलग उल्लेख होना चाहिए। इससे पता चलता है कि आंतरिक मूल्यांकन में केवल पढ़ने वाले विषयों का ही मूल्यांकन नहीं होता बल्कि शिक्षक छात्र का सभी प्रकार से मूल्य निर्धारण करता है। यह कार्य सार्वजनिक या लोक परीक्षाओं में सम्भव नहीं है। इस प्रकार आंतरिक परीक्षा एक अनवरत और समग्र मूल्यांकन है।

इस प्रकार आंतरिक मूल्यांकन को बाह्य मूल्यांकन की अपेक्षा अच्छा कहा जा सकता है। वास्तव में यह निर्णय उद्देश्यों पर निर्भर है जिसके लिए मूल्यांकन किया जाता है। उदाहरण के लिए बाह्य परीक्षायें विश्वविद्यालय, क्षेत्र, कर्मचारियों और कुछ वैध कोर्स के लिए की जाती है। आंतरिक परीक्षा या मूल्यांकन का प्रयोग अधिगम उपलब्धि के विभिन्न क्षेत्रों– संज्ञानात्मक, प्रभावकारी और मनोगत्यात्मक के लिए किया जाता है और ये अनवरत और समग्र मूल्यांकन होता है।

(iv) उपाख्यान रिकॉर्ड – अवधारणा तथा इसके उपयोग

Refer to Chapter-3

(v) समाज आलेख – अवधारणा तथा उपयोग

Refer to Chapter-2

(vi) प्रसामान्य संभाव्यता चक्र – इसके सैद्धांतिक आधार और विशेषताएँ

प्रसामान्य संभाविता वक्र : सैद्धांतिक आधार – प्रसामान्य संभाविता वक्र संभाविता के नियम पर आधारित है (संयोग का खेल), जिसको अठाहरवीं शताब्दी में फ्रांस के गणितज्ञ अब्राहम डिमाइवर (Abraham Demoivre 1667-1754) ने खोजा था। इब्राहम डिमाइवर ने इस संभाविता वक्र का गणितीय समीकरण बनाया एवं इसका लेखाचित्रीय निरुपण भी किया।

प्रसामान्य संभाविता वक्र की विशेषताएँ

प्रसामान्य संभाविता वक्र की विशेषताएँ निम्नलिखित हैं:

1. प्रसामान्य वक्र सममित होता है।
2. प्रसामान्य वक्र एक –बहुलकी होता है।
3. प्रसामान्य वक्र का सबसे अधिक ऊँचाई वाली कोटि केंद्रीय बिंदु पर होता है।
4. प्रसामान्य वक्र एक्स–अक्ष से अनन्तस्पर्शी होता है,

प्रसामान्य वक्र के सिरे कभी भी और कही भी एक्स–अक्ष पर नहीं मिलते हैं। दूसरे शब्दों में यह सिरे वक्र की आधार रेखा एकस–अक्ष भुजा को नहीं छूते। वक्र की इस विशेषता को अनन्तस्पर्शी कहा जाता है। प्रसामान्य संभाविता वक्र में आधार रेखा का वक्र से कभी भी स्पर्श नहीं होता। यह वक्र आधार रेखा के निकट जाता हुआ प्रतीत होता है किंतु आधार रेखा तक पहुँचता नहीं है।

5. वक्र की ऊँचाई सम्मिताकार झुकती है।
6. वक्र की आकृति कॉनकेव के नमन बिंदु $\pm$ एक मानक विचलन $(\pm 1\sigma)$ पर आते हैं। वक्र की आकृति नमन बिंदु पर अवतल से उत्तल हो जाती है। समूह के समंकों की दूरी माध्य से जैसे–जैसे बढ़ती जाती है वैसे–वैसे वक्र का क्षेत्र संकुचित होता जाता है। यदि हम नमन बिंदुओं से आधार रेखा पर लम्ब खीचें तो वे आधार रेखा को माध्य से एक मानक विचलन

ऊपर तथा एक मानक विचलन नीचे $(\pm 1\sigma)$ की दूरी पर काटेंगे।

7. प्रसामान्य वक्र में दोनों नमन बिंदुओं के मध्य वाले क्षेत्रफल का प्रतिशत सुनिश्चित होता है।

8. वक्र के अंतर्गत कुल क्षेत्रफल को सर्वसम्मत रूप से 100 प्रतिशत संभाविता मान लिया जाता है।

प्रसामान्य वक्र के अंतर्गत कुल क्षेत्रफल को सर्वसम्मत रूप से 100 प्रतिशत संभाविता मान लिया जाता है। इस वक्र के अंतर्गत माध्य तथा किसी अन्य बिंदु जिसकी दूरी σ–दूरियों से मापी गई हो, के बीच का क्षेत्रफल सुनिश्चित होता है। इन बिंदुओं के बीच का क्षेत्रफल ज्ञान होता है

9. प्रसामान्य वक्र द्विपार्श्व होता है।

10. प्रसामान्य वक्र व्यवहार विज्ञानों के लिए एक गणितीय प्रतिमान है।

वक्र एक मापनी के रूप में प्रयोग होता है जिसकी मापन इकाई $\pm\sigma$ अर्थात् इकाई मानक विचलन है।

4. निम्नलिखित प्रश्न का उत्तर लगभग 600 शब्दों में दीजिए।

निकष–संदर्भित परीक्षण की रचना में सम्मिलित विभिन्न चरणों को बताइए। अपने विषय से एक इकाई चुनें और उस पर एक निकष–संदर्भित परीक्षण का निर्माण करें जिसमें 12 मदें हों और जिनका आधार उपर्युक्त वर्णित चरण हों।

Refer to Chapter-1, Q.No.-8

ई.एस.–333: शैक्षिक मूल्यांकन
दिसम्बर, 2006

नोट : (i) सभी **चारों** प्रश्न अनिवार्य हैं।
(ii) सभी प्रश्नों की भारिता समान है।

1. निम्नलिखित प्रश्न का उत्तर लगभग 600 शब्दों में दीजिए।
एक 'अच्छे' मूल्यांकन उपकरण की आधारभूत विशिष्टताओं का उल्लेख कीजिए तथा विवेचना कीजिए। [Dec03, Q1]

उत्तर – एक अच्छे मापन उपकरण की विशेषताएं निम्नलिखित हैं :

1) वैधता – यदि किसी परीक्षण द्वारा उसी चीज को मापा जाता है किसी भी परीक्षा की वैधता इस बात से संबंधित होती है कि परीक्षण द्वारा क्या मापा जाता है और कितना परिशुद्ध रूप में मापा जाता है। जिसके मापन की बात कही जाती है तो वह परीक्षण वैध होगा; यदि नहीं, तो वह वैध नहीं है। किसी परीक्षण की वैधता को सामान्य शब्दों में नहीं बतलाया जा सकता। सामान्य रूप से ऐसा नहीं कहा जा सकता कि कोई परीक्षण 'अधिक वैध है या कम वैध'। इसकी वैधता उस विशेष उपयोग के संदर्भ में निर्धारित की जाती है, जिसके लिए परीक्षण किया जा रहा है।

2) विश्वसनीयता – विश्वसनीयता को अलग–अलग मापों में पाई जाने वाली सुसंगति के द्वारा समझा जा सकता है। इसके तीन लक्षण हैं : सबसे पहले विश्वसनीयता का संबंध किसी मूल्यांकन उपकरण द्वारा प्राप्त परिणामों से होता है न कि स्वयं उपकरण से, जैसा कि वैधता के मामले में होता है। अतः निहित समूह तथा उस स्थिति पर निर्भर करते हुए, जिसमें इसका प्रयोग किया जाता है, किसी मापन–उपकरण की अनेक विश्वसनीयता हो सकती है। दूसरी बात यह कि विश्वसनीयता के आकलन का संबंध विशेष प्रकार की विश्वसनीयता से होता है। परीक्षण समंक सामान्य रूप से विश्वसनीय नहीं कहलाते। ये विभिन्न समय–अवधियों के अंतर्गत, विभिन्न प्रश्नों के नमूनों और विभिन्न मूल्यांकनों की दृष्टि–इत्यादि से विश्वसनीय होते हैं।

3) प्रयोज्यता – किसी निश्चित स्थिति में किसी उपयुक्त मापन उपकरण के चयन में यद्यपि किसी परीक्षण की वैधता तथा विश्वसनीयता – ये दो सर्वाधिक महत्वपूर्ण कारक माने जाते हैं तथापि इस संबंध में उपकरण की प्रयोज्यता (उपयोगिता) पर भी विचार किया जाना चाहिए।

4) परिणामों की व्याख्या – किसी परीक्षण के चुनाव में एक अन्य विचारणीय कारक है परीक्षण परिणामों की व्याख्या में सुविधा। कोई परीक्षण समंक तब तक सार्थक नहीं है जब तक

कि अध्यापक या काउंसलर यह तय करने में समर्थ न हो कि इसे कितना महत्व दिया जाए तथा यह निर्णय ले पाए कि छात्र के बारे में किसी अन्य प्रकार की जानकारी के साथ इसका क्या संबंध है। लगभग सभी परीक्षण प्रकाशक ऐसे मैनुअल (नियमावली) छापते हैं जो परीक्षण परिणामों की व्याख्या में अध्यापक की सहायता करते हैं।

5) आरूप (फार्मेट) – किसी परीक्षा के आरूप का मूल्यांकन करते समय अध्यापक को निम्नलिखित बातों पर ध्यान देना चाहिए :

(i) छात्र को अपने प्रश्नों के उत्तर परीक्षण पुस्तिका में कैसे देने हैं, इस आशय के अनुदेश परीक्षण पत्र में ही दे देने चाहिए।

(ii) अधिकांश मामलों में प्रश्नों को कठिनाई–क्रम में रखना चाहिए। सरल प्रश्न पहले होने चाहिए। ऐसा करने से सभी प्रश्नों के उत्तर देने में अच्छे से अच्छा निदर्शन करने के लिए छात्र प्रोत्साहित होंगे, जिसके लिए उनके पास आवश्यक जानकारी व योग्यता पहले से ही मौजूद है।

(iii) जब भी संभव हो, प्रश्नों को आरूपों (सही–गलत, बहुविकल्पी आदि) तथा विषयवस्तु दोनों के अनुसार वर्गीकृत किया जाना चाहिए। यदि ऐसा होता है तो इस बात की कम संभावना रहती है कि छात्र किसी ऐसे प्रश्न का गलत उत्तर दें, जिसके उत्तर की जानकारी उन्हें वास्तव में हे।

(iv) प्रश्न या मदें पृष्ठ पर इस प्रकार व्यवस्थित की जानी चाहिए जिससे उन्हें आसानी से पढ़ा जा सके। मद या प्रश्न को उसी पृष्ठ पर पूरा करें, अर्थात् मद या प्रश्न का कुछ अंश अगले पृष्ठ पर न ले जाएँ।

(v) परीक्षण के प्रत्येक खंड के आरंभ में कम से कम एक–एक अभ्यास–उदाहरण दिया जाना चाहिए जिससे छात्र खंड के आरूप से परिचित हो सकें।

(vi) परीक्षण नियमावली उपलब्ध होनी चाहिए।

अथवा

'निदानात्मक परीक्षण' से आपका क्या अभिप्राय है? यह कक्षागत शिक्षण–अधिगम को सुधारने में किस प्रकार शिक्षकों/शिक्षार्थियों की मदद करता है?

Refer to Chapter-3, Q.No.-6

2. निम्नलिखित प्रश्ण उत्तर लगभग 600 शब्दों में दीजिए।

विद्यार्थियों के व्यवहार के अशैक्षणिक पक्षों के मूल्यांकन की एक तकनीक के रूप में 'निरीक्षण' के प्रयोग की विवेचना कीजिए। शिक्षकों को निरीक्षण की विश्वसनीयता और वैधता किस प्रकार सुनिश्चित करनी चाहिए?

Refer to Chapter-1

अथवा

एक निष्पत्ति परीक्षण के निर्माण एवं मानकीकरण के पदों की संक्षेप में चर्चा एवं विवेचना कीजिए।

उत्तर – निष्पत्ति परीक्षण के प्रयोजन इस प्रकार है :

1) छात्रों की योग्यताओं, क्षमताओं और सीमाओं की जानकारी प्राप्त करना,

2) किसी कक्षा के विभिन्न छात्रों ने वर्षभर में विभिन्न विषयों में कितनी योग्यता प्राप्त की है, इसकी जानकारी करना,

3) जब अधिगमकर्ता को इस बात का ज्ञान होता है कि उनकी परीक्षा ली जायेगी तो कार्य करने की प्रेरणा मिलती है।

4) किसी कक्षा के विद्यार्थियों में कौन से विद्यार्थी, उच्चतर स्तर, सामान्य स्तर तथा निम्न स्तर के हैं, इसका पता लगाना,

5) छात्रों का वर्गीकरण करना

6) शिक्षकों का शिक्षण किस सीमा तक सफल हो रहा है, ज्ञान प्राप्त करना

7) छात्र–छात्रों के बौद्धिक विकास का अनुपात निष्पत्ति परीक्षणों द्वारा ठीक प्रकार लगाया जा सकता है।

8) किस कक्षा के कौन–से विद्यार्थी ऊँची कक्षा में प्रवेश करने योग्य है, इसका पता लगाना,

9) शिक्षा के उद्देश्य की पूर्ति किस सीमा तक हो रही है, यह पता लगाना,

10) किसी शिक्षा प्रणाली की उपयोगिता और उसकी त्रुटियों की जानकारी प्राप्त करना

11) उपलब्धि परीक्षण के द्वारा जो आंकड़ें प्राप्त होते हैं, उन्हें ध्यान में रखकर पाठ्यक्रमों में आवश्यक परिवर्तन किया जा सकता है।

12) शैक्षिक और व्यावसायिक तथा व्यक्तित्व निर्देशन के लिए निष्पत्ति परीक्षण का काफी महत्व है।

उपलब्धि परीक्षणों की रचना में अनेक चरण शामिल है जो निम्नलिखित हैं –

1) **अनुदेशात्मक उद्देश्य** – किसी परीक्षण के नियोजन में सर्वाधिक महत्वपूर्ण चरण अनुदेशात्मक उद्देश्यों की पहचान करना है। प्रत्येक विषय के अपने विभिन्न प्रकार के अनुदेशात्मक उद्देश्य को ज्ञान, बोध, प्रयोग और कौशल जैसे वर्गों में बांटा जा सकता है जबकि भाषाओं के मुख्य उद्देश्यों को ज्ञान, समग्रता और अभिव्यक्ति जैसे वर्गों में विभाजित किया जा सकता है। संज्ञान उद्देश्य अधिगम का सबसे भिन्न स्तर माना जाता है जबकि बोध प्रयोग विज्ञान या विज्ञानों में अधिगम का उच्च स्तर माना जाता है।

2) **ढांचा** – उपलब्धि परीक्षण का दूसरा चरण ढांचा या डिजाइन बनाना है। ढांचा निम्नलिखित की मात्रा निश्चित करता है।

क) अनुदेशात्मक उद्देश्य

ख) प्रश्नों के प्रकार

ग) कोर्स के विभाग और उपविभाग

घ) कठिनाई स्तर

इससे यह भी पता चलता है कि प्रश्नों में विकल्प है या नहीं और उनकी प्रकृति क्या है? डिजाइन को वस्तुतः एक उपकरण कहा जाता है जो परीक्षण एजेंसी के नीति निर्णयों पर प्रकाश डालती है। एक आदर्श डिजाइन निम्न प्रकार की हो सकती हे।

विषय :

कक्षा :

1) प्रश्नपत्र के विभिन्न विमों के लिए अंको के विवरण का महत्व निम्न प्रकार से होगा–

क्रम सं.	उद्देश्य	अंक	प्रतिशत अंको का
1)	ज्ञान		
2)	बोध		
3)	प्रयोग		
4)	कौशल		
		कुल योग	

2) विषय या विषय–वस्तु इकाइयों का वजन

क्रम सं.	इकाईयां और उपइकाईयां	अंक	इकाईयां और उपइकाईयां	अंक
1)				
2)				
3)				
4)				
5)				
6)				

3) प्रश्नों के आकारों या प्रकारों का वजन

क्रम.सं.	प्रश्नों के आकार	प्रत्येक के प्रश्नों की अंक	संख्या	कुल अंक
1)	बड़े उत्तर			
2)	लघु उत्तर			
3)	अति लघु उत्तर			

3) ब्लू प्रिंट – उपलब्धि परीक्षण का तीसरा चरण ब्लू प्रिंट है। प्रश्न पत्र के डिजाइन में बताये नीति निर्णयों को ब्लू प्रिंट के माध्यम से लागू किया जाता है। इस अवस्था में प्रश्न पत्र निर्माता

यह निश्चित करता है कि विभिन्न उद्देश्यों के कितने प्रश्न दिये जायें। वह यह निर्धारण करता है किस इकाई या प्रकरण के किस प्रश्न को दिया जाए। इसके बाद वह निश्चित करता है कि कैसे सभी प्रश्नों को विभिन्न उद्देश्यों के अनुसार बांटा जाये। ब्लू प्रिंट के तीन विम होते हें – क्षैतिज पंक्तियों में विषय–वस्तु क्षेत्र और उर्ध्वाधर पंक्तियों में उद्देश्यों और प्रश्नों के आकार होते हैं। ब्लू प्रिंट के तैयार होने पर प्रश्न निर्माता प्रश्नों का चुनाव या लिख सकता है। इस प्रकार प्रश्न पत्र तैयार हो जाता है। एक ब्लू प्रिंट प्रतिदर्श निम्नलिखित है–

परीक्षा :

विषय : प्रश्न पत्र :

इकाई : कक्षा :

अधिकतम अंक : समय :

उद्देश्य	**ज्ञान**			**बोध**			**प्रयोग**			**कौशल**			**कुल**		
प्रश्नों का आकार	**नि**	**ल**	**अल**	**नि**	**ल**	**अल**	**नि**	**ल**	**अल**	**नि**	**ल**	**अल**	**नि**	**ल**	**अल**
1.															
2.															
3.															
4.															
5.															
6.															
उपयोग															
कुल योग															

नोट :– प्रश्नों की संख्या को कोष्ठ के अन्दर और अंक को कोष्ठ के बार लिखें।

सारांक

निबन्धात्मक या लम्बे उत्तर (नि) अंक :

लघु उत्तर (ल) अंक :

अति लघु उत्तर (अल) अंक :

विकल्प की योजना :

वर्गों की योजना :

जो लागू न हों उसे काट दें।

4) ब्लू प्रिंट के अनुसार उचित प्रश्नों को लिखना – चतुर्थ चरण में ब्लू प्रिंट के अनुसार उचित प्रश्नों को लिखा जाता है। सर्वप्रथम ब्लू प्रिंट के एक भाग को एक समय में लेते हैं और आवश्यक प्रश्नों को लिखते हैं। इस प्रकार एक–एक खण्ड लेकर प्रश्नों की रचना करते हैं। इस कार्य को निम्नलिखित प्रकार से किया जा सकता है–

1) या तो एक समय में एक उद्देश्य से सम्बन्धित प्रश्नों को एक–एक करके लिखें या
2) प्रश्नों को उनेक आकार या प्रकार अर्थात् निबन्धात्मक के लघु उत्तर वाले और उसके बाद अति लघु उत्तर वाले प्रश्नों को लिखें, या
3) एक इकाई के प्रश्नों को लिखें और उसी समय उसका परीक्षण करें।

5) अंक योजना की तैयारी – अंक योजना निर्णय को पुष्ट बनाती है। इसमें प्रश्नों के सम्भावित उत्तरों को लिखा जाता है और मूल्यों के अनुसार अंक प्रदान किये जाते हैं। अंक योजना निर्णय की वस्तुनिष्ठता को निश्चित करती है और मूल्यांकनकर्ता के पूर्वाग्रहों के कारण उत्पन्न अन्तर को समाप्त करती है। एक अच्छे अंक योजना की निम्नलिखित विशेषतायें होती हैं–

(i) इसमें तीन स्तम्भों में कथन होते हैं–
क) प्रश्नों की क्रम संख्या
ख) उनके सम्भावित उत्तर
ग) प्रत्येक मूल्य बिन्दु के लिए निर्धारित अंक

(ii) निबन्धात्मक प्रश्नों या लम्बे उत्तर वाले प्रश्नों के सम्भावित उत्तरों के सम्बन्धित निम्नलिखित बातें जरूरी हैं।
क) प्रश्न में पूछे गये सभी क्षेत्रों के पूरा उत्तर होना चाहिए
ख) सभी बिन्दुओं का स्पष्टीकरण होना चाहिए
ग) यह स्पष्ट रूप से निर्देश होना चाहिए कि पूर्ण और सही उत्तर सभी बिन्दु होने चाहिए या कुछ बिन्दु आवश्यक है।
घ) सभी सम्भावित बिन्दुओं के अंक होने चाहिए और सबका योग प्रश्न के निर्धारित के बराबर होना चाहिए।

(iii) लघु उत्तर वाले प्रश्नों के मामले में पूर्ण उत्तर बिन्दुओं में होना चाहिए और उसके लिए अंक निर्धारित होना चाहिए।

(iv) एक प्रश्न के लिए निर्धारित कुल अंकों के बिन्दुओं के अनुसार विभाजित कर देना चाहिए। ये बिन्दु उत्तर के महत्व के अनुसार होने चाहिए।

(v) कुछ स्थितियों में विषय–वस्तु के अलावा उत्तर की गुणात्मकता महत्वपूर्ण होती है। यह स्थिति विशेषरूप से निबन्धात्मक प्रश्नों में देखने को मिलती है। यह तार्किक उपागम, प्रस्तुतीकरण का ढंग आदि हो सकता है। इसके लिए भी अलग से अंक निर्धारित करना चाहिए।

(vi) अंक योजना अपने में समग्र होनी चाहिए और किसी बिन्दु को उसमें उपेक्षित नहीं करना चाहिए और अंकों का विभाजन स्पष्ट होना चाहिए।

6) प्रश्नवार विश्लेषण – उपलब्धि परीक्षण का अंतिम चरण प्रश्वनार विश्लेषण है। यह कार्य प्रश्न पत्र रचना करने वाले को यह समझने में सविधा देता है कि प्रश्न पत्र संतुलित है या नहीं। प्रश्नवार विश्लेषण के समय प्रश्न पत्र निर्माता प्रत्येक प्रश्न का ब्लू प्रिंट के मानकों के अनुसार विश्लेषण करता है।

3. निम्नलिखित में से किन्हीं चार का संक्षिप्त उत्तर दें। प्रत्येक उत्तर लगभग 150 शब्दों का हो:

(i) आपके द्वारा पढ़ाए जाने वाले विषय में वार्षिक परीक्षा के लिए एक अच्छी अंकन योजना का निर्माण करें।

समंकन योजना तैयार करने का उद्देश्य है: निर्णय संबंधी असंगति को दूर करने में सहायता करना। समंकन योजना में परीक्षण में दी गई मदों के संभावित उत्तर संरचित किए जाते हैं, उत्तर के लिए विभिन्न मूल्य बिंदुओं को श्रेणीकृत किया जाता है और प्रत्येक मूल्य–बिंदु के लिए दिए जाने वाले अंक निर्दिष्ट किए जाते हैं। समंकन योजना से निर्धारण में वस्तुनिष्ठता सुनिश्चित होती है और इससे मूल्यांकनकर्त्ता की सनक के कारण प्राप्तांकों में आई भिन्नताएँ दूर होती हैं। समंकन योजना में, निश्चित तौर से समंकन कुँजी सम्मिलित होती है, जिसे वस्तुनिष्ठ प्रकार के प्रश्नों के लिए तैयार किया जाता है। आइए, इसकी विस्तार से चर्चा करें। प्रश्न–पत्र की गुणवत्ता के अतिरिक्त मूल्यांकन की विश्वसनीयता बहुत सीमा तक विभिन्न परीक्षकों द्वारा विद्यार्थियों को दिए प्राप्तांकों की सुसंगति पर निर्भर करती है या दो अलग–अलग अवसरों पर एकी ही परीक्षक द्वारा दिए समंकों की सुसंगति पर।

वार्षिक अथवा किसी भी परीक्षा के लिए अच्छी अंकन योजना का निर्माण निम्नलिखित बातों को ध्यान में रखकर किया जाना चाहिए:

(1) यह तीन कॉलम वाला एक कथन है जिसमें प्रश्नों की क्रम संख्या, उनके अपेक्षित संक्षिप्त उत्तर और उनके नीचे प्रत्येक मूल्य–बिंदुओं के लिए दिए समंकों को दिखाया जाता है।

(2) विस्तृत उत्तर या निबंधात्मक प्रश्नों के संदर्भ में अपेक्षित उत्तरों की रूपरेखा:

(i) पूर्ण होनी चाहिए और प्रश्नों के अन्तर्गत संभावित रूप से आने वाले सभी अपेक्षित या मुख्य क्षेत्रों को सम्मिलित करना चाहिए।

(ii) रेखांकित मुख्य क्षेत्रों के अंतर्गत प्रत्येक अपेक्षित बिंदु या भागों को स्पष्ट रूप से दर्शाना चाहिए।

(iii) यह निर्दिष्ट करना चाहिए कि किस प्रकार सभी बिंदु एक पूर्ण या सही उत्तर की ओर जे जाएंगे।

(iv) प्रत्येक अपेक्षित बिंदु के लिए समंको को दर्शाना चाहिए। इस तरह अपेक्षित बिंदुओं या उनके खंडों को दिए समंक एक प्रश्न के लिए नियत कुल समंको के योग के बराबर होने चाहिए।

(3) संक्षिप्त उत्तर प्रश्नों के विषय में एक पूर्ण उत्तर दे देना चाहिए और साथ–साथ, जहाँ

आवश्यक हो, इसके लघु खण्ड और उनको दिए जाने वाले समंक दर्शाने चाहिए।

(4) एक प्रश्न के लिए निर्धारित कुल समंकों में से, प्रश्न के विभिन्न बिंदुओं को उनके सापेक्ष महत्त्व के अनुसार समंक निर्धारित करने चाहिए।

(5) यदि किसी प्रश्न के अंतर्गत कुछ और बिंदु भी सम्मिलित हो सकते हों, जो सामान्य अपेक्षा से परे हों तो उन्हें भी प्रश्न में स्थान दिया जाना चाहिए और उन्हें उचित प्रकार से अंक दिए जाए।

(6) समंकन की योजना व्यापक हो ताकि कोई अनपेक्षित विषय–बिंदु छुट न जाए; और इस तरह विभिन्न बिंदुओं या उत्तर के भागों के लिए अंकों का प्रावधान योजना द्वारा स्पष्ट रूप से दर्शाया जाए।

(7) कुछ स्थितियों में, विशेष रूप से विस्तृत उत्तर या निबंध प्रकार के प्रश्नों में विषयवस्तु के अतिरिक्त उत्तर की अन्य विशिष्टताएँ महत्त्वपूर्ण रूप से अपना स्थान रखती हैं। जैसे, तार्किक उपागम, संबद्धता, अभिव्यक्ति की सुबोधगम्यता (विशदता), प्रस्तुतीकरण की शैली, इत्यादि। कुछ समंक उत्तर की ऐसी विशेषताओं के लिए अलग से नियत किए जा सकते हैं जिन्हें सामान्यतः विषयवस्तु संबंधी बिंदुओं की सूची में स्थान नही मिल सकता।

(ii) निरपेक्ष एवं तुलनात्मक ग्रेडिंग के मध्य अन्तर स्पष्ट करें।

[June03, Q3(iii)][Dec03, Q3(vii)][Dec04, Q3(iii)][Dec05, Q3(iii)]

निरपेक्ष ग्रेडिंग – इस उपागम के अंतर्गत समंकों को सीधे श्रेणियों में बदल दिया जाता है। किसी विषय में समंकों का कोई भी बंटन क्यों न हो, 0 – 100 के मापक्रम पर दो स्थिर बिंदुओं के बीच के समंक दी गई श्रेणियों के तदनुरूप होंगे। इसका एक उदाहरण छात्रों का 5 वर्गों में वर्गीकरण है – समंकों के आधार पर श्रेणियाँ निम्नलिखित हैं : विशेष योग्यता, प्रथम श्रेणी, द्वितीय श्रेणी, तृतीय श्रेणी और असफल छात्रों की श्रेणी

75 या अधिक समंक	:	विशेष योग्यता
60 – 74 समंक	:	प्रथम श्रेणी
45 – 59 समंक	:	द्वितीय श्रेणी
33 – 44 समंक	:	तृतीय श्रेणी
33 से कम समंक	:	असफल

समंकों के आधार पर इस तरीके से ग्रेडों ('ए', 'बी', 'सी', आदि) के तदनुरूप कई वर्ग गठित किए जा सकते हैं। तथापि, विभिन्न विषयों के समंकों के बंटन में विभिन्नता को देखते हुए एक विषय के ग्रेड 'ए' को किसी अन्य विषय के ग्रेड 'ए' के समकक्ष नही समझा जा सकता है, हालाँकि ग्रेड 'ए' दोनों विषयों में समान अपच्छेदन बिंदु पर आधारित है। उदाहरण के लिए,

यदि किसी भी विषय के लिए 90 प्रतिशत या अधिक समंक प्राप्त करने वाले को ग्रेड 'ए' देने का निर्णय लिया जाता है तो अंग्रेजी या इतिहास में कोई भी छात्र ग्रेड 'ए' में न आ सकेगा; जबकि यह संभव है कि गणित में अनेक छात्रों ग्रेड 'ए' प्राप्त कर लेंगे।

तुलनात्मक ग्रेडिंग

इसमें समंकों को स्थिति–क्रम या शततमक के आधार पर ग्रेडों में बदला जाता है। इस संदर्भ में विभिन्न श्रेणियों के अनुरूप समंकों की रेंज निर्धारित करते समय समंकों के बंटन की प्रकृति को ध्यान में रखा जाता है। उदाहरण के लिए सर्वोच्च 5 प्रतिशत छात्रों को ग्रेड 'ए' दिया जा सकता है, उससे अगले 10 प्रतिशत छात्रों को ग्रेड 'बी' और इसी तरह आगे। यहाँ एक विषय में ग्रेड 'ए' के लिए वास्तविक अपच्छेदन समंक दूसरे विषय में ग्रेड 'ए' के लिए वास्तविक अपच्छेदन समंकों से पर्याप्त रूप में भिन्न हो सकते हैं। इस मामले में किसी छात्र को मिलने वाली श्रेणी उसके सापेक्ष कार्य–निष्पादन पर निर्भर करती है, अर्थात दूसरे विद्यार्थियों के समंको की तुलना में उसके समंक कितने हैं।

(iii) मौखिक परीक्षणों के उपयोग, लाभ और सीमाओं की विवेचना कीजिए।

मौखिक परीक्षण के मौखिक उत्तर वाले रूप में परीक्षक बोल कर प्रश्न पूछता है और परीक्षार्थी बोल कर ही उत्तर देता है। अनेक लोगों द्वारा इस प्रकार के परीक्षण को मौखिक परीक्षण का एकमात्र प्रामाणिक रूप माना जाता है।

हानियाँ

मौखिक उत्तर परीक्षण की विधि में कई बड़ी हानियाँ निहित हैं। चाहे परीक्षण किसी कक्षा में लिया जाए या एक ऐसे छोटे कमरे में जहाँ केवल परीक्षक और परीक्षार्थी ही बैठे हों, मूलतः यह व्यक्तिगत परीक्षा है जो केवल किसी एक प्रश्न के लिए परीक्षक और परीक्षार्थी की शाब्दिक अंतःक्रिया तक ही सीमित होती है। मौखिक उत्तर वाले परीक्षणों का संचालन करना भी अत्यधिक समय लेने वाला है, विशेषतया तब जब गहन प्रश्न पूछे जाएँ। परीक्षण आंकड़े एकत्र करने के लिए उपलब्ध सभी पद्धतियों में से यह सबसे कम प्रभावी है।

लाभ

मौखिक उत्तर वाले परीक्षण के लाभ मुख्य रूप से इस परीक्षण विधि की अनूठी विशेषताओं के कारण ही हैं: यह परीक्षण मौखिक रूप से लिया जाता है और इसके उत्तर भी मौखिक रूप से दिए जाते हैं। अतः इस परीक्षण में परीक्षार्थी का पठन स्तर और लेखन–योग्यता सम्मिलित नहीं होतीं हैं। इस कारण इस प्रकार के परीक्षणों में सामान्य लचीलापन होता है। इनका प्रयोग बहुत सी स्थितियों में किया जा सकता है जो कुछ अन्य प्रकार के परीक्षणों के लिए उपयुक्त हों और कुछ ऐसी स्थितियों में किया जा सकता है, जहाँ अन्य परीक्षण अनुपयुक्त माने जाते हों।

(iv) माध्यमिक स्तर पर शिक्षार्थियों की व्यापक मूल्यांकन योजना की रूपरेखा विकसित

कीजिए।

Refer to Chapter-2

(v) मध्यमान, माध्यिका और बहुलक और उनकी व्याख्या के बीच अन्तर स्पष्ट कीजिए।

[June05, Q3(v)]

माध्य, माध्यिका तथा बहुलक में बहुत सी बातों के आधार पर एक–दूसरे से भिन्न होते हैं। इनका उपयोग करते समय दत्तों की प्रकृति, मापन पैमाने, तथा मापन के उद्देश्यों को ध्यान में रखने की आवश्यकता हैं। तथापि माध्य इन सब में अधिक परिशुद्ध विश्वसनीय तथा स्थायी माप है। यदि बंटन विषय हों या विकृत हों तो इसका उपयोग नहीं करना चाहिए। यदि दत्तों के प्रत्यक्ष मूल्य को देखने मात्र से कोई निर्णय लेना हो तो बहुलक ही सर्वाधिक उचित माप है। परन्तु यदि माप विषम हो अथवा विकृत हो तो माध्यिका सर्वाधिक वांछनीय माप हो सकता है। यदि और आगे सांख्यिकीय विश्लेषण करना हों तो माध्य का उपयोग करना चाहिए। वस्तुत इनमें से किसी को भी सभी अवस्थाओं के लिए उचित या अनुचित नहीं समझा जा सकता। इनका उपयुक्त चयन संदर्भ पर निर्भर है। यदि आवश्यकता हो तो किसी विशेषज्ञ का परामर्श ले लेना चाहिए।

(vi) विवेचना कीजिए कि सहसम्बन्ध गुणांक की गलत व्याख्या कैसे की जाती है।

कभी कभी हम सहसंबंध की व्याख्या अनुचित करते हुए कारण–कार्य प्रभाव संबंध निश्चित कर लेते हैं। एक चर में बढ़ोतरी का कारण दूसरे में परिवर्तन है। वास्तव में हम ऐसे व्याख्या तब तक नहीं कर सकते जब तक हमारे पास ठोस तर्कसंगत आधार न हो। सहसंबंध गुणाँक हमें दो चरों के बीच परिणामत्मक संबंध के परिमाण के बारे में सूचना प्रदान करता है, न कि दोनों के बीच संबंध की प्रकृति के बारे में।

कारणत्व एक निश्चित क्रम इंगित करता है – A हमेशा B का कारण है, जबकि सहसंबंध केवल दो चरों में परस्पर साहचर्य का परिचायक है। उदाहरणतया, कुसमायोजन व चिन्ता में उच्च सहसंबंध हो सकता है। किन्तु इस उच्च सहसंबंध के आधार पर हम यह नहीं कह सकते कि कुसमायोजन चिन्ता का कारण है। यह भी सम्भव हो सकता है कि अधिक चिन्ता से कुसमायोजन होता हो। इससे यह निष्कर्ष निकलता है कि कुसमायोजन व चिंता में आपस में गहरा संबंध है। विद्यालय के बच्चों में एक विषय में अभिक्षमता का उस विषय उपलब्धि से गहरा संबंध है। क्या विद्यालयी परीक्षा के अन्त में इससे कारणवाची संबंध की झलक मिलती है? यह आवश्यक नहीं है। विषय में अभिक्षमता उस विषय की निष्पत्ति में विचरण अवस्था पैदा करती है लेकिन यह उपलब्धि का एक मात्र कारण नहीं है। उच्च उपलब्धि के और भी बहुत से कारण हो सकते हैं।

अतः सहसंबंध गुणाँ की व्याख्या करते समय कारण–प्रभाव सम्बन्ध निश्चित करते समय दोनों चरों के सहसंबंध के बारे में तर्कसंगत आधार भी देखने और तभी निश्चित निष्कर्ष निकालने चाहिए।

(vii) मूल्यांकन की ग्रेडिंग व आंकिक विधियों में अन्तर स्पष्ट कीजिए।

Refer to Chapter-2, Q.No.-11

4. निम्नलिखित प्रश्न का उत्तर लगभग 600 शब्दों में दीजिए।

अपनी रुचि के शिक्षण विषय में से एक इकाई चुनिए। गृह कार्य (एसाइनमेंट) के दो प्रकार के ऐसे दो–दो उदाहरण दीजिए जिन्हें आप कक्षा के विद्यार्थियों को देना चाहेंगे। इनके अनुसरण हेतु आप क्या–क्या गतिविधियाँ करेंगे कि यह सम्पन्न हो जाए?

उत्तर– वैसे तो सभी विकास विद्यार्थियों के ज्ञानार्जन हेतु यथास्थान उचित हैं। परन्तु मेरी रुचि गणित विषय पढ़ाने में ज्यादा रहती है। इसके मुख्यत: दो कारण हैं:

(1) बच्चों के सर्वांगीण विकास में गणित मुख्य भूमिका निभाती है क्योंकि गणित का ज्ञान प्राप्त करने से बच्चों में अन्य विषयों को समझने की क्षमता का विकास होता है तथा अन्य विषय आसान लगने लगते हैं।

(2) गणित व्यवहार का विषय है अर्थात् दैनिक जीवन में गणित बहुत उपयोगी होता है क्योंकि छोटे–छोटे घरेलू कार्य व लेन–देन गणित पर निर्भर करते हैं। गणित में 'सांख्यिकी" इकाई का भी बहुत महत्व रहता है। इससे बच्चों में सामूहिक रूप से औसत, माध्य, माध्यिका, ग्राफ, पाई चार्ट इत्यादि का अध्ययन करने से समाज में विभिन्न घटनाओं व वस्तुओं के दामों में उतार–चढ़ाव, वृद्धि, कमी इत्यादि का ज्ञान हो जाता है।

गृह कार्य (एसाइन्मेन्ट/Assignment): IX कक्षा

प्रथम एसाइन्मेन्ट (गृह कार्य)

उदाहरण 1: प्रथम गृह कार्य इस प्रकार से दूँगा कि बच्चे अपनी कॉलोनी/मोहल्ले में आँकड़े इकट्ठे करें कि कितने बच्चों को क्रिकेट, फुटबाल, कबड्डी, शतरंज या पतंग उड़ाने का शौक है।

उदाहरण 2: बच्चे अपनी कक्षा के गणित में 60% या उससे अधिक अंक प्राप्त करने वाले बच्चों की संख्या ज्ञात करें तथा बच्चों की VIII कक्षा के गणित के अंकों से तुलना करके ये परिणाम निकालें कि VIII से IX में आने पर उन बच्चों को गणित सीखने की क्षमता में वृद्धि हुई है या कमी।

द्वितीय गृह कार्य:

उदाहरण 1: मैं किसी विद्यार्थी से कहूँगा कि वह अपनी तथा अपने किसी साथी की कक्षा के विद्यार्थियों के विषय में निष्पादन के समंकों को एकत्र करके उनके माध्य, माध्यिका, बहुलक तथा संयुक्त माध्य निकालें तथा उनकी व्याख्या करके एक फाइल तैयार करें।

उदाहरण 2: बच्चों को आयत चित्र (Histogram) श्यामपट्ट पर बना कर दिखाऊँगा जिससे पिछले चार दशक के भारत की जनसंख्या के विवरण होंगे। बच्चों से कहूँगा कि वे श्यामपट्ट से आयत चित्र को नोट बुक पर बनाएँ तथा घर से ग्राफ (आयत चित्र) देखकर निष्कर्ष निकालें कि जनसंख्या वृद्धि का हिसाब क्या है। जैसे–

(1) क्या जनसंख्या में समान रूप से वृद्धि हुई है?

(2) क्या वृद्धि की दर में असमानता है?

(3) क्या वृद्धि अचानक व असतत है?

विद्यार्थियों के गृहकार्य (Assignment) हल करने में मैं समय–समय पर सुझाव व सहायता देता रहूँगा। उनसे कहूँगा कि वे खेल के शौक के आँकड़े इकट्ठे करने के लिए अपनी कॉलोनी/मोहल्ले के बच्चों से सम्पर्क करें। रविवार के दिन मैं भी उनके साथ रहकर आँकड़े इकट्ठे करने में दिलचस्पी दिखाऊँगा व साथ में रहूँगा। 60% या उससे अधिक अंक प्राप्त करने के आँकड़े या दूसरी कक्षा के अंकों से तुलना के आँकड़ों के लिए बच्चों को परस्पर तालमेल से आँकड़े एकत्र करने का सुझाव दूँगा। इससे मेरी कक्षा के बच्चों का दूसरी कक्षा के बच्चों से मित्रता के व्यवहार को भी बढ़ावा मिलेगा।

ई.एस.–333: शैक्षिक मूल्यांकन
जून, 2007

नोट : (i) सभी **चारों** प्रश्न हल करने हैं।
(ii) प्रत्येक प्रश्न की भारिता समान है।

1. निम्नलिखित प्रश्न का उत्तर लगभग 600 शब्दों में दीजिए।
मूल्यांकन उपागमों के तीन जोड़ो के मध्य आप किस प्रकार का सम्बन्ध अनुभव करते हैं?
(1) विकासात्मक एवं सत्रांत मूल्यांकन
(2) आन्तरिक एवं बाह्य मूल्यांकन
(3) मानक संदर्भित एवं निकष संदर्भित मूल्यांकन
प्रत्येक को संक्षेप में स्पष्ट कीजिए। [Dec02, Q1]

(1) विकासात्मक एवं सत्रांत मूल्यांकन
उत्तर – निर्माणात्मक अथवा विकासात्मक मूल्यांकन – शिक्षण के दौरान छात्र की प्रगति को जानने, समझने और सुधारने के लिए जो मूल्यांकन किया जाता है उसे शिक्षण कालीन मूल्यांकन कहते हैं। इसका मुख्य उद्देश्य यह होता है कि अध्यापक और विद्यार्थी को लगातार यह पता लगता रहे कि पढ़ाते समय में अधिगम कितना सफल या असफल रहा है। अध्यापन अवधि में इस मूल्यांकन के आधार होते हैं – कक्षा परीक्षण, छोटे–मोटे प्रश्न, गृह–कार्य और कक्षा–कार्य तथा प्रत्येक पाठ अंश के प्रस्तावित अधिगम परिणामों को जाने के लिए मौखिक प्रश्न आदि। शिक्षण अवधि में मूल्यांकन के परीक्षण मुख्यतः अध्यापक द्वारा निर्मित होते हैं। विद्यार्थियों की प्रगति और उनके अधिगम में जो त्रुटियाँ हो जाती हैं उन्हें जानने के लिए प्रेक्षण भी लाभप्रद होता है चूंकि अध्यापन के दौरान जो मूल्यांकन किया जाता है वह यह जानने के लिए होता है कि विद्यार्थियों ने कितनी प्रगति की है, इसीलिए इसके परिणामों का ग्रेड देने के लिए प्रयोग नहीं होता है।

संकलनात्मक अथवा सत्रांत मूल्यांकन – संकलनात्मक मूल्यांकन का उद्देश्य यह पता करना होता है कि एक विशेष अवधि पूरी होने पर शैक्षिक उद्देश्यों को किस मात्रा में पूरा कर लिया गया हैं इसका मुख्य प्रयोग कोर्स का ग्रेड देने या यह प्रमाणित करने के लिए होता है कि एक विशेष कार्यक्रम के पश्चात् विद्यार्थी ने निर्धारित अधिगम उद्देश्यों को कितनी अच्छी तरह पूरा कर लिया है। इसके लिए अपनाए गए तरीके शैक्षिक उद्देश्यों द्वारा निर्धारित किए जाते हैं। इस मूल्यांकन के लिए बाह्य परीक्षाएँ भी होती हैं और अध्यापक द्वारा निर्मित परीक्षण रेटिंग स्केल इत्यादि भी होते हैं। यद्यपि इसका प्रमुख उद्देश्य ग्रेड देना ही है, परन्तु उससे कोर्स के उद्देश्यों की उपयुक्तता है या और अध्यापन की प्रभाविता के बारे में निर्णय लेने में भी सहायक

सूचना मिलती है।

निर्माणात्मक और संकलनात्मक मूल्यांकन में अंतर –

1) संकलनात्मक मूल्यांकन शैक्षिक कार्यक्रम की उस उपयोगिता की ओर संकेत करता है जो पूरा हो चुका है। इसके विपरीत निर्माणात्मक मूल्यांकन उस शैक्षिक कार्यक्रम के जाँचने की ओर संकेत करता है जो अभी चल रहा है और जिसे अभी सुधारा भी जा सकता है।

2) निर्माणात्मक मूल्यांकनकर्ता सूचना एकत्र करता है और यह जाँचता है कि समग्र शैक्षिक कार्य को जारी रखा जाए अथवा उसे आवश्यकता के अनुसार बदला जाए।

3) संकलनात्मक मूल्यांकन का असर शैक्षिक कार्यक्रम के उपभोक्ता पर पड़ता है जबकि निर्माणात्मक मूल्यांकन का असर कार्यक्रम बनाने वाले और उसे विकसित करने वाले पर पड़ता है।

4) निर्माणात्मक मूल्यांकनकर्ता शैक्षिक क्रम को निर्धारित करने वाले होता है और वह भरसक यह प्रयत्न करता है कि अध्यापन–अधिगम को अच्छा बनासके। संकलनात्मक मूल्यांकनकर्ता निष्पक्ष व प्रतिबद्ध व्यक्ति होता है जो शैक्षिक प्रयासों पर निर्णय देता है।

(2) आन्तरिक एवं बाह्य मूल्यांकन

Refer to Chapter-1, Q.No.-7

(3) मानक संदर्भित एवं निकष संदर्भित मूल्यांकन

उत्तर – मानदण्ड या निकष संदर्भित प्रश्न कई प्रकार के होते हैं। अस्पष्टता होने के कारण प्रकृति और विस्तार की दृष्टि से इनके निर्माण के लिए स्पष्ट मार्गदर्शन करना मुशिकल है। फिर भी इनकी मुख्य विशेषताओं को ध्यान में रखकर नीचे लिखे सुझाव दिए जा सकते है :

1) विषय–क्षेत्र की पहचान : निकष संदर्भित मूल्यांकन के विकास में पहला कदम है – उस विषय का चुनाव, जिस पर प्रश्न बनाते हैं।

2) इकाई या उपविषय का चयन : अगला चरण है उस इकाई का चयन जिस पर परीक्षण बनाना है। इस इकाई के कई भाग हो सकते हैं जिन्हें मिलाकर पूरी इकाई बनती है। आवश्यकतानुसार मूल्यांकन संबंधी प्रश्न–पत्र बनाने के लिए विषय–सामग्री के एक या दो भागों का चयन कर सकते हैं।

3) परीक्षण के क्षेत्र और उसकी सीमा का निर्धारण : चूंकि क्षेत्र विषय–सामग्री के विशेष भाग से संबंध रखता है, इसलिए विषय–वस्तु को परखना और उसे अलग–अलग परिच्छेदों में बांटना जरूरी है। ये भाग आगे छोटे–छोटे भागों में बांटे जा सकते हैं।

4) क्षेत्र उद्देश्य का विशिष्टीकरण : एक निर्धारित क्षेत्र की विषय–सामग्री जानने के बाद अगला कदम है अपेक्षित परिणामों का शैक्षिक उद्देश्यों के आधार पर ज्ञान, समझ, प्रयोग

कौशलों और अभिरूचि आदि के रूप में वर्गीकरण। इन उद्देश्यों को इतने स्पष्ट एवं सही रूप से बताना चाहिए कि विद्यार्थी की उपलब्धि की प्रस्तावित अधिगम परिणामों के अनुसार व्याख्या की जा सके। अधिक स्पष्टीकरण के लिए इसी प्रकार के अन्य नमूना–प्रश्न भी बनाए जा सकते हैं।

5) तीसरे और चौथे चरण का बाह्य पुनरावलोकन : तीसरे और चौथे चरणों में जिन क्रियाओं को छांटा गया है उन्हें दुबारा देखने की आवश्यकता है। यह कार्य उन व्यक्तियों से करवाना चाहिए जो क्षेत्र और विषय–सामग्री के साथ विशिष्ट उद्देश्यों को छाँटने के काम से संबंधित न हों। हाँ, जिस अध्यापक ने यह विषय पढ़ाया हो, उसे इस कार्य में अवश्य शामिल करना चाहिए ताकि बाह्य परीक्षकों की किसी भी शंका को वह दूर कर सके।

6) आन्तरिक पुनरावलोकन : पिछले चरण के बाद आन्तरिक परीक्षक अर्थात् जिसने स्वयं प्रश्न बनाए हैं वह प्रत्येक विशिष्ट उद्देश्य की उनसे संलग्न नमूना प्रश्नों के साथ स्वयं पुनरावलोकन करेगा। इस जाँच से विशिष्ट उद्देश्यों को और अधिक स्पष्ट व प्रभावी करना है।

7) दो भिन्न (क और ख) प्रश्न–पत्र निर्माण : यदि एक ही परीक्षण के दो भिन्न प्रश्न–पत्र (क, ख) बनाए जाए तो एक को संकलनात्मक निदान के लिए प्रयोग किया जाना संभव होगा। साथ ही दोनों के प्रयोग से विश्वसनीयता की जाँच करना आसान रहेगा।

8) चरण छः के अनुसार आन्तरिक पुनरावलोकन : परीक्षण बनाने के बाद उसका आन्तरिक विश्लेषण आवश्यक है। इसका उद्देश्य यह देखना होता है कि परीक्षण का प्रत्येक प्रश्न विशेष उद्देश्यों से मेल खाता है या नहीं। साथ ही ऐसा करने से यदि परीक्षण में कुछ कमियों हो तो उनकी भी जांच हो जाती है।

9) प्रश्न–पत्रों का बाहरी पुनरावलोकन : किसी भी परीक्षण को प्रयोग से पूर्व उसे पढ़ाने वाले अध्यापकों को दिखाया जाना चाहिए। इससे पता चल जाएगा कि विषय–सामग्री में कुछ गलत तो नहीं चला गया है। यदि गलती दिखाई दे तो उसे ठीक कर लेना चाहिए ताकि क्षेत्र वर्णन और सामग्री में एकरूपता हो।

10) परीक्षण की क्षेत्रीय जांच : इस स्टेज पर अन्य परीक्षणों को सीमित संख्या (5,10) में छात्रों को प्रयोग के लिए दिया जा सकता है। हो सकता है कि हिदायतों में से कोई बुरी तरह गलत निकले। अच्छा होगा कि यह परख परीक्षण बनाने वालों के अतिरिक्त कोई अन्य व्यक्ति करें।

11) आन्तरिक पुनरावलोकन : सोपान के बाद आन्तरिक पुनरावलोकन द्वारा अंतिम बार उन परिवर्तनों को देखने का मौका मिलेगा जो पुनरावलोकन अथवा क्षेत्र–परीक्षण से निकलेंगे। इसका मुख्य उद्देश्य परीक्षण को अंतिम रूप देकर, छापने अथवा प्रयोग के लिए देना होता है।

12) परीक्षण का अंतिम रूप : अब परीक्षण का अंतिम रूप उपयोग के लिए तैयार है और विद्यार्थियों की संख्या के अनुसार उसे छपवाया सा साइक्लोस्टाइल कराया जा सकता है। इसकी तालिका को परीक्षण के साथ ही भेजा जा सकता है। सोपान '1' से '14' तक की परीक्षण निर्माण यात्रा के प्रत्येक चरण के लिएएक हस्ताक्षर–पत्र प्रस्तुत किया जा सकता है। इससे परीक्षण बनाने वाले को परीक्षण की प्रगति के प्रत्येक चरण की जानकारी मिल जाएगी।

13) परीक्षण का कक्षा में प्रयोग : परीक्षण में सम्मिलित विषयों के परीक्षण के लिए परीक्षण का कक्षा में प्रयोग किया जा सकता है। अध्यापक अपनी आवश्यकता के अनुसार जिन क्षेत्रों की जाँच करनी है उन्हें क्रम से लगा कर तदनुकूल उनका प्रयोग कर सकता है। विद्यार्थियों के उत्तरों को निर्दिष्ट विश्लेषण योजना के अनुसार नोट किया जा सकता है और उन्हें समंकित किया जा सकता है।

14) परीक्षण की वैधता और विश्वसनीयता का आकलन : परीक्षण संबंधी पूरे समंक प्राप्त होने के बाद अब हम उसकी वैधता विश्वसनीयता को विभिन्न तरीकों से मालूम कर सकते हैं।

अथवा

शैक्षणिक उद्देश्यों की तीन विमाओं का उल्लेख एवं व्याख्या कीजिए। इसके आगे, इनमें से किसी एक विमा के अन्तर्गत वर्गीकरण के स्तरों का उल्लेख एवं स्पष्टकीरण प्रस्तुत कीजिए। विभिन्न स्तरों के उदाहरण दीजिए।

Refer to Chapter-1, Q.No.-12

2. निम्नलिखित प्रश्न का उत्तर लगभग 600 शब्दों में दीजिए।

वैधता के विभिन्न प्रकारों की व्याख्या कीजिए। परीक्षण अंकों की विश्वसनीयता को प्रभावित करने वाले बाह्य एवं आन्तरिक कारकों की भी विवेचना कीजिए।

Refer to Chapter-2, Q.No.-5

अथवा

एक अच्छे मूल्यांकन उपकरण हेतु 'निकष के रूप में वस्तुनिष्ठता' से आप क्या समझते हैं? आप इसे किस प्रकार सुनिश्चित करेंगे?

एक अच्छे मूल्यांकन–उपकरण के लिए वस्तुनिष्ठता एक अन्य महत्वपूर्ण मानदंड है। मान लीजिए एक अध्यापक ने छात्रों को एक परीक्षा दी और उत्तरों की जाँच के पश्चात् समंक दिए। यहाँ किसी छात्र के समंक उस परीक्षक या समंकक के व्यक्तित्व से प्रभावित होंगे जिसने समंक कार्य किया है। इस प्रकार यह कहा जा सकता है कि उपकरण वस्तुनिष्ठ है यदि वह परीक्षक (समंकक) के व्यक्तित्व के प्रभाव अर्थात् उसके विचारों, अभिनतों व निर्णयों से मुक्त है। यदि समंकन शुद्ध विचार, तथ्यों और सबूतों पर आधारित हो तो परीक्षक के व्यक्तिगत निर्णय को भी स्वीकार किया जा सकता है। कोई उपकरण वस्तुनिष्ठ कहलाता है यदि विभिन्न

परीक्षकों द्वारा मूल्यांकन के बाद समंक वही आते हैं। अतः वस्तुनिष्ठता को विभिन्न परीक्षकों द्वारा दिए गए समंक में सहमति या एकरूपता कह सकते हैं।

अध्यापक की राय समंकों को प्रभावित करती है।

छात्रों के उत्तर सही हैं अथवा गलत इस सन्दर्भ में अध्यापकों में असहमति होती है इसलिए समंकन की प्रक्रिया वस्तुनिष्ठ नहीं हो सकती। यदि समंक छात्र के उत्तर पर आधारित हों न कि अध्यापक की राय पर, तो यह अधिक वस्तुनिष्ठ होंगे।

वस्तुनिष्ठता प्रश्नों की प्रकृति पर भी निर्भर होती है। यदि प्रश्न को कुछ और ढंग से लिख दिया जाए तो समंकों में अन्तर हो जाएगा। उदाहरणार्थ–

"लगभग पचास शब्दों में निर्देशन की अवधारणा की व्याख्या कीजिए"।

यहाँ विभिन्न अध्यापकों या परीक्षकों द्वारा दिए गए समंकों में विशेष अंतर नहीं होगा क्योंकि प्रश्न सही उत्तर की प्रकृति बताता है।

वस्तुनिष्ठता विभिन्न समंक देने वालों में सामंजस्य है।

वस्तुनिष्ठ प्रश्नों में (बहु विकल्पीय प्रश्न) विभिन्न परीक्षकों द्वारा एक ही छात्र को भिन्न–भिन्न समंक देने की संभावना बहुत कम है। अतः समंकों में वस्तुनिष्ठता होती है। एक अच्छे वस्तुनिष्ठ प्रश्न में एक और केवल एक ही उत्तर होता है। इसलिए वस्तुनिष्ठ प्रकार के प्रश्न अधिक विश्वसनीय होते हैं क्योंकि विश्वसनीयता समंकों में सामंजस्य को कहते हैं। वस्तुनिष्ठता का अर्थ विभिन्न समंक देने वालों के समंकों में सामंजस्य होता है। इसलिए वस्तुनिष्ठता को समंककों की विश्वसनीयता के रूप में देखा जाता है।

अक्सर हम वास्तविक परिस्थिति में देखते हैं कि परीक्षक के पूर्वाग्रह तथा सनक का भी समंककों पर प्रभाव पड़ता है। मूल्यांकन में बार–बार पूछे जाने वाले प्रश्नों जिनकी ओर समंकक परीक्षक का झुकाव होता है, पर अधिक समंक आते हैं। इस तरह का पाठ्यक्रम तथा समंकन संबंधी व्यक्तिगत झुकाव मूल्यांकन प्रक्रिया को प्रभावित करता है। इसलिए सही मूल्यांकन के लिए मूल्यांकन की वस्तुनिष्ठता सुनिश्चित करनी चाहिए।

साथ ही व्यक्तिनिष्ठता को निन्दनीय कह कर पूरी तरह छोड़ नहीं देना चाहिए जैसा कि अधिकांश मूल्यांकन प्रक्रिया में होता है। व्यक्तिनिष्ठ जाँच सावधानीपूर्वक अवलोकन, बिना अभिनत और पूर्वाग्रह के तथा तर्क संगत विश्लेषण द्वारा करके सही मूल्यांकन किया जा सकता है। इस प्रकार से अनुशासित व्यक्तिनिष्ठता विद्यालयी मूल्यांकन में महत्वपूर्ण भूमिका निभा सकती है।

3. निम्नलिखित प्रश्नों में से किन्हीं चार का उत्तर दें। प्रत्येक उत्तर लगभग 150 शब्दों का हो:

(i) वस्तुनिष्ठ प्रश्नों के प्रकारों का उदाहरणों सहित उल्लेख कीजिए। उनके लाभों और सीमाओं को भी इंगित कीजिए।

Refer to Chapter-3, Q.No.-3

(ii) प्रश्न बैंक से क्या अभिप्राय है? शिक्षार्थियों के मूल्यांकन में इनके उपयोग की संक्षिप्त विवेचना कीजिए। [June02, Q3(v)]

प्रश्न बैंक अथवा बैंकिंग प्रक्रिया से तात्पर्य परीक्षण के प्रश्नों, परीक्षणों या अन्य निर्धारण सामग्री को संचित रूप में रखने और बाद के वर्षों में छात्रों के अन्य समूहों के लिए इस सामग्री को पुनः प्रयोग में लाने की प्रक्रिया से है। बैंकिंग का प्रयोग सर्वाधिक सामान्य रूप से वस्तुनिष्ठ प्रकार के प्रश्नों के लिए किया जाता है किन्तु इसका प्रयोग अन्य मूल्यांकन पद्धतियों के लिए भी किया जाना चाहिए।

प्रश्न बैंक परीक्षण मदों की सुव्यवस्थित लाइब्रेरी है, जिसका प्रयोग परीक्षकों, अध्यापकों तथा छात्रों द्वारा, अध्ययन–अधिगम प्रक्रिया की आवश्यकताओं की आंशिक पूर्ति के लिए किया जाता है। यह प्रश्नों का बेतरतीब संकलन नहीं होता। प्रश्न बैंक को कतिपय पूर्व निर्धारित प्रयोजनों की पूर्ति के लिए तैयार किया जाता है। इसके सुचारू रूप से कार्य करने के लिए सहयोगी उद्यम अपेक्षित है। इसका ध्यान मुख्य रूप से अध्यापन–अधिगम प्रक्रिया को सुधारने पर केन्द्रित होता है। इसके ग्राहकगण विशिष्ट हैं, जो बैंक में संचित प्रश्नों की प्रकृति और व्याप्ति पर निर्भर करते हैं। यह एक जन उपयोगी सेवा हैं और अपने प्रश्नों को बेहतर बनाने के लिए इसमें प्रतिपुष्टि तंत्र अंतर्निहित है।

एक प्रश्न–बैंक दो उद्देश्यों की पूर्ति कर सकता है: शैक्षणिक पक्ष को समृद्ध बनाना तथा साथ ही साथ शिक्षण संबंधी प्रयासों के सन्दर्भ में छात्र की प्रगति का मूल्यांकन करना। शैक्षणिक क्षेत्र में इन प्रश्नों का प्रयोग अध्यापकों द्वारा परीक्षा–पूर्व चरण के लिए और किसी पाठ के विकास तथा गृहकार्य के संशोधन के लिए किया जा सकता है। किसी इकाई या विषय पर प्रश्न–पत्रों का संचयन रचनात्मक मूल्यांकन के लिए किया जा सकता है जो अध्यापन का अभिन्न अंग है। प्रश्नों के इस भंडार का उपयोग सत्र के अन्त में मूल्यांकन (संकलनात्मक मूल्यांकन) हेतु प्रश्न–पत्र तैयार करने के लिए भी किया जा सकता है। छात्र की कठिनाइयों का निदान करने के लिए भी इन प्रश्नों का उपयोग किया जा सकता है।

(iii) सतत मूल्यांकन के कार्य, लाभ एवं सीमाओं की संक्षिप्त विवेचना कीजिए।

Refer to Chapter-3, Q.No.-14

(iv) सामान्य बंटन का उपयोग और प्रयोग दीजिए। [June02, Q3(viii)]

सामान्य बंटन की व्याख्या: मानसिक मापन एवं शैक्षिक मूल्यांकन में प्रसामान्य वक्र की बहुत महत्ता है। यह मापे जाने वाले चर के बारे में महत्वपूर्ण सूचना देता है।

यदि किसी मापे जाने वाले तथ्य अथवा चर का बारंबारता बहुभुज प्रसामान्य वक्र है तो यह दर्शाता है कि:

1. मापा गया तथ्य समष्टि में प्रसामान्य रूप से बंटित है।
2. अधिकतर व्यक्ति मापे गए विशेषक/चर पर औसत है; और पूरी जनसंख्या में उनकी उपस्थिति लगभग 68.26 प्रतिशत है।
3. लगभग 15.87 प्रतिशत व्यक्ति मापे गए चर पर औसत से ऊपर या अधिक है।
4. इसी प्रकार लगभग 15.87 प्रतिशत व्यक्ति मापे गए चर/विशेषक पर औसत से नीचे या कम है।
5. चर/विशेषक को मापने के लिए जिस परीक्षण का प्रयोग किया गया, वह अच्छा है।

6. परीक्षण की विभेदन शक्ति अच्छी है क्योंकि वह योग्यता के आधार पर समूह के व्यक्तियों को कमजोर, औसत एवं उच्च वर्ग में विभक्त कर देता है औा

7. प्रयोग में लाए गए परीक्षण में प्रश्न कठिनाई स्तर के आधार पर व्यवस्थित है।

सामान्य बंटन का उपयोग सर्वाधिक शैक्षिक मापन एवं मूल्यांकन के क्षेत्र में किया जाता है। यहाँ इसकी उपयोगिता इस प्रकार है:

(i) किसी प्रसामान्य बंटन मेंदी गई सीमाओं अथवा समंकों के अंतर्गत समंकों का प्रतिशत ज्ञात करना।

(ii) किसी प्रसामान्य बंटन में दिए गए बिन्दु या समंक के ऊपर या नीचे समंकों का प्रतिशत ज्ञात करना।

(iii) किसी प्रसामान्य बंटन में यह ज्ञात करना कि दिए गए समंकों का प्रतिशत किन सीमाओं के अंतर्गत है।

(iv) दिए गए समूह में छात्र की शतमक क्रम ज्ञात करना।

(v) किसी छात्र के शतमक क्रम का शतमक मूल्य ज्ञात करना।

(vi) दो बंटनों की तुलना परस्पर व्यापन की दृष्टि से करना।

(vii) परीक्षण प्रश्नों या पदों की सापेक्ष कठिनाई का निर्धारण करना।

(viii) दिए गए समूहों को विशेष योग्यतानुसार उपसमूहों में विभाजित करना तथा उनकी श्रेणी का निर्धारण करना।

(v) मूल्यांकन, आकलन और मापन में विभेद स्पष्ट कीजिए।

Refer to Chapter-1, Q.No.-4

(vi) सह–सम्बन्ध गुणांक का अधिकतम मान –1 और +1 के बीच ही क्यों होता है? विवेचना कीजिए।

Refer to Chapter-4, Q.No.-16

(vii) प्रायोगिक परीक्षाएँ प्रायः नाममात्र की रह जाती हैं। कार्यरत शिक्षक के रूप में आप इन्हें उपयोगी और उद्देश्यपूर्ण बनाने के लिए क्या करना चाहेंगे?

प्रायोगिक कार्य अध्यापन पाठ्यक्रम में सैद्धान्तिक अवधारणाओं के बोध के लिए उनको विकसित या प्रबलित करने के लिए निष्पादित किए जाते हैं। प्रायोगिक कार्य कुछ लोगों द्वारा अपेक्षाकृत कम महत्वपूर्ण समझा जा सकता है किन्तु अध्यापन–अधिगम प्रक्रिया में इसका अपना महत्व है।

कुछ विषयों को प्रायः प्रायोगिक विषय कहा जाता है। उदाहरण के लिए, कला तथा शिल्प संबंधी विषय जैसे सिलाई–कढ़ाई, पाक कला, बढ़ईगीरी, धातुशिल्प इत्यादि। यह विवरण प्रायः यह दर्शाता है कि पाठ्यक्रम के प्रमुख शैक्षिक उद्देश्यों में से एक प्रमुख उद्देश्य निश्चित प्रायोगिक कौशल प्राप्त करना और उसका विकास करना है। भौतिकी, रसायनशास्त्र तथा जीवविज्ञान जैसे विज्ञान के विषयों में प्रायोगिक कार्य विषय के सैद्धान्तिक पहलुओं को स्थापित व निदर्शित करने के सन्दर्भ में महत्वपूर्ण स्थान रखता है। साथ ही यह उन वांछनीय व

आवश्यक कौशलों के विकास में भी महत्वपूर्ण माना जाता है जो कौशल विषय के सभी छात्रों के लिए आवश्यक हों।

प्रायोगिक कार्य में ज्ञान का अनुप्रयोग, सैद्धान्तिक संकल्पनाओं का प्रयोग तथा व्यवहारिक अनुभव द्वारा प्राप्त परिणामों का सैद्धान्तिक मूल्यांकन शामिल है। प्रभावी मूल्यांकन के लिए सिद्धान्त और व्यवहार के बीच के ऐसे सभी अंतःसंबंध समस्याएँ पैदा करते हैं।

4. निम्नलिखित प्रश्न का उत्तर लगभग 600 शब्दों में दीजिए।

अपनी रुचि के विषय में से एक इकाई कक्षा IX के लिए चुनिए। इसके शिक्षण की तीन विमाओं के उद्देश्यों का उल्लेख कीजिए। इनके आकलन के लिए उपयुक्त मूल्यांकन उपकरणों का उल्लेख कीजिए और प्रत्येक विमा के अन्तर्गत तीन परीक्षण प्रश्न निर्मित कीजिए।

अध्यापन की रुचि, विद्यार्थियों की मानसिक योग्यता की वृद्धि करने में सहायक होती है। दिए गए पाठ्यक्रम में से कक्षा IX में सांख्यिकी विषय को चुना जाना उचित रहेगा क्योंकि इसके विभिन्न प्रकार के व्यवहारिक उदाहरण देकर छात्रों को समझाना आसान रहेगा। इसके शिक्षण की तीन विभाएँ निम्नलिखित हैं:

1. आँकड़ों का अर्थ व प्रकृति बताना: जैसा कि हम लोग रोज समाचार पत्रों में पढ़ते हैं या टी.वी. पर देखते हैं कि रोज हमारे सामने विभिन्न नगरों के ताप न्यूनतम और अधिकतम तापमान आते हैं। ये वर्षा का लेखा और सूर्योदय एवं सूर्यास्त का समय भी लिखते हैं। यदि हम न्यूनतम और अधिकतम तापमान, या वर्षा या सूर्योदय और सूर्यास्त का समय, या बच्चों की उपस्थिति, या रोगी के शरीर का तापमान समय–समय पर नियमित रूप से लिखते हैं, तो इस लिखित ब्योरे को ही आँकड़े कहते हैं। यहाँ हम नगर के न्यूनतम और अधिकतम तापमान के आँकड़े, वर्षा से सम्बन्धित आँकड़े, सूर्योदय और सूर्यास्त के समय के आँकड़े और बच्चों की उपस्थिति के आँकड़े लिखते हैं। आँकड़े निम्न प्रकार के हैं:

(a) गुणात्मक तथा संख्यात्मक आँकड़े

(b) सतत तथा विविक्त आँकड़े

(c) प्राथमिक तथा द्वितीयक आँकड़े

(a) गुणात्मक तथा संख्यात्मक आँकड़े: इस प्रकार के आँकड़ों में तथ्यों की विशेषताओं व संख्याओं का अध्ययन करने से भविष्य की योजना तैयार करने में मदद मिलती है। जैसा कि एक उदाहरण हम नीचे दे रहे हैं।

हम निम्न तालिका में दिए आँकड़ों पर विचार करते हैं।

तालिका: प्रबंधन के अनुसार विद्यालयों की संख्या

प्रबंधन	विद्यालयों की संख्या
राजकीय	4
स्थानीय निकाय	8
निजी अनुदान प्राप्त	10
निजी गैर अनुदान प्राप्त	2

तालिका अध्ययन से यह ज्ञात होता है कि विद्यालयों को चार वर्गों में बाँटा जाता है। ये हैं–राजकीय विद्यालय, स्थानीय निकाय के विद्यालय, निजी अनुदान प्राप्त विद्यालय और निजी गैर अनुदान प्राप्त विद्यालय। कोई विद्यालय इनमें से किसी वर्ग का हो सकता है। यहाँ विद्यालय वर्गीकरण का आधार या गुण विद्यालय प्रबंधन व्यवस्था है। इस प्रकार कोटिगत या गुणात्मक आँकड़े प्राप्त जानकारी, जिसे वर्गीकृत किया जाता है के आधार पर प्राप्त किए गए हैं। ऐसे वर्गों को वर्णमाला या बारम्बारता के घटते क्रम में या किसी परम्परागत विधि से लिखा जाता है। प्रत्येक आँकड़ा स्पष्टतः किसी एक वर्ग में होता है।

(b) सतत तथा विविक्त आँकड़े: संख्यात्मक आँकड़े सतत और विविक्त दोनों प्रकार के हो सकते हैं। यह मापे गए तत्वों या वस्तुओं पर निर्भर करता है। इसके लिए निम्न तालिका उपयोगी हो सकती है।

तालिका में कक्षा के छात्रों की लम्बाई का ब्यौरा दिया गया है।

तालिका: एक कक्षा में छात्रों की ऊँचाइयाँ

लम्बाई	छात्रों की संख्या
4′.8″ – 4′.10″	2
4′.10″ – 5′.0″	2
5′.0″ – 5′.2″	5
5′.2″ – 5′.4″	8
5′.4″ – 5′.6″	12
5′.6″ – 5′.8″	10
5′.8″ – 5′.10″	2

यहाँ मापी गई विशेषता छात्रों की ऊँचाई है। ऊँचाई 4′.8″ से 5′.10″ के बीच है। एक व्यक्ति की ऊँचाई 4′.8″ से 5′.10″ के बीच कुछ भी हो सकती है। दो छात्रों की ऊँचाई का अन्तर शून्य इंच हो सकता है। यदि हम दो अति निकटवर्ती बिन्दु लें, मान लीजिए 4′.8.00″ और 4′.8.01″ लें तो भी इन दो बिन्दुओं के बीच कई मूल्य हो सकते हैं। ऐसे आँकड़े सतत आँकड़े कहलाते हैं क्योंकि लम्बाई निरन्तर या सतत है। सतत आँकड़े निरन्तर या सतत गुणों की माप से बनते हैं जिनमें एक दूसरे के बीच का अन्तर शून्य के समीप हो सकता है। बच्चों का भार और ऊँचाई, शरीर का तापमान बुद्धि तथा छात्रों की उपलब्धि का स्तर आदि सतत आँकड़ों के उदाहरण हैं।

(c) प्राथमिक और द्वितीयक आँकड़े: वे आँकड़े जो अनुसंधानकर्त्ता द्वारा स्वयं या उसके प्रतिनिधि द्वारा शोध के उद्देश्य के लिए एकत्र किए जाते हैं उन्हें प्राथमिक आँकड़े कहा जाता है। उदाहरणार्थ, बच्चों की उपस्थिति और आप द्वारा ली गई परीक्षा के अंक प्राथमिक आँकड़े कहलाते हैं।

कभी–कभी कोई अनुसंधानकर्त्ता हमारे द्वारा एकत्र किए गए आँकड़े जैसे बच्चों की विद्यालय

उपस्थिति या छात्रों की विभिन्न विषयों में उपलब्धि आदि अपने शोध कार्य में प्रयोग करता है तो उसके लिए ये आँकड़े द्वितीयक आँकड़े कहलाते हैं। जब आँकड़ों द्वारा प्रयोग उन्हें एकत्र करने वाले व्यक्ति के अतिरिक्त किसी अन्य व्यक्ति द्वारा किया जाता है तो वे आँकड़े द्वितीयक आँकड़े कहलाते हैं। अनेक कारणों से द्वितीयक आँकड़ों का प्रयोग करना पड़ता है। ऐसी दशा में शोधकर्त्ता को सावधानी का प्रयोग करना चाहिए क्योंकि हो सकता है कि आँकड़े किसी अन्य उद्देश्य से एकत्र किए गए हों या उनमें कुछ तथ्य अपूर्ण या असंगत हों।

2. **आँकड़ों की आवश्यकता और महत्व बताना:** अध्यापन/अध्ययन करने वाले को सांख्यिकी के अध्ययन से अपने निजी विचार बनाने या तथ्यों से निष्कर्ष निकालने में सहायता मिलती है और उसे लेखक के निष्कर्षों को स्वीकार करने की आवश्यकता नहीं होती। अध्यापक होने के नाते हम अपने छात्रों के व्यवहार और उपलब्धि स्तर की जाँच के लिए अनेक परीक्षाएँ लेते हैं और अनेक उपकरण प्रयोग करते हैं। साधारण सांख्यिकीय विधियों से समंकों की व्याख्या और अधिक सार्थक हो जाती है। यदि अध्यापक अनुसंधान कार्य को समझने में रुचि रखता है तो उसे सांख्यिकीय विधियों में अधिक दक्षता की आवश्यकता होती है।
गणित और सांख्यिकीय की भाषा द्वारा सर्वाधिक शुद्ध और सही वर्णन करना सम्भव होता है। ये विषय हमें अपनी चिन्तन तथा कार्य प्रणाली में निश्चित व परिशुद्ध होने के लिए बाध्य करते हैं। सांख्यिकी हमें अपने परिणामों को अर्थपूर्ण और सुविधाजनक ढंग से संक्षिप्त करने में सहायक होती है। ये हमें सामान्य रूप से स्वीकृत नियमों के अनुसार **निष्कर्ष** निकालने में सहायता करते हैं और हमें बताते हैं कि इन पर हम कितना निर्भर कर सकते हैं। सांख्यिकी हमें ज्ञात परिस्थितियों के आगे होने वाली घटनाओं की भविष्यकथन करने के योग्य बनाती है। यह हमें जटिल घटनाओं के सामान्य कारकों का विश्लेषण करने के भी योग्य बनाती है।

3. **आँकड़ों के व्यवस्थिकरण का महत्व:** जब आँकड़ों के समुच्चय में कुछ ही प्रविष्टियाँ होती हैं, तो प्रेक्षणों का साधारण लेखा ही आँकड़ों का विवेचन करने के लिए पर्याप्त होता है। परन्तु प्राय: हमारे विद्यालयों में कक्षाओं में छात्रों की संख्या अधिक होती है इसलिए प्रेक्षणों को लिखना आँकड़ों के विवेचन के लिए पर्याप्त नहीं होता, यदि पूरी कक्षा के आँकड़े हों। यहाँ आँकड़े प्राय: समूहों में व्यवस्थित किए जाते हैं जिन्हें वर्ग कहा जाता है और आँकड़े तालिका के रूप में दिए होते हैं जिसमें प्रत्येक वर्ग की बारम्बारता दी होती है। इस प्रकार तालिका में दिए गए आँकड़ों का अधिक अच्छा दृश्य प्रस्तुत करती है और शीघ्रता से आँकड़ों की विशेषताओं का मूल्यांकन करने में सहायक होती है।
मूल्यांकन उपकरण: छात्रों/छात्राओं को पढ़ाई गई सांख्यिकी को सम्पूर्ण इकाई का कितना ज्ञान प्राप्त हुआ इसका ज्ञान करने के लिए हमें निम्नलिखित मापनी उपयोग में लानी चाहिए:
निर्धारण मापनी: निर्धारण मापनी उस उपकरण को कहते हैं जिसमें किसी गुण के दिए गए

आयाम का वर्णन करने के लिए भिन्न–भिन्न बिन्दु होते हैं, जो उस गुण की भिन्न–भिन्न मात्रा बताते हैं। निर्धारित मान मापनियों को मुख्यतः चार भागों में बाँटा गया है:

1. संख्यात्मक मापनी
2. आलेखी मापनी
3. मानक मापनी
4. संचयी अंकों द्वारा निर्धारण

1. संख्यात्मक मापनी: एक विशिष्ट संख्यात्मक मापनी में निर्धारक निरीक्षक को अंकों का एक निश्चित क्रम दिया जाता है। निरीक्षक प्रत्येक उद्दीपन अर्थात् जिसका मूल्य निर्धारण करना हो, को गुण की तीव्रता की दृष्टि से (कम और अधिक) उचित अंक देता है जो परिभाषा के अनुसार होता है।

संख्यात्मक निर्धारण मापनी का निर्माण व उपयोग सरलतम होता है। इनसे प्राप्त परिणामों को समझना भी आसान होता है।

2. आलेखी मापनी: आलेखी मापनी बहुत प्रचलित व प्रयोग में आने वाली निर्धारण मापनी है। इस मापनी में क्षैतिज व ऊर्ध्वाधर रूप में सरल रेखा पर निरीक्षक की सहायता के लिए संकेत बिन्दु बनाए जाते हैं। सरल रेखा इकाई में बँटी हुई अथवा अखंड दोनों प्रकार की हो सकती है। यदि सरल रेखा खंडित है तो खंडों की संख्या परिस्थितियों के अनुसार भिन्न–भिन्न हो सकती है।

आलेखी मापनी के बहुत से लाभ होते हैं। ये साधारण होती हैं तथा संचालन में सरल होती हैं। ये निरीक्षक के लिए रुचिकर होती है तथा कम आंतरिक अभिप्रेरणा की आवश्यकता होती है। कभी–कभी इनका समंकन करना कुछ कठिनाईजनक भी होता है।

3. मानक मापनी: आमतौर से ये मानदंड एक ही प्रकार की वस्तुएँ होती हैं जिनका निर्धारण पूर्व निर्धारित मानों के आधार पर किया जाता है। उदाहरण के लिए किसी व्यक्ति के लेख की गुणवत्ता को जाँचने के लिए कुछ पूर्व निर्धारित नमूने जिनको उपयुक्त विधि द्वारा एक साँझी मापनी पर मूल्यांकित किया हुआ होता है, दिए जाते हैं। दिए गए लेख के नमूने को इन मानक लेखों में से किसी एक के बराबर मूल्यांकित किया जाता है। 'व्यक्ति से व्यक्ति तक' तथा 'प्रतिचित्र मिलान' दो अन्य ऐसी विधियाँ हैं जो मानक मापनी के सिद्धान्तों पर आधारित हैं।

4. संचयित अंकों द्वारा मापन: किसी गुण, वस्तु व व्यक्ति की विशेषता का निर्धारण–मान भिन्न–भिन्न बिन्दुओं पर निर्धारण का योगफल या औसत होता है। सूची जाँच 'विधि' और 'अनुमान लगाओ कौन विधि' इसी वर्ग में आती हैं। सूची जाँच विधि द्वारा किसी व्यक्ति की उसके व्यवसाय में निपुणता जाँची जा सकती है। प्रत्येक सकारात्मक व नकारात्मक गुण, विशेषता को क्रमशः +1 व –1 से भारित किया जाता है तथा कुल समंक इन भारों के बीजगणितीय योग के समान होते हैं। "अनुमान लगाओ कौन" विधि में कुछ कथनों का निर्माण किया जाता है। जैसे सारणी देखकर बताओ 25 दिसम्बर 2008 को चण्डीगढ़, दिल्ली की

तुलना में कितना ठंडा रहा?

परीक्षण प्रश्न: मान लेते हैं कि हमें विगत 10 वर्षों की भारत की जनसंख्या की सारणी दी गई है। इसके आधार पर हम निम्नलिखित जानकारी प्राप्त करेंगे:

(1) आँकड़े, भारत में जनसंख्या वृद्धि की विशेषता प्रकट करती है जैसे विगत 10 वर्षों में संसाधनों की वृद्धि होने से मृत्यु दर प्रभावित हुई है। छात्रों से प्रश्न पूछा जा सकता है कि जनसंख्या वृद्धि का कारण बताओ।

प्रश्न 2. जनसंख्या वृद्धि की गति की व्याख्या कीजिए।

प्रश्न 3. जनसंख्या वृद्धि होने पर भारत में सुविधाएँ कितनी विधियों से दी जा सकती हैं या कटौती हो सकती है?

ई.एस.–333: शैक्षिक मूल्यांकन
दिसम्बर, 2007

नोट : (i) सभी **चारों** प्रश्न हल करने हैं।
(ii) प्रत्येक प्रश्न की भारिता समान है।

1. निम्नलिखित प्रश्न का उत्तर लगभग 600 शब्दों में दीजिए।

उपयुक्त उदाहरणों के साथ शिक्षण–अधिगम प्रक्रिया में मूल्यांकन की भूमिका की व्याख्या कीजिए। [Dec02, Q1] [Dec04, Q1]

शिक्षण–अधिगम प्रक्रिया में मूल्यांकन की महत्वपूर्ण भूमिका होती है। नए उद्देश्यों को तय करने अधिगम अनुभव प्रस्तुत करने और विद्यार्थी की संप्राप्ति की जाँच करने में मूल्यांकन–अधिगम काफी योगदान देता है। इसके अतिरिक्त शिक्षण और पाठ्य विवरण सुधारने में इसकी महत्वपूर्ण भूमिका होती है। यह समाज, अभिभावक और शिक्षा के ढाँचे के प्रति उत्तरदायित्व को भी बताता है।

संक्षेप में इसके लाभ, इस प्रकार हैं:

(1) शिक्षण: शिक्षण विधियाँ, शिक्षण तकनीकें आदि मूल्यांकन से कितने प्रभावित हुए हैं, यह पता लग सकता है। इससे अध्यापकों को अपने अध्यापन और अध्येताओं को अपने सीखने के बारे में पता चल जाता है।

(2) पाठ्सचर्या: पाठ्यचर्या, विषय–सामग्री, पाठ्य पुस्तकों व शैक्षिक सामग्री में मूल्यांकन की सहायता से सुधार किया जा सकता है।

(3) समाज: नौकरी बाजार की माँग और आवश्यकता के रूप में समाज के प्रति उत्तरदायित्व का हिसाब बताता है।

(4) अभिभावक: मूल्यांकन के द्वारा अभिभावकों को अपने बच्चों की प्रगति को विवरण स्पष्ट रूप से मिल जाता है।

संक्षेप में हम कह सकते हैं कि शिक्षा की कार्यप्रणाली के लिए मूल्यांकन अत्यंत महत्वपूर्ण है। इससे शिक्षा के अनेक उद्देश्य पूरे होते हैं। जैसे–गुणवत्ता पर नियंत्रण, उच्च कक्षा में प्रवेश, अन्य क्षेत्रों के चयन में सहायता। मूल्यांकन की सहायता से भविष्य के विषय में सोचना और निर्णय लेना सरल हो जाता है। भविष्य में कौन सा कोर्स लेना चाहिए अथवा कौन सा पेशा अपनाना चाहिए–यह निर्णय करने में दिशा–ज्ञान आसान हो जाता है। कुछ शिक्षाविद् मूल्यांकन को पूर्व में प्रयुक्त मूल्य निर्धारण का समानार्थक ही मानते हैं। परन्तु वास्तव में मूल्यांकन का महत्व इससे कहीं अधिक है। उद्देश्यों पर प्रश्न करने और उन्हें चुनौती देने में भी इसका महत्व है। इससे यह अर्थ नहीं निकालना चाहिए कि कार्यक्रम उद्देश्यों की खूब खुल के आलोचना की जा सकती है। कार्यक्रम के उद्देश्य और आवश्यकता को भली–भाँति समझ कर ही आलोचना करनी चाहिए। विद्यार्थी के जाँच–परिणामों से जो जानकारी मिलती है

उसके आधार पर ही अधिगम अनुभवों को बनाया या सुधारना चाहिए। नीचे के चित्र में अध्यापन–अधिगम प्रक्रिया में मूल्यांकन के स्थान को बड़ी सरलता से प्रदर्शित किया गया है:

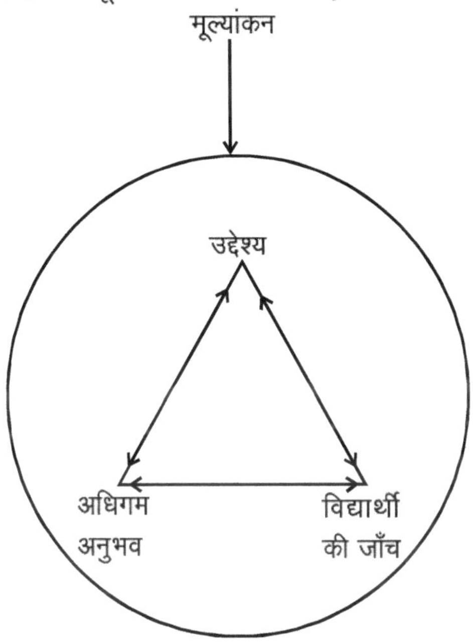

अथवा

अच्छे मूल्यांकन की विशेषताओं को उपयुक्त उदाहरण देकर समझाइए।

[Dec03, Q1]

Refer to Chapter-3, Q.No.-8

2. निम्नलिखित प्रश्न का उत्तर लगभग 600 शब्दों में दीजिए।

निर्माणत्मक मूल्यांकन (formative evaluation) तथा संकलनात्क (summative evaluation) के परस्पर अन्तर को स्पष्ट कीजिए।

[June02, Q1][June03, Q2][Dec05, Q1]

Refer to Chapter-1, Q.No.-6

अथवा

ब्लूम द्वारा प्रतिपादित शैक्षिक उद्देश्यों के वर्गीकरण का उपयुक्त उदाहरण देकर विवेचन कीजिए।

Refer to Chapter-1, Q.No.-12

3. निम्नलिखित में से किन्हीं पाँच पर लगभग 120 शब्दों में प्रत्येक पर टिप्पणियाँ लिखिए:

(1) कसौटी–सन्दर्भित परीक्षण (Criteion-Referenced test)

[Dec02, Q3(i)] [Dec04, Q3(i)][June05, Q3(ii)]

निकष (मानदंड) संदर्भित मूल्यांकन का आरंभ Mager द्वारा बताए गए उद्देश्यों के आधार पर हुआ है। उसने कहा है कि अध्यापकों को शैक्षिक व्यवहारगत उद्देश्य और विद्यार्थी की वांछित योग्यता दोनों को विघटित करते हुए उपलब्धि का एक ऐसा मापदंड अथवा कसौटी निश्चित कर लेनी चाहिए जो स्वीकार्य हो। इस प्रकार मानक बिन्दु की जाँच के विपरीत में किसी विद्यार्थी की उपलब्धि को पूर्व निर्धारित कसौटी बना कर देखना चाहिए। इस तरह के मापन को मानदंड आधारित मूल्यांकन कहते हैं। इसमें किसी एक विद्यार्थी का स्थान सुपरिभाषित मानदंड के अनुसार देखा जाता है। यह परीक्षा स्पष्ट शैक्षिक उद्देश्यों के मानदंड के आधार पर परिणामों की व्याख्या करने का प्रयास है। निकष आधारित परीक्षा की सफलता इस बात में है कि व्यवहारगत उद्देश्यों के अनुसार उपलब्धि के सभी परिभाषित स्तरों को स्पष्ट किया जाए। ग्लेसर (1963) के अनुसार ज्ञान प्राप्ति की निरन्तरता जीरो से लेकर पूर्ण उपलब्धि तक होती है। ज्ञान की इस निरन्तरता में कोई विद्यार्थी कहाँ आता है वह स्थान निश्चित करना चाहिए। मानक आधारित मूल्यांकन के विपरीत निकष आधारित परीक्षणों में प्रत्येक उद्देश्य की न्यूनतम स्वीकार्य उपलब्धि कितनी हो में इसका निश्चय पहले ही कर लिया जाता है।

निकष संदर्भित मूल्यांकन प्राथमिक शिक्षा स्तर पर बहुत जरूरी है क्योंकि इस स्तर पर यह बहुत आवश्यक है कि बच्चों को मूलभूत अवधारणा स्पष्ट हो जाए और बुनियादी कुशलता आए। इसी से माध्यमिक स्तर पर सीखने के लिए अच्छा आधार बनता है। निकष संदर्भित मूल्यांकन से एक विद्यार्थी की अन्य विद्यार्थियों से अनावश्यक तुलना समाप्त हो जाती है। असली कठिनाई यह है कि भिन्न–भिन्न प्रकार की कुशलताओं और संकल्पनाओं की जटिलता के कारण उपलब्धि निश्चित करना बड़ा कठिन होता है। यह विचार प्राथमिक स्तर पर न्यूनतम अधिगम स्तर और पूर्ण अधिगम की संकल्पना की ओर ले जाती है। प्राथमिक कक्षाओं के लिए न्यूनतम अधिगम स्तर एन.सी.ई.आर.टी. और भारत सरकार के मानव संसाधन विकास मंत्रालय ने तैयार किया है। माध्यमिक शिक्षा स्तर के लिए इस पर कार्य जारी है। यह न्यूनतम अधिगम स्तर किसी भी स्तर पर विद्यार्थियों के मूल्यांकन का मापदंड बन सकता है। वास्तव में तीनों प्रकार के मूल्यांकन का शैक्षिक–अधिगम प्रक्रिया में महत्वपूर्ण स्थान है।

(2) ग्रेडिंग की आवश्यकता एवं महत्त्व

Refer to Chapter-3, Q.No.-5

(3) प्रक्षेपण तकनीक की अवधारण और उपयोग

[Dec02, Q3(iv)][June05, Q3(viii)]

Refer to Chapter-2, Q.No.-3

(4) आकस्मिक निरीक्षण अभिलेख (Anecdotal Record) का महत्त्व और उसकी उपयोगिता

प्रत्येक अध्यापक और माता–पिता, मित्र, सहसंबंध आदि अपने शिष्यों का प्रतिदिन प्रेक्षण करते हैं। प्राप्त प्रेक्षणों को विधिवत डायरी व खाते में लिखा भी जा सकता है, जो छात्र के व्यवहार को समझने में दिशा प्रदान करता है और यह खाता दूसरे संबंधित लोगों को भी छात्रों को समझने में सहायता देता है। दैनिक जीवन के प्रेक्षण से प्राप्त जीवन में घटित घटनाओं का अभिलेख (वर्तमान व भूतकालीन यानी बचपन में नर्सरी व प्रथम कक्षाओं के दिनों), जिसे माता–पिता, मित्र, सहपाठी तैयार करते हैं, घटनाक्रम अभिलेख कहलाता है।

किसी व्यक्ति विशेष के व्यवहार की महत्वपूर्ण उदाहरणों का प्रेक्षण करने के लिए यह घटनाक्रम अभिलेख एक माध्यम का कार्य करता है। यह घटनाक्रम अभिलेख प्रभावशाली व विश्वसनीय आँकड़े प्रदान करता है जो समय के साथ बदलते नहीं हैं। ऐसे अभिलेख व्यवहार मूल्यांकन के लिए स्थायी साक्ष्य प्रदान करते हैं जिन पर भावी मूल्यांकन को आधारित किया जा सकता है। छात्रों के संबंध में देखी गई घटनाओं का तुरंत रिकार्ड बनाना बहुत ही विश्वसनीय होता है क्योंकि घटना ताजा होती है और हमें इसके लिए स्मरण शक्ति पर निर्भर नहीं करना पड़ता, जिससे घटनाओं के विवरण में विकृति नहीं आती। इस प्रकार का अभिलेख अभ्यास द्वारा प्रयुक्त किया जा सकता है जिससे प्रेक्षक की प्रतिक्रियाओं के साथ अपेक्षाकृत सीधा और वस्तुनिष्ठ विवरण मिलता है। इन अभिलेखों से दो उद्देश्यों की पूर्ति होती है। एक तो यह उद्देश्य हो सकता है कि अध्यापकों को छात्र व्यवहार के अध्ययन का अभ्यास होता है ताकि वह छात्रों के व्यवहार को गहराई से समझे और उनके प्रति अपना दृष्टिकोण संवेदनशील बनाए। दूसरा उद्देश्य यह है कि यह अभिलेख व्यक्ति के व्यवहार के कुछ पहलुओं का गुणात्मक व अनौपचारिक दृश्य प्रस्तुत करता है। यह दृश्य सामाजिक व्यवहार व व्यक्तिगत समस्याओं से समायोजन की ओर इंगित करते हैं जिनका अंदाजा विद्यालयी व्यवहार की घटनाओं के रिकार्ड से लगाया जा सकता है। किसी छात्र का कक्षा के दूसरे सहपाठियों से अंतःक्रिया, आक्रमकता तथा प्रत्याहार आदि घटनाएँ समूह में छात्र की भूमिका और उसकी प्रतिक्रियाओं पर प्रकाश डालती है। ऐसी परिस्थितियों में छात्र की प्रतिस्पर्धा का व्यवहार इन रिकार्ड के आँकड़ों का काम करती है। व्यक्तिगत तनाव व उससे समायोजन, स्वाभाविक मनःस्थिति व प्रवृत्ति या विशिष्ट उलझनों का अभिलेख अवश्य रखना चाहिए।

घटनाक्रम अभिलेख छात्र जीवन में घटित घटनाओं का सही, शुद्ध व विस्तृत ब्यौरा होना चाहिए जिससे व्यक्ति के व्यवहार का सार्थक प्रमाण बन सके।

एक अच्छे घटनाक्रम अभिलेख में निम्न विशेषताएँ होनी चाहिए:

1. यह विशेष घटनाओं का सही वर्णन करता हो।
2. यह घटना की परिस्थितियों का सही ब्यौरा दे ताकि घटनाएँ सार्थक समझी जा सकें।
3. यदि इसमें प्रेक्षक की व्याख्या शामिल हो तो उसे व्याख्या घटना के वर्णन से अलग कर दिया जाता है ताकि उस घटना के वास्तविक रूप की स्पष्ट पहचान हो सके।
4. इसमें वर्णित घटना छात्र की व्यक्तिगत विकास व सामाजिक अंतःक्रिया से संबंधित होनी चाहिए।
5. इसमें वर्णित घटना या तो छात्र के विशिष्ट या सामान्य व्यवहार की प्रतिनिधिक होनी

चाहिए या इसलिए महत्वपूर्ण होनी चाहिए क्योंकि सामान्य व्यवहार से वह प्रभावशाली रूप से भिन्न है। यदि यह असामान्य व्यवहार है तो ऐसी घटना को अवश्य इस अभिलेख का भाग होना चाहिए।

(5) सामान्य वितरण वक्र (नार्मल डिस्ट्रीब्यूशन कर्व) की व्याख्या तथा उसका उपयोग

Refer to June07, Q3(v)

(6) सहसम्बन्ध का महत्त्व एवं उसका उपयोग

[June03, Q3(v)][Dec03, Q3(v)]

सहसंबंध, शैक्षिक मापन व मूल्यांकन में सबसे उपयोगी विश्लेषणात्मक विधियों में से एक है। यह न केवल व्यक्ति के दो गुणों में संबंध दर्शाता है अपितु इसके निम्न उपयोग भी हैं:

1. किसी एक चर अर्थात् आश्रित चर का भविष्यकथन, किसी दूसरे चर (स्वतन्त्र चर) के आधार पर करना।
2. किसी प्रश्नपत्र व परीक्षण की वैद्यता व विश्वसनीयता ज्ञात करने में सहायक होता है।
3. किसी एक योग्यता में अन्य सहसंबंधित कारकों की भूमिका ज्ञात करने में सहायक होता है।
4. कारक विश्लेषण द्वारा मानवीय योग्यताओं में योगदान देने वाली विभिन्न चर राशियों के बारे में जानकारी होना।

(7) सतत तथा विस्तृत मूल्यांकन की अवधारणा एवं महत्त्व

Refer to Chapter-3, Q.No.-14

(8) शक्ति परीक्षण (Power test) की अवधारणा तथा उसका उपयोग

शक्ति परीक्षण वह परीक्षण है जिसमें प्रत्येक परीक्षार्थी को परीक्षण को पूरा करने का पर्याप्त अवसर मिलता है। इसमें कोई समय सीमा नहीं होती और परीक्षार्थी तब तक प्रश्नों को हल करता रहता है जब तक वह और अधिक प्रश्न करने में स्वयं को असमर्थ पाता है।

4. निम्नलिखित प्रश्न का उत्तर लगभग 600 शब्दों में दीजिए।

अपने विद्यालय में अध्यापन करते समय आपके सम्मुख कुछ कठिन अवधारणाएँ या संप्रत्यय आए होंगे। ऐसी किन्हीं दो कठिन अवधारणाओं को सूचीबद्ध करें तथा छात्रों के लिए आपके द्वारा जो उपचारात्मक सामग्री तैयार की गई हो, उसकी व्याख्या करें। उपचारात्मक सामग्री को विकसित करने की प्रक्रिया के विभिन्न चरणों की व्याख्या करें।

Refer to June06, Q2

ई.एस.–333: शैक्षिक मूल्यांकन

जून, 2008

नोट : (i) सभी चारों प्रश्न अनिवार्य हैं।
(ii) सभी प्रश्नों की भारिता समान है।

प्रश्न 1. निम्नलिखित प्रश्न का उत्तर लगभग 600 शब्दों में दीजिए।
मूल्यांकन की परिभाषा लिखकर शिक्षा में उसके महत्त्व और उसकी आवश्यकता उदाहरण देकर स्पष्ट कीजिए।

अथवा

मूल्यांकन के अच्छे उपकरण की कसौटी की व्याख्या सोदाहरण कीजिए।

प्रश्न 2. निम्नलिखित प्रश्न का उत्तर लगभग 600 शब्दों में दीजिए।
मूल्यांकन की निरीक्षण प्रविधि की अवधारणा, जाँच–प्रक्रिया तथा उसकी व्याख्या करने की विधि की विवेचना करें।

अथवा

क्रमनिर्धारण मापनी (Rating Scales) को परिभाषित करते हुए उनके प्रकार, उपयोग तथा उनकी सीमाओं का वर्णन करें।

प्रश्न 3. निम्नलिखित में से किन्हीं *पाँच* पर लगभग 120 शब्दों में प्रत्येक पर टिप्पणियाँ लिखिए:
(i) मानक–संदर्भित परीक्षण (Norm-Referenced Test) – इसका महत्त्व तथा उपयोग
(ii) सापेक्ष ग्रेडिंग की अवधारणा तथा मूल्यांकन में उसका महत्त्व
(iii) साथी निर्धारण विधि (Peer Rating) की अवधारणा तथा उसका महत्त्व
(iv) कठिनाई स्तर का संप्रत्यय एवं उसका उपयोग
(v) अभिज्ञापिका सूचियाँ (Inventories) – उनकी अवधारणा तथा उपयोग
(vi) निदानात्मक परीक्षण – उसका प्रयोजन तथा उपयोग
(vii) संचयी अभिलेखों की आवश्यकता तथा उसका प्रारूप
(viii) परिक्षेपण का मापन तथा उसका महत्त्व

प्रश्न 4. निम्नलिखित प्रश्न का उत्तर लगभग 600 शब्दों में दीजिए।
अपने अध्यापन–विषय से किसी प्रकरण का चयन कर उसका ब्लू–प्रिंट तैयार करें। ब्लू–प्रिंट के आधार पर एक ऐसे निष्पत्ति परीक्षण (Achievement Test) की रचना करें जिसमें एक अच्छे निष्पत्ति परीक्षण के सभी आवश्यक मानकों का समावेश हो।

ई.एस.–333: शैक्षिक मूल्यांकन

दिसम्बर, 2008

नोट : (i) सभी चारों प्रश्न अनिवार्य हैं।
(ii) सभी प्रश्नों की भारिता समान है।

प्रश्न 1. निम्नलिखित प्रश्न का उत्तर लगभग 600 शब्दों में दीजिए।
मूल्यांकन को परिभाषित करते हुए अध्यापन–अधिगम प्रक्रिया में इसके महत्त्व एवं इसकी आवश्यकता को उपयुक्त उदाहरणों द्वारा स्पष्ट कीजिए।

अथवा

निदान, पूर्वानुमान एवं निर्देशन में मूल्यांकन की उपयोगिता उपयुक्त उदाहरणों द्वारा स्पष्ट कीजिए।

प्रश्न 2. निम्नलिखित प्रश्न का उत्तर लगभग 600 शब्दों में दीजिए।
'निरीक्षण (observation) तकनीक' के संप्रत्यय (concept), प्रकार तथा उपयोग की व्याख्या, उपयुक्त उदाहरणों सहित कीजिए।

अथवा

'विश्वसनीयता' का अर्थ तथा उसको ज्ञात करने के उपायों की व्याख्या उपयुक्त उदाहरणों सहित कीजिए।

प्रश्न 3. निम्नलिखित में से किन्हीं *चार* पर संक्षिप्त टिप्पणियाँ लगभग 150 शब्दों (प्रत्येक) में लिखिए :
(i) प्रविष्टियाँ (inventories) – उनका संप्रत्यय, आवश्यकता तथा उपयोग
(ii) स्तरीकरण (grading) – महत्त्व तथा प्रकार
(iii) प्रश्न बैंक – उसकी आवश्यकता तथा महत्त्व
(iv) उपचारात्मकता (remediation) – इसका अर्थ, आवश्यकता तथा उसमें प्रयुक्त सोपान
(v) सहसम्बन्ध – उसका महत्त्व तथा मूल्यांकन में उसका उपयोग
(vi) अध्यापक–निर्मित टेस्ट – उसकी आवश्यकता तथा महत्त्व

प्रश्न 4. निम्नलिखित प्रश्न का उत्तर लगभग 600 शब्दों में दीजिए।
माध्यमिक स्तर पर अपने अध्यापन–विषय में से एक प्रकरण चुनिए। इस प्रकरण (Topic) पर परीक्षण पत्र की रचना हेतु एक ऐसा ब्लू–प्रिन्ट तैयार कीजिए जिसमें अनुदेशात्मक उद्देश्यों की सभी तीनों विमाओं का समावेश हो। नौ वस्तुनिष्ठ प्रश्नों की रचना कीजिए – परीक्षण के लिए प्रत्येक विमा से तीन प्रश्न बनाइए।

ई.एस.–333: शैक्षिक मूल्यांकन

जून, 2009

नोट : (i) सभी चारों प्रश्न अनिवार्य हैं।
(ii) सभी प्रश्नों की भारिता समान है।

प्रश्न 1. निम्नलिखित प्रश्न का उत्तर लगभग *600* शब्दों में दीजिए:

मापन, निर्धारण तथा मूल्यांकन शब्दों को परिभाषित करते हुए उनमें पारस्परिक संबंध स्थापित कीजिए। अपने उत्तर को उपयुक्त उदाहरणों द्वारा पुष्ट कीजिए।

अथवा

अनुदेशनात्मक उद्देश्यों (Instructional objectives) की तीन विमाओं (domains) की व्याख्या करते हुए छात्रों की संप्राप्ति की परीक्षा करने में उनकी उपादेयता की विवेचना कीजिए।

प्रश्न 2. निम्नलिखित प्रश्न का उत्तर लगभग *600* शब्दों में दीजिए:

प्रक्षेपण विधियों में अपनाई जाने वाली प्रक्रिया का स्पष्टीकरण उपयुक्त उदाहरणों के साथ कीजिए।

अथवा

वैधता के संप्रत्यय, उसकी प्रकृति तथा उसके प्रकारों की व्याख्या उपयुक्त उदाहरणों द्वारा कीजिए।

प्रश्न 3. निम्नलिखित प्रश्नों में से *किन्हीं चार* प्रश्नों के उत्तर दीजिए। प्रत्येक का उत्तर लगभग *150* शब्दों में होना चाहिए।

(1) निर्धारण मापनी का महत्त्व और उसकी आवश्यकता

(2) आन्तरिक एवं बाह्य मूल्यांकन का महत्त्व तथा उसकी आवश्यकता

(3) मानक–संदर्भित तथा निकष संदर्भित टेस्ट–इसकी आवश्यकता तथा महत्त्व

(4) प्रसामान्य सम्भाविता वक्र वितरण का संप्रत्यय तथा उसका अनुप्रयोग

(5) घटनाक्रम–अभिलेख (Anecdotal Record): उसका महत्त्व तथा अनुरक्षण

(6) सतत एवं व्यापक मूल्यांकन, इसका संप्रत्यय, आवश्यकता तथा महत्त्व

प्रश्न 4. निम्नलिखित प्रश्न का उत्तर लगभग *600* शब्दों में दीजिए:

माध्यमिक स्तर पर अपने विषय से किसी इकाई/प्रकरण का चयन करके एक–निकष संदर्भित टेस्ट (criterion referenced test) बनाइए जिसमें 15 प्रश्न इसके लिए निर्धारित सोपानों के आधार पर निर्मित हो। निषक संदर्भित टेस्ट के प्रत्येक सोपान का उल्लेख प्रश्न–पत्र बनाते समय करें।

ई. एस.–333 : शैक्षिक मूल्यांकन

दिसम्बर 2009

नोट : (i) सभी चारों प्रश्न अनिवार्य हैं।
(ii) सभी प्रश्नों के अंक समान हैं।

प्रश्न 1. निम्नलिखित प्रश्न का उत्तर लगभग 600 शब्दों में दीजिए।
एक अच्छी मूल्यांकन प्रणाली की आधारभूत–विशेषताओं का उल्लेख करते हुए प्रत्येक वैशिष्ट्य का अभिप्राय स्पष्ट कीजिए।

अथवा

रचनात्मक तथा योगात्मक मूल्यांकन की प्रविधियों और प्रयोजनों के अन्तर को स्पष्ट कीजिए।

प्रश्न 2. निम्नलिखित प्रश्न का उत्तर 600 शब्दों में लिखिए।
प्रतिमान संदर्भित तथा मानदण्ड सन्दर्भित मूल्यांकन की संकल्पनाओं की व्याख्या कीजिए। इन दोनों में साम्य और अन्तर कहाँ–कहाँ है?

अथवा

अनुदेशनात्मक उद्देश्यों की रचना करते समय आप किन सिद्धान्तों का ध्यान रखेंगे?

प्रश्न 3. लगभग 120 शब्दों में प्रत्येक प्रश्न का उत्तर लिखिए। किन्हीं पाँच प्रश्नों के उत्तर देने हैं।
(a) मध्यमान, माध्यिका तथा बहुलांक की तुलनात्मक व्याख्या कीजिए।
(b) नोर्मल प्रोबेबिलिटी वक्र रेखा की व्याख्या कीजिए।
(c) संज्ञानात्मक, भावात्मक तथा क्रियात्मक क्षेत्र के लिए पाँच–पाँच कार्यपरक क्रियाओं का उल्लेख करें तथा उनका प्रयोग करते हुए अनुदेशनात्मक उद्देश्यों की रचना करें।
(d) मनः चालित क्षेत्र–दवे प्रतिमान।
(e) सम्पूर्ण तथा तुलनात्मक ग्रेडिंग।
(f) प्रश्न बैंक–इसका प्रयोग तथा इसके लाभ।
(g) मार्गदर्शन में रोजगार–विश्लेषण तथा उसके लाभ।
(h) उपाख्यानात्मक (एनोक्डोटल) अभिलेख का रखरखाव।

प्रश्न 4. निम्नलिखित प्रश्न का उत्तर लगभग 600 शब्दों में लिखिये :
ऐसे किन्हीं दो प्रकरणों को चुनिये जिन्हें आपने कक्षा में पढ़ाया हो तथा जो माध्यमिक स्तर के हों। एक घण्टे की अवधि का एक निष्पत्ति परीक्षण पत्र तैयार करें। इसमें प्रयुक्त सभी चरणों की विस्तृत रूपरेखा तैयार करें जिसमें उद्देश्यों का निर्माण तथा ब्लू–प्रिंट की रचना आदि सम्मिलित हो।
निष्पत्ति परीक्षण में निम्नलिखित मदों को समाहित करें:

दीर्घ उत्तरों के प्रश्न	– 2
लघु उत्तरों के प्रश्न	– 4
विभिन्न प्रकार के वस्तुनिष्ठ प्रश्न	– 10

ई.एस.–333 : शैक्षिक मूल्यांकन
जून, 2010

नोट : (i) सभी चारों प्रश्न **अनिवार्य हैं।**
(ii) सभी प्रश्नों की अधिभारिता एक समान है।

प्रश्न 1. निम्नलिखित प्रश्न का उत्तर लगभग 600 शब्दों में लिखिए :
रेटिंग स्केल (निर्धारण मापनी) के उदाहरण देकर उनके गुण–दोषों का विवेचन करें।

अथवा

परीक्षण के अनुदेशनात्मक प्रयोजन का उल्लेख करें।

प्रश्न 2. लगभग 600 शब्दों में निम्नलिखित प्रश्न का उत्तर दें :
अच्छे प्रश्नों के निर्माण के संबंध में सोदाहरण सुझाव दें।

अथवा

छात्रों की अभिगम कठिनाइयों को जन्म देने वाले विभिन्न कारकों की विवेचना करें।

प्रश्न 3. निम्नलिखित में से किन्हीं पाँच प्रश्नों के उत्तर (प्रत्येक को) लगभग 120 शब्दों में लिखिये :

(a) आयात चित्र (हिस्टोग्राम) का प्रयोजन तथा उसका अर्थ।
(b) परसेंटायल (प्रतिशतांक) का अर्थ, प्रयोग तथा प्रयोजन।
(c) विध्यात्मक, निषेधात्मक तथा शून्यात्मक सहसंबंधगुणक का प्रयोजन और अर्थ।
(d) आंतरिक एवं बाह्य मूल्यांकन।
(e) आइटम एनालिसिस।
(f) अच्छी अंकप्रदात्री योजना के विशिष्टगुण।
(g) मौखिक परीक्षण में वस्तुनिष्ठता का निर्वाह।
(h) चेक लिस्ट (जाँचसूची) के गुण दोषों का विवेचन।

प्रश्न 4. निम्नलिखित प्रश्न का उत्तर लगभग 600 शब्दों में लिखिए :
एक घंटे की अवधि का एक–निदानात्मक परीक्षण पत्र उस प्रकरण पर आधारित कर बनायें जिसे आपने कुछ समय पहले ही कक्षा को पढ़ाया है। उन मानदंडों का भी उल्लेख करें जिनके आधार पर आप छात्रों की अच्छाई और कमजोरी की व्याख्या करेंगे। छात्रों की कमजोरी दूर करने के लिए उपचारात्मक परवर्ती कार्य हेतु सुझाव भी दीजिए।

ई.एस.–333 : शैक्षिक मूल्यांकन
दिसम्बर, 2010

नोट : (i) सभी चारों प्रश्न **अनिवार्य हैं।**
(ii) सभी प्रश्नों की अधिभारिता एक समान है।

प्रश्न 1. निम्नलिखित प्रश्न का उत्तर लगभग 600 शब्दों में लिखिए।

उचित उदाहरण सहित सत्रांत और रचनात्मक मूल्यांकन में अंतर स्पष्ट कीजिए।

अथवा

मूल्यांकन के मुख्य तत्त्व क्या होते हैं? शिक्षण अधिगम प्रक्रिया में मूल्यांकन की आवश्यकता एवं महत्त्व बताइए।

प्रश्न 2. निम्नलिखित प्रश्न का उत्तर लगभग 600 शब्दों में दीजिए।

निरीक्षण विधि का क्या अर्थ है? शिक्षार्थी के गुणों का निर्धारण करने हेतु इसकी विभिन्न प्रकार एवं प्रक्रियाओं की परिचर्चा कीजिए।

अथवा

प्रक्षेपण विधि का क्या अर्थ है? शिक्षार्थी के विभिन्न आयामों के मूल्यांकन हेतु इसकी विभिन्न प्रकार तथा उपयोगों की परिचर्चा कीजिए।

प्रश्न 3. निम्नलिखित में से किन्हीं चार पर 150 शब्द प्रति में संक्षिप्त टिप्पणी लिखिए।

(i) साथियों द्वारा मूल्य निर्धारण की संकल्पना और महत्त्व।

(ii) सापेक्ष ग्रेडिंग की संकल्पना और महत्त्व।

(iii) सम्पत्ति–सूची – संकल्पना और उपयोग।

(iv) संचयी अभिलेख – आवश्यकता और फार्मेट।

(v) कठिनाई स्तर – संकल्पना और उपयोग।

(vi) सतत एवं व्यापक मूल्यांकन – संकल्पना और उपयोग।

प्रश्न 4. निम्नलिखित प्रश्न का उत्तर लगभग 600 शब्दों में लिखिए।

एक मानक प्रासंगिक परीक्षा (निकष आधारित) के निर्माण में उपयोग में आने वाले विभिन्न सोपान क्या हैं? अपने विषय की एक इकाई/एक विषय चुनिए और उस पर उपरोक्त सोपानों के आधार पर 10 प्रश्नों वाला एक मानक प्रासंगिक टेस्ट बनाइए।

ई.एस.–333 : शैक्षिक मूल्यांकन
जून, 2011

नोट : (i) सभी चारों प्रश्न **अनिवार्य हैं।**
(ii) सभी प्रश्नों की भारिता एक समान है।

प्रश्न 1. निम्नलिखित प्रश्न का उत्तर लगभग 600 शब्दों में लिखिए।

उचित उदाहरण सहित बाह्य और आंतरिक मूल्यांकन में अंतर स्पष्ट कीजिए।

अथवा

उपभोक्ता के लिए मूल्यांकन के महत्त्व की परिचर्चा कीजिए। उदाहरण सहित अच्छे मूल्यांकन उपकरण की पाँच विशेषताएँ बताइए।

प्रश्न 2. निम्नलिखित प्रश्न का उत्तर लगभग 600 शब्दों में लिखिए।

स्वयं प्रतिवेदनात्मक विधि (स्वमूल्यांकन) की संकल्पना और महत्त्व बताइए। मूल्यांकन के लिए स्वयं प्रतिवेदनात्मक विधि का उपयोग करते हुए आप क्या सुझाव व सावधानियाँ बता सकते हैं?

अथवा

मूल्य निर्धारण सूची (रेटिंग स्केल) को परिभाषित कीजिए। इसके विभिन्न प्रकार, उपयोग और सीमाएँ उदाहरण सहित बताइए।

प्रश्न 3. निम्न में से किन्हीं चार पर (150 शब्द प्रति में) संक्षिप्त टिप्पणी लिखिए :

(a) वैद्यता – इसके प्रकार।

(b) ब्लू प्रिंट (खाका) – संकल्पना और फार्मेट।

(c) सामान्य वितरण – संकल्पना एवं इसका प्रयोग।

(d) प्रश्नों का विश्लेषण – संकल्पना और उपयोग।

(e) मानक प्रासंगिक परीक्षण – महत्त्व और उपयोग।

(f) घटना वृत्त रिकॉर्ड – संकल्पना और उपयोग।

प्रश्न 4. निम्नलिखित प्रश्न का उत्तर लगभग 600 शब्दों में लिखिए :

कक्षा में पढ़ाते समय आपने अपने विषय में शिक्षार्थियों के सीखने के लिए कठिन संकल्पनाओं का निर्धारण किया होगा। इस प्रकार के निर्धारण हेतु उपयोग की गई प्रक्रिया बताइए और कठिन संकल्पनाओं के लिए सुधार हेतु बनाई गई सामग्री और उसके द्वारा उपयोग कर सीखने में कठिनाई दूर करने में प्रयोग की व्याख्या कीजिए।

ई.एस.–333 : शैक्षिक मूल्यांकन
दिसम्बर, 2011

नोट : (i) सभी चारों प्रश्न **अनिवार्य हैं।**
(ii) सभी प्रश्नों की भारिता समान है।

प्रश्न 1. निम्नलिखित प्रश्न का उत्तर लगभग 600 शब्दों में दीजिए :
उन महत्त्वपूर्ण पहलुओं की विवेचना कीजिए जो मूल्यांकन की निष्पक्षता तथा उपयुक्तता सुनिश्चित करते हैं।

अथवा

शैक्षिक उद्देश्यों के विभिन्न आयामों और विस्तृत वर्गों में वर्गीकरण की विवेचना कीजिए।

प्रश्न 2. निम्नलिखित प्रश्न का उत्तर लगभग 600 शब्दों में दीजिए :
विश्वसनीय अवलोकन तकनीक के उपयुक्त नियोजन, विशिष्ट क्रियान्वयन, पर्याप्त टंकन और उपयोग के विषय में अपने विचार प्रस्तुत कीजिए।

अथवा

उपाख्यानात्मक (एनोकडोटल) अभिलेख का मूल्यांकन हेतु उपयोग करने के लिए महत्त्वपूर्ण दिशा निर्देश बताइए। ये अभिलेख शिक्षार्थी के किन पहलुओं पर प्रकाश डालते हैं?

प्रश्न 3. निम्न में से किन्हीं चार प्रश्नों का उत्तर लगभग 150 शब्द प्रति प्रश्न के अनुसार दें। संक्षिप्त टिप्पणी लिखें :
(a) प्रदत्तों के ग्राफीय निरूपण के प्रकार।
(b) विश्वसनीयता तथा इसका मापन।
(c) मूल्यांकन तथा मापन के मध्य अंतर।
(d) रचनात्मक मूल्यांकन और इसके उद्देश्य
(e) प्रतिमान संदर्भित मूल्यांकन
(f) समकक्ष संगी मूल्यांकन की (पीयर – रेटिंग) की अवधारणा और इसका महत्त्व।

प्रश्न 4. निम्नलिखित प्रश्न का उत्तर लगभग 600 शब्दों में दीजिए :
आपके द्वारा पढ़ाई जा रही कक्षा, विषय तथा उपविषय पर कोई दो अच्छे निबंधात्मक प्रश्न बनाइए। इनके उत्तरों के चरणबद्ध मूल्यांकन हेतु दिशा निर्देश भी बनाइए।

ई.एस.–333 : शैक्षिक मूल्यांकन
जून, 2012

नोट : (i) सभी चारों प्रश्न **अनिवार्य हैं।**
(ii) सभी प्रश्नों की भारिता समान है।

प्रश्न 1. निम्नलिखित प्रश्न का उत्तर लगभग 600 शब्दों में दीजिए–
आंतरिक मूल्यांकन के लाभ और हानियों का वर्णन कीजिए। इसे ठीक और विश्वसनीय बनाने के लिए क्या उपाय करने चाहिए?

अथवा

आपके द्वारा पढ़ाए और मूल्यांकन किए गए किसी उपविषय में अधिक शिक्षार्थियों के असफल होने के कारणों का विश्लेषण करो और संभावित कारण बताओ। उदाहरण सहित उत्तर दो।

प्रश्न 2. निम्न प्रश्न का उत्तर लगभग 600 शब्दों में दीजिए–
उचित उदाहरणों द्वारा विभिन्न प्रकार की वैद्यता का वर्णन करो।

अथवा

अपनी कक्षा में आपके द्वारा पढ़ाए गए विषय में उपलब्धि परीक्षण निर्माण के विभिन्न सोपानों का वर्णन कीजिए।

प्रश्न 3. निम्न में से किन्हीं चार पर 150 शब्द प्रति के अनुसार टिप्पणी लिखिए।
(a) प्रगति प्रपत्र का महत्त्व
(b) एक अच्छे प्रश्न पत्र के गुण
(c) योगात्मक मूल्यांकन और इसके उद्देश्य
(d) मानदंड संदर्भित परीक्षण
(e) शैक्षिक और अनुदेशनात्मक उद्देश्यों का संबंध
(f) स्व–प्रतिवेदन तकनीक की अवधारणा व महत्त्व

प्रश्न 4. निम्नलिखित प्रश्न का उत्तर लगभग 600 शब्दों में दीजिए–
अपनी कक्षा में पढ़ाते समय आपने कमजोर शिक्षार्थियों का चिह्नांकन किस प्रकार किया? आपने उनकी उपलब्धि बढ़ाने के लिए क्या उपाय सुझाए और क्यों?

ई.एस.–333 : शैक्षिक मूल्यांकन

दिसम्बर, 2012

नोट : (i) सभी चारों प्रश्न **अनिवार्य हैं।**

(ii) सभी प्रश्नों की भारिता समान है।

प्रश्न 1. निम्नलिखित प्रश्न का उत्तर लगभग 600 शब्दों में दीजिए–

अध्यापन तथा अधिगम प्रक्रिया में शिक्षार्थियों के मूल्यांकन की क्या भूमिका है? पक्ष तथा विपक्ष में कारण बताओ।

अथवा

छात्रों द्वारा अच्छे अधिगम के संदर्भ में आंतरिक मूल्यांकन के लाभ तथा हानियों की विवेचना कीजिए।

प्रश्न 2. निम्नलिखित प्रश्न का उत्तर लगभग 600 शब्दों में लिखिए–

मूल्यांकन की तीन सामान्य तकनीकों का वर्णन तथा विवेचना कीजिए। उनकी सापेक्ष वैद्यता का वर्णन कीजिए।

अथवा

मूल्यनिर्धारण (रेटिंग स्केल) मापनों को परिभाषित कीजिए तथा उनके प्रकार, उपयोग तथा सीमाओं का वर्णन कीजिए।

प्रश्न 3. निम्नलिखित में से किन्हीं चार प्रश्नों पर 150 शब्द प्रति प्रश्न के अनुसार टिप्पणी लिखो–

(a) मापदंड प्रासंगिक (criterion referenced) तथा प्रतिभान प्रासंगिक (Norm referenced) मूल्यांकन के मध्य अंतर

(b) विद्यार्थियों को उचित व्यवसाय के चुनाव का मार्गदर्शन।

(c) एक परीक्षा इकाई का कठिनाई स्तर व उसका निर्धारण।

(d) एक अच्छा निबंधनात्मक प्रश्न लिखने के हेतु सुझाव।

(e) प्रतिशतांक (परसेंटायल) तथा प्रतिशत सूचकांक (परसेंटायल रेंक) के बीच अंतर तथा उनके सापेक्ष उपयोग।

(f) सामान्य सम्भाव्यता कर्व (वक्र) के उपयोग तथा गुण।

प्रश्न 4. निम्नलिखित प्रश्न का उत्तर लगभग 600 शब्दों में लिखिए–

आपके द्वारा अभी पढ़ाया गया एक विषय लीजिए। उपरोक्त विषय पर अपने शिक्षार्थियों की उपलब्धि पता लगाने के लिए आप क्या चरण उपयोग में लाएँगे? उपलब्धि की किस प्रकार व्याख्या करेंगे?

ई.एस.–333 : शैक्षिक मूल्यांकन
जून, 2013

नोट : (i) सभी चारों प्रश्न **अनिवार्य हैं।**
(ii) सभी प्रश्नों की भारिता समान है।

प्रश्न 1. निम्नलिखित प्रश्न का उत्तर लगभग 600 शब्दों में लिखिए–
इस नीति कि, "कक्षा I से VIII तक किसी शिक्षार्थी को फेल न किया जाए या उसी कक्षा में न रोका जाए", पर अपने विचार कारण सहित रखिए।

अथवा

परीक्षा अंकों की विश्वसनीयता को प्रभावित करने वाले कारकों का वर्णन तथा विवेचना कीजिए।

प्रश्न 2. निम्नलिखित प्रश्न का उत्तर लगभग 600 शब्दों में लिखो–
वस्तुनिष्ठ प्रश्नों के प्रकारों का संक्षेप में वर्णन कीजिए। उदाहरण दीजिए।

अथवा

शैक्षिक कठिनाइयों की पहचान एवं उनके निवारण में उपयोग आने वाले चरणों की विवेचना कीजिए।

प्रश्न 3. निम्न में से किन्हीं चार प्रश्नों पर लगभग 150 शब्द प्रति प्रश्न के अनुसार संक्षिप्त टिप्पणी लिखो–
(a) शैक्षिक उद्देश्यों का वर्गीकरण।
(b) साथी द्वारा निर्धारण (पीयर रेटिंग) की संकल्पना तथा महत्त्व।
(c) उपाख्यानात्मक (एनकडोटल) रिकॉर्ड तथा उनका उपयोग।
(d) मौखिक परीक्षाएँ तथा उनका उपयोग।
(e) प्रश्न बैंक तथा उनका उपयोग।
(f) मानक विचलन तथा चतुर्थक विचलन का कक्षा–कक्ष स्थितियों में उपयोग।

प्रश्न 4. निम्नलिखित प्रश्न का उत्तर लगभग 600 शब्दों में लिखिए–
अपनी मर्जी का एक विषय चुनिए। पाँच दीर्घ उत्तर प्रश्न बनाइए। उपरोक्त प्रश्न बनाने में आपके द्वारा उपयोग किए गए चरणों को विस्तार से लिखो।

ई.एस.–333 : शैक्षिक मूल्यांकन
दिसम्बर, 2013

नोट : (i) सभी चारों प्रश्न **अनिवार्य हैं।**
(ii) सभी प्रश्नों की भारिता एक समान है।

प्रश्न 1. निम्नलिखित प्रश्न का उत्तर लगभग 600 शब्दों में दीजिए–
शिक्षण अधिगम प्रक्रिया की व्याख्या कीजिए और शिक्षण अधिगम प्रक्रिया में मूल्यांकन की भूमिका एवं कार्य की व्याख्या कीजिए।

अथवा

रचनात्मक एवं योगात्मक मूल्यांकन के मध्य मुख्य अंतर उचित उदाहरणों सहित स्पष्ट कीजिए।

प्रश्न 2. निम्नलिखित प्रश्न का उत्तर लगभग 600 शब्दों में लिखिए–
अनुदेशन के उद्देश्य बताते समय ध्यान रखने वाले आधारभूत सिद्धांतों की उदाहरण सहित व्याख्या कीजिए।

अथवा

अवलोकन तकनीक की सहायता से उसकी अवधारणा, प्रकार एवं आंकलन की उदाहरण सहित विवेचना कीजिए।

प्रश्न 3. निम्न में से किन्हीं चार पर लगभग 150 शब्द प्रति प्रश्न के अनुसार टिप्पणी लिखो–
(a) मानक – (Norm) प्रासंगिक तथा प्रतिमान (Criterion) प्रासंगिक परीक्षण।
(b) मूल्य आधारित सूची (रेटिंग स्केल) – आवश्यकता एवं उपयोग।
(c) सतत् व्यापक मूल्यांकन – आवश्यकता, अवधारणा एवं महत्त्व।
(d) एकक विश्लेषण (आईटम विश्लेषण) – अवधारणा एवं उपयोग।
(e) ग्रेडिंग – अवधारणा एवं प्रकार।
(f) प्रयोगात्मक परीक्षा – अवधारणा एवं आवश्यकता।

प्रश्न 4. निम्नलिखित प्रश्न का उत्तर लगभग 600 शब्दों में दीजिए–
एक अध्यापक के नाते आपने अपने शिक्षार्थियों द्वारा सीखने में कठिनाई वाली अवधारणाओं को पढ़ाने हेतु उपचारात्मक सामग्री का निर्माण किया होगा। उस उपचारात्मक सामग्री का उल्लेख कीजिए और आपके द्वारा किए गए आंकलन के आधार पर शिक्षार्थियों की कठिनाइयों को दूर करने में उसका उपयोग बताइए।

ई.एस.–333 : शैक्षिक मूल्यांकन

जून, 2014

नोट : (i) सभी चारों प्रश्न **अनिवार्य** हैं।
(ii) सभी प्रश्नों की भारिता **एक समान** है।

प्रश्न 1. निम्नलिखित प्रश्न का उत्तर लगभग 600 शब्दों में दीजिए–
मूल्यांकन को परिभाषित कीजिए और शिक्षण–अधिगम प्रक्रिया में इसकी आवश्यकता और महत्त्व की व्याख्या कीजिए।

अथवा

आंतरिक तथा बाह्य मूल्यांकन के मध्य अंतर उदाहरण सहित स्पष्ट कीजिए।

प्रश्न 2. निम्नलिखित प्रश्न का उत्तर लगभग 600 शब्दों में दीजिए–
एक अच्छे मूल्यांकन उपकरण के आवश्यक मापदंडों की उदाहरण सहित व्याख्या कीजिए।

अथवा

स्व–प्रतिवेदन तकनीक की सहायता से मूल्यांकन की अवधारणा एवं महत्त्व की व्याख्या कीजिए।

प्रश्न 3. निम्न में से किन्हीं चार पर लगभग 150 शब्द प्रति उत्तर के अनुसार टिप्पणी लिखिए–
(a) सामान्य वितरण/संभाव्यता कर्व (वक्र) – अवधारणा एवं उपयोग।
(b) प्रश्न बैंक – अवधारणा एवं उपयोग।
(c) ब्लू प्रिंट (खाका) – अवधारणा एवं फार्मेट।
(d) प्रोजेक्टिव तकनीक (प्रक्षेपीय तकनीक) – महत्त्व व उपयोग।
(e) मानकीकृत परीक्षा – अवधारणा एवं आवश्यकता।
(f) समाज–मिति (sociogram) – अवधारणा एवं उपयोग।

प्रश्न 4. निम्नलिखित प्रश्न का उत्तर लगभग 600 शब्दों में दीजिए–
एक अध्यापक के नाते आप अपने विद्यार्थियों के संचयी रिकॉर्ड बनाने से जुड़े हैं। इन संचयी रिकॉर्डों की अवधारणा और आवश्यकता की व्याख्या कीजिए और अपनी कक्षा के किसी एक विद्यार्थी के संचयी रिकॉर्ड का प्रस्तुतीकरण कीजिए।

ई.एस.–333 : शैक्षिक मूल्यांकन
दिसम्बर, 2014

नोट : (i) सभी चारों प्रश्न **अनिवार्य** हैं।
(ii) सभी प्रश्नों की भारिता **एक समान** है।

प्रश्न 1. निम्न प्रश्न का उत्तर लगभग 600 शब्दों में दीजिए–
ब्लूम के शैक्षिक उद्देश्यों के वर्गीकरण की उचित उदाहरण सहित व्याख्या कीजिए।

अथवा

उपलब्धि परीक्षणों का क्या कार्य है? एक अच्छे उपलब्धि परीक्षण के गुणों की परिचर्चा करो।

प्रश्न 2. निम्न प्रश्न का उत्तर लगभग 600 शब्दों में दो–
प्रश्नों के विश्लेषण का क्या उद्देश्य होता है? विस्तार से वर्णन कीजिए कि किसी प्रश्न का कठिनाई स्तर किस प्रकार निकाला जाता है?

अथवा

विस्तार से वर्णन करो कि मानक विचलन, चतुर्थक विचलन एवं प्रतिशतांक का शैक्षिक मूल्यांकन में किस प्रकार प्रयोग होता है?

प्रश्न 3. निम्न में से किन्हीं चार का उत्तर लगभग 150 शब्द प्रति उत्तर के अनुसार लिखिए–

(a) प्रतिमान संदर्भित परीक्षण (Norm-Referenced Test)
(b) एक मूल्यांकन उपकरण की विश्वसनीयता (Reliability)
(c) मूल्यांकन की पीयर रेटिंग तकनीक (Peer Rating)
(d) शैक्षिक मूल्यांकन में सांख्यिकी का प्रयोग
(e) रचनात्मक मूल्यांकन
(f) प्रश्न बैंक

प्रश्न 4. निम्न प्रश्न का उत्तर लगभग 600 शब्दों में दीजिए–
एक अध्यापक के रूप में आपने अधिगम कठिनाइयों वाले शिक्षार्थी देखे होंगे। आपने उनकी अधिगम कठिनाइयों की पहचान कैसे की और इन अधिगम कठिनाइयों को दूर करने के लिए आपने क्या उपचारात्मक कदम उठाए?

ई.एस.–333 : शैक्षिक मूल्यांकन

जून, 2015

नोट : (i) सभी चारों प्रश्न **अनिवार्य** हैं।
(ii) सभी प्रश्नों की भारिता **एक समान** है।

प्रश्न 1. निम्न प्रश्न का उत्तर लगभग 600 शब्दों में दो–
रचनात्मक तथा योगात्मक मूल्यांकन के मध्य अंतर स्पष्ट कीजिए।

अथवा

एक उपलब्धि परीक्षण निर्माण के प्रमुख सोपान क्या हैं? इनकी उदाहरण सहित चर्चा कीजिए।

प्रश्न 2. निम्न प्रश्न का उत्तर लगभग 600 शब्दों में दीजिए–
मूल्यांकन में एक प्रभावी उपकरण के चार मापदंडों की चर्चा कीजिए। इनमें से एक की विस्तार से चर्चा कीजिए।

अथवा

आप सामान्य वितरण एवं नॉर्मल प्रोबेबिलिटी वक्र रेखा से क्या समझते हैं? नॉर्मल प्रोबेबिलिटी वक्र रेखा के चार गुण बताइए और उनमें से दो की व्याख्या कीजिए।

प्रश्न 3. निम्न प्रश्नों में से किन्हीं चार के उत्तर 150 शब्दों (प्रत्येक) में दीजिए–
(a) मापदंड–संदर्भित परीक्षण
(b) भावात्मक–क्षेत्र (Affective domain)
(c) अवलोकन के प्रकार
(d) जीवनवृत अभिलेख (Anecdotal record)
(e) निदानात्मक परीक्षण
(f) सहसंबंध गुणांक (Coefficient of correlation)

प्रश्न 4. निम्न प्रश्न का उत्तर लगभग 600 शब्दों में दीजिए–
सतत् एवं व्यापक मूल्यांकन (CCE) का क्या अर्थ है? एक अध्यापक के रूप में आपने माध्यमिक स्तर पर CCE किया होगा। एक प्रतिवेदन तैयार कीजिए कि आपने माध्यमिक विद्यालय स्तर पर इसे कैसे लागू किया?

ई.एस.–333 : शैक्षिक मूल्यांकन
दिसम्बर, 2015

नोट : (i) सभी चारों प्रश्न **अनिवार्य** हैं।
(ii) सभी प्रश्नों की भारिता **एक समान** है।

प्रश्न 1. निम्न प्रश्न का उत्तर लगभग 600 शब्दों में दीजिए—
एक अच्छे मूल्यांकन उपकरण के पाँच मुख्य गुणों की उदाहरण सहित व्याख्या कीजिए।

अथवा

आदर्श संदर्भित मूल्यांकन एवं कसौटी संदर्भित मूल्यांकन के मध्य अंतर उदाहरण सहित स्पष्ट कीजिए।

प्रश्न 2. निम्न प्रश्न का उत्तर लगभग 600 शब्दों में दीजिए—
विश्वसनीयता से आप क्या समझते हो? एक परीक्षा की विश्वसनीयता निकालने की एक विधि की व्याख्या करो।

अथवा

शिक्षा में अवलोकन तकनीक का उपयोग किस प्रकार किया जा सकता है? विभिन्न प्रकार के अवलोकनों की उदाहरणों सहित परिचर्चा करो।

प्रश्न 3. निम्न में से किन्हीं चार पर 150 शब्द प्रति के अनुसार संक्षिप्त टिप्पणी लिखो—
(a) सामान्य संभावना वक्र (नार्मल प्रोबेबिलिटी कर्व)।
(b) उपाख्यानात्मक (एनकडोटल) रिकॉर्ड का उपयोग।
(c) मद विश्लेषण (Item Analysis)।
(d) सहसंबंध की अवधारणा एवं प्रकार।
(e) बुद्धि परीक्षा।
(f) प्रतिशतांक का उपयोग।

प्रश्न 4. निम्न प्रश्न का उत्तर लगभग 600 शब्दों में दीजिए—
अपने शिक्षण विषय के एक उपविषय की परीक्षा का एक ब्लू प्रिंट (खाका) तैयार कीजिए और ब्लू प्रिंट के आधार पर एक उपलब्धि परीक्षण तैयार कीजिए।

ई.एस.–333 : शैक्षिक मूल्यांकन

जून, 2016

नोट : (i) सभी चारों प्रश्न **अनिवार्य** हैं।

(ii) सभी प्रश्नों की भारिता **एक समान** है।

प्रश्न 1. निम्न प्रश्न का उत्तर लगभग 600 शब्दों में दीजिए–

मापन, आंकलन तथा मूल्यांकन के मध्य संबंध स्थापित कीजिए।

अथवा

बौद्धिक क्षेत्र में शैक्षिक उद्देश्यों के ब्लूम के वर्गीकरण की व्याख्या उचित उदाहरणों की सहायता से कीजिए।

प्रश्न 2. निम्न प्रश्न का उत्तर लगभग 600 शब्दों में दीजिए–

वैद्यता को परिभाषित कीजिए। एक परीक्षण की वैद्यता को प्रभावित करने वाले कारकों की परिचर्चा कीजिए।

अथवा

स्व–रिपोर्टिंग तकनीक की अवधारणा एवं महत्त्व की परिचर्चा करो। मूल्यांकन में स्व–रिपोर्टिंग तकनीक के उपयोग हेतु आप क्या सुझाव देना चाहोगे?

प्रश्न 3. निम्न में से किन्हीं चार पर 150 शब्द प्रति के अनुसार टिप्पणियाँ लिखिए–

(a) संचयी रिकॉर्ड–अवधारणा एवं उपयोग।

(b) मद का कठिनाई स्तर।

(c) तिरछापन (स्क्यूनैस) एवं कुकुदता (कुर्टोसिस)।

(d) औसत, माध्य एवं बहुलक का उपयोग।

(e) परीक्षण तैयार करने में ब्लू प्रिंट का महत्त्व।

(f) रचनात्मक बनाम समेकित मूल्यांकन।

प्रश्न 4. निम्न प्रश्न का उत्तर लगभग 600 शब्दों में दीजिए–

कक्षा में अपना विषय पढ़ाते समय आपने देखा होगा कि शिक्षार्थियों को कुछ विषय सीखने में कठिनाइयाँ होती हैं। निवारण प्रदान करने के लिए आप शिक्षार्थियों की अधिगम कठिनाइयों की पहचान कैसे करोगे?

ई.एस.–333 : शैक्षिक मूल्यांकन
दिसम्बर, 2016

नोट : (i) सभी चारों प्रश्न **अनिवार्य** हैं।
(ii) सभी प्रश्नों की भारिता **एक समान** है।

प्रश्न 1. निम्न प्रश्न का उत्तर लगभग 600 शब्दों में दीजिए–
निम्न पर टिप्पणी दीजिए–
परीक्षा अधिगम पर दुष्प्रभाव डालती है। यदि कोई परीक्षा/मूल्यांकन न हो तो शिक्षार्थी और अच्छी प्रकार सीखेंगे।

अथवा

व्याख्या कीजिए कि आप क्या कदम उठाएँगे कि आपके द्वारा पढ़ाए जाने वाले शिक्षार्थियों का आंतरिक सतत् एवं व्यापक मूल्यांकन विश्वसनीय, वैध और उचित हो।

प्रश्न 2. निम्न प्रश्न का उत्तर लगभग 600 शब्दों में दीजिए–
मूल्यांकन की स्वयं प्रतिवेदन तकनीक कौन–कौन सी हैं? प्रत्येक का संक्षेप में वर्णन कीजिए और बताइए कि निष्पक्षता बनाए रखने के लिए उनकी व्याख्या कैसे की जाए?

अथवा

एक प्रश्न के "सुविधा मान" एवं "विभेद मान" के मध्य अंतर स्पष्ट कीजिए। अपने उत्तर को स्पष्ट करो।

प्रश्न 3. निम्न में से किन्हीं चार के उत्तर लगभग 150 शब्द प्रति के अनुसार दीजिए–
(a) ऐसे प्रदत्त की प्रकृति बताइए जिसमें माध्यिका (Median) मध्यमान (Mean) के मुकाबले केंद्रीय प्रवृत्ति का उचित मापन है। एक उदाहरण दीजिए।
(b) शतमक (Percentile) आप किस प्रकार निकालेंगे और व्याख्या करोगे? एक उदाहरण दीजिए।
(c) "एक सांख्यिकी प्रदत्त से निष्कर्ष निकालने के लिए सामान्य संभाव्य वितरण सबसे अधिक उपयोग में आने वाला वितरण है।" इस कथन का सत्यापन कीजिए।
(d) अनुदेशन उद्देश्यों की गणना पद्धति (Taxonomic) वर्गीकरण लिखिए। प्रत्येक का संक्षिप्त विवरण दो।
(e) रचनात्मक एवं गुणात्मक मूल्यांकन के गुणों की तुलना करो।

(f) एक अच्छे अधिगम के परिपेक्ष्य में निबंधात्मक और वस्तुनिष्ठ प्रकार के प्रश्नों की संक्षेप में तुलना करो।

प्रश्न 4. निम्न प्रश्न का उत्तर लगभग 600 शब्दों में दीजिए—
एक उपलब्धि परीक्षण बनाने के चरण तथा सोपानों का एक उदाहरण की सहायता से वर्णन करो।

ई.एस.–333 : शैक्षिक मूल्यांकन

जून, 2017

नोट : (i) सभी चारों प्रश्न **अनिवार्य** हैं।
(ii) सभी प्रश्नों की भारिता **एक समान** है।

प्रश्न 1. निम्न प्रश्न का उत्तर लगभग 600 शब्दों में दीजिए–
उन प्रकारों की सूची तैयार कीजिए जिनके द्वारा एक अध्यापक अपने कक्षा–कक्ष में अध्यापन के प्रभाव का निरंतर मूल्यांकन कर सके एवं करना चाहिए।

अथवा

आपके द्वारा एक प्रकरण के अध्यापन में पाई गई अधिगम कमियों का पता लगाने के लिए एक निदानात्मक परीक्षण तैयार कीजिए। उसके परिणामों के आधार पर आप क्या उपचारात्मक कार्य करेंगे?

प्रश्न 2. निम्न प्रश्न का उत्तर लगभग 600 शब्दों में दीजिए–
तीन प्रक्षेपीय (Projective) तकनीकों का मूल्यांकन में वर्णन करो और उनके महत्त्वपूर्ण उपयोगों की चर्चा करो।

अथवा

आप अपने द्वारा पढ़ाए जाने वाले विषय में उपलब्धि परीक्षण बनाने में क्या सावधानियाँ और चरण उपयोग करोगे ताकि यह उपयोगी, विश्वसनीय और वैध हो?

प्रश्न 3. निम्न में से किन्हीं चार के उत्तर 150 शब्द प्रति के अनुसार दीजिए–
(a) दो ऐसे पहलुओं की चर्चा कीजिए जो मूल्यांकन में स्पष्टता में सहायक हों।
(b) मापदंड संदर्भित तथा मानक संदर्भित (Criterion referenced and norm-referenced) मूल्यांकन में क्या अंतर होता है?
(c) दो मुख्य अवलोकन विधियाँ कौन–सी हैं? संक्षेप में वर्णन करो।
(d) मानक परीक्षणों तथा अध्यापक द्वारा बनाए गए परीक्षणों में अधिगम संभाव और मापी गई विषय–वस्तु के संबंध में अंतर स्पष्ट करो।
(e) चार प्रकार के मापन सूचकांकों (Scales) – नाम सूचकांक, क्रम, अंतराल तथा अनुपात सूचकांक में क्या अंतर होता है?
(f) सकारात्मक, शून्य एवं नकारात्मक सह–संबंध के मध्य अंतर स्पष्ट करो।

प्रश्न 4. निम्न प्रश्न का उत्तर लगभग 600 शब्दों में दीजिए–
विभिन्न प्रकार के वस्तुनिष्ठ प्रश्न कौन–कौन से होते हैं? किसी विषय का एक प्रकरण चुनिए जिसे आपने किसी कक्षा में पढ़ाया हो और प्रत्येक प्रकार का एक–एक प्रश्न बनाइए।

ई.एस.–333 : शैक्षिक मूल्यांकन
दिसम्बर, 2017

नोट : (i) सभी चारों प्रश्न **अनिवार्य** हैं।
(ii) सभी प्रश्नों की भारिता **एक समान** है।

प्रश्न 1. निम्न प्रश्न का उत्तर लगभग 600 शब्दों में दीजिए–
मानक–संदर्भित तथा मापदंड संदर्भित मूल्यांकन के मध्य अंतर स्पष्ट करो। अपने उत्तर के पक्ष में उचित उदाहरण दीजिए।

अथवा

बौद्धिक क्षेत्र में शैक्षिक उद्देश्यों के ब्लूम वर्गीकरण की संक्षेप में व्याख्या कीजिए। अपने विषय के अनुसार प्रत्येक वर्ग के लिए तीन उद्देश्य बताइए।

प्रश्न 2. निम्न प्रश्न का उत्तर लगभग 600 शब्दों में दीजिए–
एक परीक्षण की वैधता परिभाषित कीजिए। वैधता निकालने की किसी एक विधि की व्याख्या कीजिए। एक परीक्षण की वैधता को प्रभावित करने वाले कारकों का वर्णन करो।

अथवा

सहभागी एवं असहभागी अवलोकन क्या होता है? मानव व्यवहार के अध्ययन में सहभागी और असहभागी अवलोकन के क्या सापेक्ष अच्छाइयाँ एवं बुराइयाँ हैं?

प्रश्न 3. निम्न में से किन्हीं चार पर लगभग 150 शब्द प्रति के अनुसार संक्षिप्त टिप्पणी लिखो–
(a) परिपूर्ण एवं सापेक्ष ग्रेडिंग
(b) समाज–मिति
(c) सहसंबंध सूचकांक और इसके उपयोग
(d) निदानात्मक एवं उपचारात्मक अध्यापन
(e) प्रश्न बैंक और इसके लाभ
(f) प्रोजेक्टिव तकनीक

प्रश्न 4. निम्न प्रश्न का उत्तर लगभग 600 शब्दों में दीजिए–
एक अध्यापक के नाते आपने उपलब्धि परीक्षण बनाया होगा। अपने अध्यापन विषय में से एक उपलब्धि परीक्षण का ब्लू प्रिंट तैयार करो। ब्लू प्रिंट के अनुसार प्रत्येक उद्देश्य के तीन–तीन परीक्षण प्रश्न तैयार करो।

ई.एस.–333 : शैक्षिक मूल्यांकन
जून, 2018

नोट : (i) सभी चारों प्रश्न **अनिवार्य** हैं।
(ii) सभी प्रश्नों की भारिता **एक समान** है।

प्रश्न 1. निम्न प्रश्न का उत्तर लगभग 600 शब्दों में दीजिए–
मापन, निर्धारण एवं मूल्यांकन शब्दों की व्याख्या करो। आंतरिक एवं बाह्य मूल्यांकन के लाभ एवं हानियों का वर्णन करो।

अथवा

मूल्यांकन के कारणों पर एक आलोचनात्मक निबंध लिखो। अपने उत्तर के समर्थन में उपयुक्त उदाहरण दीजिए।

प्रश्न 2. निम्न प्रश्न का उत्तर लगभग 600 शब्दों में दीजिए–
एक परीक्षण की विश्वसनीयता को परिभाषित कीजिए। विश्वसनीयता निकालने की किसी एक विधि की परिचर्चा करो? एक परीक्षण की विश्वसनीयता को प्रभावित करने वाले कारकों का वर्णन करो।

अथवा

उपलब्धि एवं निदानात्मक परीक्षणों के मध्य अंतर स्पष्ट करो। उनके गुण तथा उपयोगों पर प्रकाश डालो।

प्रश्न 3. निम्न में से किन्हीं चार पर लगभग 150 शब्द प्रति के अनुसार संक्षिप्त टिप्पणी लिखो–
(a) मापदंड संदर्भित परीक्षण
(b) एक अच्छे मूल्यांकन उपकरण के मापदंड
(c) सतत् व्यापक मूल्यांकन (CCE) के शैक्षणिक एवं सहशैक्षणिक क्षेत्र
(d) सामान्य सम्भाव्य कर्व के गुण
(e) ग्रेडिंग के लाभ एवं हानियाँ
(f) अध्यापक निर्मित एवं मानक परीक्षण

प्रश्न 4. निम्न प्रश्न का उत्तर लगभग 600 शब्दों में दीजिए–
एक अध्यापक के नाते आपको वस्तुनिष्ठ प्रश्न बनाने पड़ेंगे। अपनी रुचि का विषय/अवधारणा चुनो और ज्ञान, समझ कौशल तथा प्रयोग के क्षेत्र में पाँच वस्तुनिष्ठ प्रश्न तैयार करो।

ई.एस.–333 : शैक्षिक मूल्यांकन
दिसम्बर, 2018

नोट : (i) सभी चारों प्रश्न **अनिवार्य** हैं।
(ii) सभी प्रश्नों की भारिता **एक समान** है।

प्रश्न 1. निम्न प्रश्न का उत्तर लगभग 600 शब्दों में दीजिए–
मानव विकास के नियमों की चर्चा कीजिए। परिचर्चा कीजिए कि आप एक बालक की वृद्धि एवं विकास में कैसे सहायक हो सकते हैं?

अथवा

सामूहिक भिन्नताओं एवं लैंगिक विवादों की प्रकृति की व्याख्या कीजिए। आपको एक अध्यापक के नाते लैंगिक विवादों का क्या महत्त्व है?

प्रश्न 2. निम्न प्रश्न का उत्तर लगभग 600 शब्दों में दीजिए–
अधिगम को प्रभावित करने वाले वैयक्तिक एवं पर्यावरण के कारकों को स्पष्ट तथा परिचर्चा कीजिए। अपने उत्तर के पक्ष में उचित उदाहरण दीजिए।

अथवा

कुनियोजन के शैक्षिक महत्त्व की व्याख्या कीजिए।

प्रश्न 3. निम्न में से किन्हीं चार के उत्तर लगभग 150 शब्द प्रति के अनुसार दीजिए–
(a) किशोरों के व्यक्तित्व विकास में आपकी एक अध्यापक के रूप में भूमिका की चर्चा करो।
(b) प्रवृत्ति भिन्नताओं से निपटने हेतु आप किन अनुदेशन विधाओं का उपयोग करेंगे?
(c) एक बालक के स्व–संकल्पना का क्या अर्थ है? आप अपने बालकों की स्व–संकल्पना का विकास किस प्रकार करोगे?
(d) जीन प्याजे की अधिगम विधा अनुसारसमायोजन तथा अवधारणा की व्याख्या करो।
(e) सृजन मस्तिष्क वाले बालकों के गुणों की व्याख्या करो।
(f) विशेष आवश्यकता वाले बालकों के सामाजिक, मनोवैज्ञानिक तथा शैक्षिक समायोजन की चर्चा करो।

प्रश्न 4. निम्न प्रश्न का उत्तर लगभग 600 शब्दों में दो–
परामर्श एवं शिक्षा के मध्य संबंध की व्याख्या करो। आप अपने विद्यालय के कम अंक पाने वाले, मेधावी और उच्च अंक पाने वाले विद्यार्थियों को परामर्श किस प्रकार प्रदान करेंगे?

ई.एस.–333 : शैक्षिक मूल्यांकन
जून, 2019

नोट : सभी चार प्रश्न **अनिवार्य** हैं। सभी प्रश्नों की भारिता **एक समान** है।

प्रश्न 1. निम्नलिखित प्रश्न का उत्तर लगभग 600 शब्दों में दीजिए–
उचित उदाहरण सहित आदर्श संदर्भित मूल्यांकन एवं कसौटी संदर्भित मूल्यांकन के मध्य अंतर स्पष्ट कीजिए।

अथवा

अनुदेशनात्मक उद्देश्यों के तीन आयामों (Domains) की व्याख्या कीजिए और शिक्षार्थी के मूल्यांकन में उनके उपयोग की विवेचना कीजिए।

प्रश्न 2. निम्नलिखित प्रश्न का उत्तर लगभग 600 शब्दों में दीजिए–
वैधता की अवधारणा और प्रकारों की व्याख्या कीजिए। वैधता को प्रभावित करने वाले कारकों की विवेचना कीजिए।

अथवा

मूल्य आधारित सूची (रेटिंग स्केल) को परिभाषित कीजिए और उनके विभिन्न प्रकार, उपयोग और सीमाएँ बताइए।

प्रश्न 3. निम्नलिखित में से किन्हीं चार पर लगभग 150 शब्द प्रति के अनुसार टिप्पणियाँ लिखिए–
(क) आंतरिक मूल्यांकन–आवश्यकता एवं महत्त्व
(ख) उपाख्यानात्मक (एनकडोटल) रिकॉर्ड–महत्त्व एवं रख–रखाव
(ग) मापन स्केल–अवधारणा एवं प्रकार
(घ) माध्य–अवधारणा, महत्त्व एवं सीमाएँ
(ङ) साथी मूल्यांकन (रेटिंग)–अवधारणा एवं महत्त्व
(च) सूचियाँ : अवधारणा एवं उपयोग

प्रश्न 4. निम्नलिखित प्रश्न का उत्तर लगभग 600 शब्दों में दीजिए–
उपलब्धि परीक्षण निर्माण के विभिन्न चरण क्या हैं? अपने विषय का एक प्रत्यय चुनिए एवं उपर्युक्त चरणों के आधार पर 2 घंटे का एक उपलब्धि परीक्षण बनाइए।

ई.एस.–333 : शैक्षिक मूल्यांकन

दिसम्बर, 2019

नोट : सभी चार प्रश्न **अनिवार्य** हैं। सभी प्रश्नों की भारिता **समान** है।

प्रश्न 1. निम्नलिखित प्रश्न का उत्तर लगभग 600 शब्दों में दीजिए–
शिक्षण–अधिगम प्रक्रिया में मूल्यांकन की आवश्यकता तथा महत्त्व की उदाहरण सहित चर्चा कीजिए।

अथवा

अच्छे मूल्यांकन के लक्षणों की चर्चा कीजिए। उचित उदाहरणों की सहायता से संरचनात्मक तथा योगात्मक मूल्यांकन में अंतर स्पष्ट कीजिए।

प्रश्न 2. निम्नलिखित प्रश्न का उत्तर लगभग 600 शब्दों में दीजिए–
निदानात्मक परीक्षण से आप क्या समझते हैं? निदानात्मक परीक्षण के क्षेत्र एवं विषय–वस्तु की चर्चा कीजिए।

अथवा

एक उपलब्धि परीक्षण के निर्माण के क्या चरण हैं? विस्तार से चर्चा कीजिए।

प्रश्न 3. निम्नलिखित में से किन्हीं चार पर संक्षिप्त टिप्पणियाँ लिखिए। प्रत्येक लगभग 150 शब्दों में हो–
(अ) सतत् मूल्यांकन
(ब) शैक्षिक मूल्यांकन की विषय–वस्तु की वैधता
(स) व्यापक मूल्यांकन
(द) अवलोकन के प्रकार
(य) शैक्षिक परिस्थिति में माध्यिका का उपयोग
(र) श्रेणीकरण

प्रश्न 4. निम्नलिखित प्रश्न का उत्तर लगभग 600 शब्दों में दीजिए–
सांख्यिकी में केंद्रीय प्रवृत्ति के क्या मापक हैं? उचित उदाहरणों की सहायता से शैक्षिक मूल्यांकन में इनकी उपयोगिता बताइए।

NOTES

www.ingramcontent.com/pod-product-compliance
Ingram Content Group UK Ltd.
Pitfield, Milton Keynes, MK11 3LW, UK
UKHW021700190726
13853UKWH00001B/382

9 788189 086930